中國飲食文化史　西南地區卷・下冊

The History of Chinese Dietetic Culture
Volume of Southwest Rogion

目錄

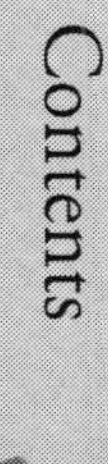

第九章　清朝時期

第一節　川地的經濟發展與川菜體系的形成

清初，清王朝制定「安民為先」「裕民為上」「便民為要」的治蜀方略，針對四川戰亂後田園荒蕪、城郭無煙、人口殆盡的狀況，採取了移民實川、招民墾種、輕徭薄賦等政策措施，在巴蜀地區形成了第二次「湖廣填四川」的移民大潮，對重塑四川社會結構、繁榮城鄉經濟、推動文化融合，提高人口素質等各方面，都產生了巨大而深遠的影響。[1]

一、第二次移民潮與川地的經濟發展

❶ · 明末清初的第二次「湖廣填四川」及其積極作用

由於長期戰亂和瘟疫橫行，四川人口銳減，社會經濟遭受到大破壞。《清世祖實錄》載：「蜀省有可耕之田，而無可耕之人。」《四川通志・戶口》記，「丁戶稀若晨星」。因而，在繼元末明初第一次「湖廣填四川」之後，明末清初開始了第二次「湖廣填四川」的大規模移民，入蜀人口約達100萬人。此次移民從順治末年（西元1661年）開始，至雍正五年（西元1727年）宣佈停止移民止，前後延續60餘年，實際上延續至乾隆中葉。是時，湖廣、江西、陝西、福建、廣東等10餘個省無地少地的農民大規模入川，清政府規定：「各省貧民攜帶妻子入蜀開墾者，准其入籍。」大量移民入川後，使外省人數遠超四川本土居民，其中以原籍為湖廣的比率最大，故稱「湖廣填四川」。

這次移民為四川帶來了諸多益處。

第一，解決了蜀地勞動力不足的問題，保證了生產發展。入蜀移民中絕大多數是無地少地的貧苦農民、城鎮貧民和小手工業者，也有少數原來就是地主、富商。

1　吳康零等：《四川通史・清》，四川人民出版社，2010年，第3頁。

貧者墾地，富商中有的繼續經商，有的投資開礦辦廠，有的則置田買地經營農業。對農業的恢復與發展起了促進作用。

第二，發展了農業、養殖業，促進了經濟繁榮。從雍正年間（西元1723-1735年）開始，四川所產大米除滿足本省需要外，尚有大量商品糧運銷湖北、江蘇、浙江、雲南、貴州諸省。四川成為全國主要的水稻產地和糧食輸出地區。王慶雲《石渠余記》載：「各省米穀惟湖廣常有餘粟，江西次之；及四川生聚開闢，於是川米貫於東西，視楚米尤多。」養豬更是普遍。乾隆《榮昌縣志》記，川東一帶，慣養榮昌豬種「白豕」（丘陵型），民諺常說「白毛豬兒家家有」；川西一帶，則側重飼養黑豬（平原型）。四川逐漸以「糧、豬安天下」。甘蔗、茶、菸草、柑橘等經濟作物的種植面積不斷擴大，商品化程度提高，社會經濟逐漸從恢復走向繁榮。

第三，促進了民族地區果蔬種植業的發展。如康熙年間，移居甘孜巴塘的漢族和回族逐漸增多，主要從事商販和手工活動，至清末達80多家。他們保持濃厚的漢、回習俗，當地並稱為「八十家漢商」。他們定居巴塘後，推廣鐵製農具、精耕細作，改變了之前以牧業為主、刀耕火種的生產狀態。引入各種蔬菜品種，通過培植和推廣，至清末已種植有蔥、蒜、韭菜、芹菜、茄子、萵苣和瓜豆類等多品種蔬菜。同時引進桃、李、杏、梨、葡萄、石榴、核桃等多種果樹，尤其是培育出了不同品種的蘋果樹，家家栽種，每至春秋季節碩果纍纍，使巴塘享有「蘋果之鄉」的讚譽。[1]

第四，使四川人口結構發生變化，同時移民也帶來了外省的高產農作物，從而推動了經濟與文化交流。乾隆時楊燮所寫百首《錦城竹枝詞》中，就有「三界交處音尤雜，京話秦腔默德那。」「大姨嫁陝二姨蘇，大嫂江西二嫂湖。戚友初逢問原籍，現無十世老成都」的詩句，這是各地移民入川後，文化交融的民情實錄。而來自福建、廣東的移民帶來了適合於丘陵和山區種植的高產糧食作物紅薯，其他地區

1　四川省政協文史資料委員會編：《四川文史資料集粹》第五卷《巴塘「八十家漢商」的由來和演變》，四川人民出版社，1996年。

的移民又帶來了玉米、馬鈴薯等高產作物，並開始廣泛種植。乾隆《涪州志》載，「田種稻禾，山種雜糧，相資為用」，使廣大深丘陵和山區的人口分佈狀況和生產面貌都發生了重要變化。

❷·高產農作物的引進與糧食產量的增長

四川傳統水稻品種有粳稻、黏稻、糯稻三種，廣種於四川各地。在偏遠的石砫廳（今屬重慶），還出產一種獨特的香稻。據乾隆《石砫廳志》載，這種香稻唯產自悅來寺院，「呈陰色，晶亮。煮飯時香氣撲鼻，馥溢四鄰。成飯後如油拌，餈糯勝過糯米」。小麥也是四川傳統的糧食作物之一。在清代，為了提高土地的複種指數，充分發揮四川氣候溫和、土地濕潤的地利優勢，普遍推行種植小春作物。在當年水稻收穫後，即接種豆麥，大大增加了糧食品種與產量。

清代四川農業的一個重大變化是引進與普遍種植了玉蜀黍、紅薯和馬鈴薯等耐旱高產作物，據光緒《奉節縣志》卷十五：「苞穀（即玉蜀黍）、洋芋、紅薯三種，古書不載，乾嘉以來漸有此物。然猶有高低土宜之異。今則栽種遍野，農民之食全恃此矣。」這不僅增加了四川地區糧食作物的品種，而且有效地解決了歷代未能解決的人地矛盾問題。自此以後，它們成為四川糧食生產的重要組成部分。

據考，玉蜀黍在明末傳入我國，於清代康熙二十五年（西元1686年）傳入四川，並在四川山區廣為種植。四川最早種植紅薯的時間是在乾隆初年，地區在川西成都、雙流等地。從乾隆張宗法著《三農紀》辟專節講述紅苕（即紅薯）栽種來看，至遲在乾隆二十五年（西元1760年）前，川東、川西、川南、川北等地的30餘縣已普遍種植了紅薯。至嘉慶道光時期，紅薯已遍植全省，連會理、冕寧、西昌、越西、蒼溪等邊遠地區也已大量種植。紅薯除了作為糧食食用外，還能釀酒、製糖，對中國人飲食結構的變化起到了重要作用，具有重要的飲食文化價值。嘉慶時吳其浚《植物名實圖考·陽芋》記，陽芋（亦作洋芋）為黔滇有之，「聞終南山氓種植尤繁，富者歲收數百石」。從道光《城口廳志》所記洋芋「廳境嘉慶十二、十三年始有之」的情況看，嘉慶道光時期，四川周圍的丘陵和高山已較普遍種植，並逐漸成為清代四川人民特別是山區人民僅次於紅薯的重要糧食作物。[1]

高產糧食作物玉蜀黍、紅薯和馬鈴薯的引進，一方面全面緩解了四川人口增加和食物生產之間的矛盾，為社會經濟的全面恢復奠定了基礎，推動了農業商業化和農產品市場化的發展；另一方面，為農村家禽、家畜生長繁殖提供了飼料，為城鄉肉、禽、蛋市場的繁榮興旺創造了條件。

❸．製鹽業興盛發達，自貢因鹽而興

四川鹽生產有著悠久的歷史，為恢復被戰爭破壞的井鹽業，清政府採取了不同於以往官府控制的辦法，使它成為一個自由產業。清政府採取了減免鹽課、禁止勒索；自由開鑿、自煎自賣；井灶鹽斤、清釐核實；變通引目、餘引酌發；鹽引行鹽、裕課便民；嚴禁侵冒、方便調劑等一系列政策措施，放寬了對四川井鹽業生產的重重束縛。使鹽業生產得以快速發展，逐漸形成了蓬溪、射洪、南部、閬中、嘉定、犍為、富順、榮縣和雲陽等幾大鹽產區。乾隆二十三年（西元1758年），四川

▲圖9-1　燊海井灶房（「四川文物編輯部」提供）

▲圖9-2　燊海井大車房（「四川文物編輯部」提供）

1　陳世松、柯建中、王剛：《四川通史》第五冊，四川大學出版社，1993年，第222頁。

◂圖9-3　燊海井碓房（「四川文物編輯部」提供）

鹽井達8336眼，年銷鹽1.6億多斤。乾隆中葉以後，自貢鹽業發展迅猛，與犍為、樂山一起成為四川兩大鹽業生產中心。

在鹽業生產的發展過程中，四川井鹽生產技術有了重大革新。三代井鹽鑽井技術在自貢地區得到發展和完善，包括鑽井技術、治井技術、採鹵技術等方面。至道光十五年（西元1835年），四川的鹽業發展達到了新高峰，自貢人運用簡易材料和高超的鑽井技術，鑿成了世界上第一口超千米的深井（1001.42米）——燊海井，創造了世界深井鑽探的新紀錄，標誌著我國古代井鹽鑽井技術的成熟，在人類鑽井史上占有重要的一頁。至十九世紀末，只靠畜力汲鹵已不適應生產發展的需要，四川開始採用機器進行生產。一九〇二年前後，商人歐陽顯榮將其在漢陽設計製作的汲鹵機車運到自流井的「石星井」試用，開創了四川第一部蒸汽汲鹵機的先例，也是四川鹽業生產向近代機器生產轉化的標誌。這些技術的改進和發明，有力地推動了四川鹽業生產的發展。由於川鹽暢銷，大批商人投資鹽業，使鹽產量迅速增長。光緒三年（西元1877年）仍年產鹽290餘萬擔（即14.5萬噸），除銷售省內10餘個州縣外，還遠銷湘、鄂、滇、黔四省的100餘個州縣。

鹽業的發達，使得一些城市因鹽而興，如自貢在該時期因鹽業的發展壯大，居民多以從事鹽產業為主，遂成為著名的鹽業城市。據史籍記載，「擔水之夫約有萬」，「鹽船之夫其數倍於擔水夫，擔鹽之夫又倍之」；「鹽匠、山匠、灶頭，操此三藝者約有萬」；「為金工、為木工、為雜工者數百家」。[1]鹽業生產的盛大場面令人歎為觀止，其人有司井、司牛、司車、司篾、司梆、司漕、司澗、司鍋、司火、司飯、司草，又有醫工、井工、鐵匠、木匠；其聲有人聲、牛聲、車聲、梆聲、放漕聲、流澗聲、湯沸聲、火揚聲、鏟鍋聲、破篾聲、打鐵聲、鋸木聲；其氣有人氣、牛氣、泡沸氣、煤煙氣。「氣上冒、聲四起，於是非戰而群囂貫耳，不雨而黑雲遮天。」溫瑞柏《鹽井記》感嘆道：「一井若此，千井若何；一時如此，四時若何！」其興盛景象躍然紙上。同治《富順縣志》所載自流井「上五檔」有鹽井1707眼，每井平均58人計，僅自流井即有8萬餘人；加上貢井地區，民國初年林振翰《川鹽紀要》的估計是：「自、貢兩場毗連，業鹽勞動家不下十萬餘人，牛馬亦過數萬匹，誠吾國唯一之大工場也。」故記載常稱鹽廠之人或以萬計，或以數十萬計。人口越聚越多，商業極為繁盛，鹽號林立，錦繡繁華。每當夕陽西下，粉黛笙歌，洋洋盈耳；金融活動，現金流通，商賈摩肩接踵，其富庶甲於蜀中，成為川省精華之地。

因鹽而興的城市，在四川除自貢外還有井研縣、雲陽縣、巫溪縣、五通橋等。而自貢是自東漢年間就開始鹽業生產的城市，因鹽而生，因鹽而興，因鹽而榮，成為富庶甲於蜀中的川省精華之地，最終走完了因鹽設鎮、因鹽設縣、因鹽設市的過程，成為中國最大的井礦鹽生產基地和西南重要的工業城市。一九八七年，自貢以其特有的悠久卓越的井鹽文化、豐厚的文化積澱，被命名為第二批中國歷史文化名城。

❹．蔬菜品種多，調味品資源豐富

發展至明清，川蔬菜的種植品種極多。李調元《峨眉山賦》羅列的蔬菜品種就有薺菜、茄子、扁豆、側耳根、薑、薤、蔥、蒜等，還有雪蛆、龍顛菜、地蠶、樹雞、木耳、石發等特產。有的將糧食作物也納入蔬菜系列，例如芋被廣泛種植，並從糧食作物擴展為蔬菜品種。由豆子製成的豆製品在這一時期發展為多種菜餚，如

1　彭久松、張學君：《我國古代地質鑽井史概說》，自貢市鹽業歷史博物館：《四川井鹽史論叢》，四川省社會科學院出版社，1985年，第40頁。

豆腐、豆腐乾、豆腐皮、豆腐條等。山珍也是菜餚品類中的常見菜，如竹筍、菌菇等。

川人非常講究美食滋味，因此很注意培育優良的調味品品種的原料，使其能生產、釀造出高質量的調味品。著名的調味品有自貢井鹽、內江白糖、閬中保寧醋、中壩醬油、郫縣豆瓣、清溪花椒、永川豆豉、宜賓芽菜、敘府冬菜、涪陵榨菜、夾江腐乳、新繁泡椒、漢源花椒、成都二金條海椒、溫江獨頭蒜等，這一時期，最為重要的調味品是辣椒，它奠定了現代川菜的基本味型。

辣椒原產於中南美洲熱帶地區，它本是印第安人的一種重要調味品，十六世紀傳到歐洲，大約於十六世紀末傳到中國。「番椒」之稱，始見於明代高濂所著《草花譜》一書，在我國南方的方言區，開始被當作花卉觀賞，尚未應用於飲食，到清乾隆年間始作為一種蔬菜食用。遲至清嘉慶年間，四川縣志才始見栽種辣椒的記載。[1]

自辣椒始作為一種蔬菜食用後，至清代末年，四川農村已普遍栽種，且品種相當齊全。據清末傅崇矩《成都通覽》記載，成都農家種植的辣椒品種，有朱紅海椒、鮮紅小海椒、䓿（hàn）海椒、滿天星海椒、七星海椒、樹海椒、大紅袍海椒、朝天子海椒、鈕子海椒、燈籠海椒、牛角海椒、雞心海椒等。成都四時的蔬菜從五月到八月都有海椒，如五月青辣子、六月紅辣子、七月燈籠海椒、八月紅海椒。但《成都通覽》中所記大菜266種，帶辣味的只有6種，成都家常便菜113種，其中帶辣味的11種，所占比例甚小。

至清末民初，辣椒進入四川飲食之烹飪後，辣椒之辣味迅速成為川菜的主要特點，嗜辣亦成為四川人重要的飲食習慣，由此形成了獨具一格的烹飪技術和四川風味。為了四季不缺辣椒，家戶多做成泡辣椒、酢辣椒或辣子醬、辣豆瓣，為四季烹飪菜餚之用，以至辣椒在川菜中占據著極其重要的地位，在四川常用的23種味型中，與麻辣相關的就有13種。辣椒也成為川菜的重要調味品，製品的種類較多，有

1　江玉祥：《川味雜考》，《川菜文化研究》，2010年第3期，第136-138頁。

乾辣椒、辣椒粉、辣椒油、各種豆瓣醬、泡辣椒等。「乾辣椒」為紅辣椒的乾製品，選用時，品質以色澤紅潤、身乾肉厚、大小均勻、味辣、完整帶蒂者為佳。在川菜中，乾辣椒被廣泛用於冷菜、熱菜以及火鍋等。用乾辣椒加工而成的辣椒粉、辣椒油等，也是川菜多種味型不可缺少的調味品。因此川菜有麻辣的特點。這一時期，以辣麻為重要特色的「川味」終於形成。

豆瓣醬，也是四川特有的調味品。以胡豆為原料，先經蒸煮發酵製成豆瓣醅，再經配以不同的佐料，便可製成不同的豆瓣醬。豆瓣醬有辣豆瓣、甜豆瓣、鹹豆瓣之分。辣豆瓣色澤紅亮油潤，味辣而鮮，是川菜的重要調味品，以成都郫縣豆瓣最佳。郫縣豆瓣始創於康熙年間，其用料考究，採用四川鹽亭、西充等地所產二荊條鮮辣椒，配以蠶豆、麵粉、食鹽，以傳統工藝製作，經過長達100多天的日曬夜露精製而成。產品具有色紅褐、油潤、味辣、瓣酥脆、醇香濃郁的特點，是烹調四川名菜麻婆豆腐、魚香肉絲、回鍋肉、重慶火鍋等必不可少的調味佳品。

四川泡菜中的泡紅辣椒，又稱「魚辣子」，為鮮紅辣椒的鹽漬製品，是四川特有的調味料，多用泡菜鹽水浸漬而成。品質以色鮮紅、肉厚、酸鹹適度、辣而不烈為佳。其主要用途則是作為魚香味型的主要調料，可作泡菜直接食用，也可做菜餚的小配料，用以增色、增味。

明末清初，由於戰亂，四川地區的蔗糖生產破壞殆盡。直到清康熙十年（西元1671年），福建汀州商人曾達一將福建蔗種帶至內江種植，隨後擴展到資中、資陽、隆昌等地，代替了明代以前涪江流域種植的本地品種。道光時四川種蔗的範圍已遍及內江、威遠、榮縣、資中、資陽、犍為、南溪、珙縣、合川、遂寧、峨眉、三台、鹽亭、花溪、安岳、南部等21個廳州縣。尤以內江、資中、資陽等地發展最快、產量最多；其次為犍為、南溪等縣。[1]至甲午戰爭後，《清朝續文獻通考》記：全國糖業大衰，產量由每年1000萬擔（即50萬噸）以上降至450萬擔（即22.5萬噸），而四川仍年產300萬擔（即15萬噸），占全國總量的67%，糖業規模居全國之冠。四

1 陳世松、柯建中、王剛：《四川通史》第五冊，四川大學出版社，1993年，第225頁。

川豐富的調味品優於其他菜系，因此，用這些調味品烹飪出的菜餚有「百菜百味」之譽。川菜的發展也推動了調味品的發展。

❺．川茶與邊茶的曲折發展

明末清初，由於長期戰亂，四川茶葉生產遭到嚴重破壞。川東之南江、巴州等地，人民逃散，根株焚絕，通江縣「茶園盡屬荒蕪」；川北茶區更是「產主淪亡，茶株皆蔓草莽」。[1]直至康熙初，四川漸趨安定，茶園又才出現生機。至康熙末年，天全、雅州、邛州、滎經、名山等產茶地，茶產量又已經相當可觀了。乾嘉之際，達到四川產茶量的高峰。[2]嘉慶《四川通志》卷六十一記，雅安、名山、天全等地，鄉民以茶葉種植為業，「山多田少，……近山人戶，俱藉採茶為業」。

嘉慶後川茶業出現疲滯，其直接原因是政府濫發引票，商人盲目競爭，引票課稅，造成川茶業的疲滯和衰落。這一時期的川茶仍以邊茶為主，其製茶商和販茶商共100餘家，遍及川西10餘縣，加上以川茶謀生的茶農、手工業者、背夫、馱運等，在漢藏地區不下千百萬人。茶業的危局關係到川藏社會的「安謐」，清朝政府不得不想辦法力挽危局。光緒七年（西元1881年），四川總督丁葆楨對川茶業進行整頓，幾年後，邊茶業又出現了活躍局面，到光緒十八年（西元1892年），川督劉秉璋《致總理衙門電》說：四川邊茶銷售藏區的數量每年已達1400餘萬斤，比嘉慶時期最高峰值尚增加六七千擔（即三四百噸）。這促使「茶馬貿易」進一步發展，「茶馬古道」得以延續，並產生新的互市重鎮「打箭爐」。

❻．釀酒技藝日臻精良

清代經濟的發展和糧食產量的增加，為釀酒業的發展提供了條件，四川酒類的生產更為興旺，有歷史傳統的名酒在這一時期得以傳承，並擴大了生產，一些新酒亦相繼產生。清代四川名酒有五糧液、瀘州大麴、綿竹大麴、郎酒、全興大麴等，

1　郭孟良：《清初茶馬制度述論》，《歷史檔案》，1989年第3期。

2　魯子健：《清代四川財政史料》下冊，四川省社會科學院出版社，1988年。

此外，還有八百春酒、雜糧酒、渝酒、咂酒等。

「綿竹大麴」產生於清初康熙年間，是在原有白酒傳統工藝的基礎上釀製出的新一代名酒——清露大麴，又稱綿竹酒，產品迅速風靡川西平原並享譽省外。清末，綿竹境內有麴酒作坊上百家，當時綿竹縣城內酒肆林立，大街小巷、四方村落，到處是酒樓、酒店和酒攤，叫賣之聲不絕，一派「處處有酒，酒香襲人」的景象。清代詩人李調元稱：「天下名酒皆嘗盡」，「卻愛綿竹大麴醇」，認為綿竹大麴、綿竹清露，夏清暑，冬禦寒，能止嘔瀉、除濕及山嵐瘴氣。

「郎酒」產於赤水河畔的川南古鎮古藺縣二郎鎮。由於二郎鎮是清代川鹽入黔的重要轉運站，商賈路經之地，故酒業發達。與貴州茅台酒是「赤水河畔的姐妹花」當地的民謠唱道：「上流是茅台，下游望瀘州。船過二郎灘，又該喝郎酒。」十八世紀末，已有大小酒坊、糟房幾十家，酒工數以百計，最著名的當數「鳳麴法酒」。1904年，榮昌釀酒高手鄧惠川夫妻在原「鳳麴法酒」的基礎上，釀製出了一種「開壇噴香，入口醬香」的美酒，命名為「回沙郎酒」。該酒不僅在重慶、貴陽「貨至即售，一售即空」，甚至還遠銷港澳和東南亞一帶。郎酒的成名，在於當地的生態環境特別利於釀酒。當地民謠說：「郎酒好，有四寶：美境、郎泉、寶洞、工藝巧。」「美境」指其溫潤氣候，山清水秀的生態和特有的微生物生長圈；「郎泉」是一口冬夏長湧的古泉，泉清水潔，略帶甜味，郎酒生產用水全取於此；「寶洞」是兩個大型天然溶洞——天寶洞和地寶洞，洞內四季如春，溫度穩定，不僅便於貯存新酒，而且有利於加速酒的老熟和酯化，是貯酒的天然理想場所；「工藝巧」是指郎酒的生產工藝有獨特之處。

「全興麴酒」產於成都。乾隆五十一年（西元1786年），釀酒技師王氏兄弟於城東外大佛寺側開設新酒坊，以「全身佛」三字的諧音，倒著取名為「福升全」，以求大佛保佑酒業興旺，並專門取用薛濤井之水釀酒——這是宋代釀造「錦江春」的同一眼清泉，並將酒定名為「薛濤酒」。「薛濤酒」一問世，「福升全」酒店便門庭若市，十分暢銷。道光四年（西元1824年），「福升全」在城內水井街建立新廠，取名「全興成」，它不僅在原來釀造的基礎上吸收了當時成都眾酒之長，還在工藝上不斷精進，新釀出「全興酒」。該酒濃香醇和，回味爽淨，優質醇美，備受歡迎，成為蜀都名產。

❼．煙葉成為大宗商品

菸草大約於明末傳入我國。是時，四川就開始種植菸草，清初陸耀《煙譜》記載，當時全國已出現了幾個著名的菸草產地，其中就有四川。主要品種是曬煙，主要產區是川西平原。種植較多的有什邡、金堂、新都、崇慶、崇寧、綿竹、灌縣、郫縣、溫江等州縣，川北、川東等地亦有種植。以什邡的「毛煙」、新都的「柳煙」、郫縣的「大煙」、綿竹的「泉煙」最負盛名。四川的菸草，分索煙和摺煙兩種。

什邡，早在乾隆時便以種植菸草著稱，據民國《合川縣志》卷三八載，乾嘉之際，什邡「盛產煙葉，遠近販煙者，各鄉秤戶為之交易。」煙葉成為當地的大宗商品。光緒二十三年（西元1897年），四川什邡「益州煙廠」開始生產雪茄，品種眾多，除精製的「寶光」牌特級雪茄外，還有「工字牌」「金堂牌」「峨嵋」「怡牌」「帆牌」等雪茄。什邡曬煙除供應國內市場外，還遠銷美國、日本、西德、瑞士及中國澳門、中國香港等國家和地區。黃炎培曾作「竹枝詞」云：「川漢煙銷三十年，成渝一路待開先。『鷹岩』百折千盤處，為鑑前車猛著鞭。」

❽．講究美食配美器

明清時期的飲食器具也發展良好，主要表現在三個方面。一是移民入川，使大量陶瓷業技術工匠流入四川，一方面促進了製陶技術的進步而得以進一步發展，另一方面使陶瓷廠數量在原有的基礎上有所增加。例如清初入川的廣東楊、朱、蔡三姓在四川大足縣創辦陶瓷廠，被稱為「三合碗廠」。巴縣水碓碗廠的前身，也因文姓的陶瓷工匠從湖廣入川，創辦的陶瓷廠流傳下來。二是陶瓷生產基地規模擴大。如成都琉璃廠窯，是明代四川規模較大的陶瓷生產基地。經不斷擴充，窯址所占地已達340畝之闊，所生產的青瓷頗有名氣。此外，還有廣元的黑釉窯、巴縣的磁器口窯，生產規模也不小。三是飲食文化認識的深入，推動了飲食器具的發展。清代

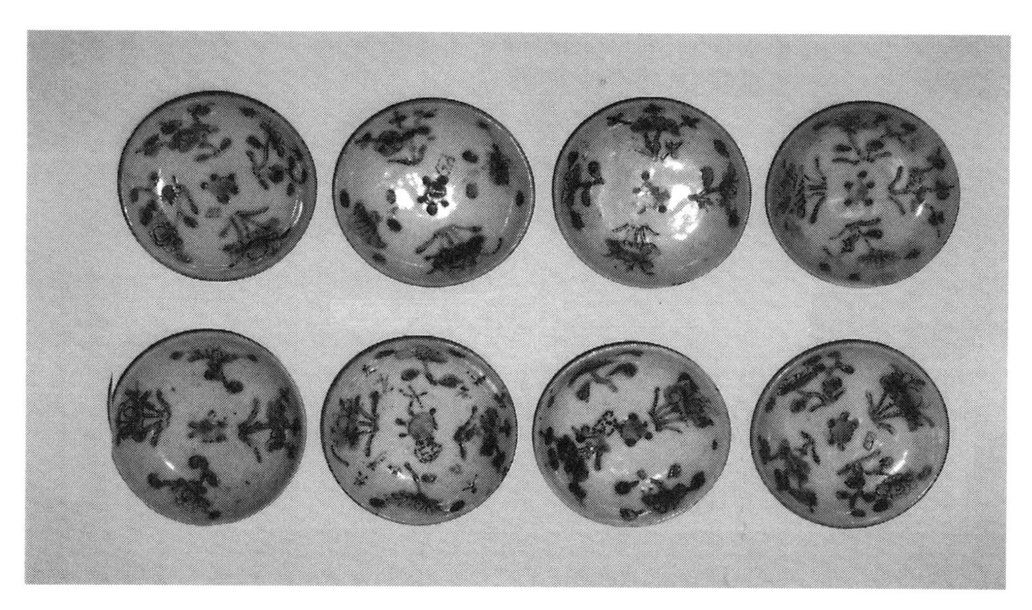

▲圖9-4　清朝同治年間的瓷盤（周爾泰提供）

袁牧在《隨園食單》「器具須知」中強調：肴饌與餐器的配合，「惟是宜碗者碗，宜盤者盤，宜大者大，宜小者小，參差其間，方覺生色。若板板於十碗八盤之説，便嫌笨俗。大抵物貴者器宜大，物賤者器宜小。煎炒宜盤，湯羹宜碗。」還強調了烹飪時，由於烹飪方式的不同，所用的炊具也應有所不同，即「煎炒宜鐵鍋，煨煮宜砂罐」。隨著生活水平的提高，人們越來越講究食器相配，絕大多數飲食食品都以此為特色。清末時，成都最有名的包席館「正興園」，就是以其餐具為古色古香的瓷盤瓷碗為經營特色來吸引食客的。

❾．商品貿易一派繁榮

至乾隆初年，全川經濟有很大發展，商業初現繁榮景象。商品的流通，使各地聯繫更加緊密，一些新興的商貿城鎮產生了。

米、鹽是四川重要的外銷商品。米由商賈運銷到湖北，鹽運銷到陝西、湖北、貴州、雲南諸省。嘉慶《四川通志》卷七二載：「川省產米素稱饒裕，向由湖廣一帶販運而下，東南各省均賴其利。」糧貿的繁榮，調動了農民生產糧食的積極性，推進了四川及長江沿岸各省水運業、碾米業等行業的發展，加強了四川與有關省區的經濟交流，推動了長江中、下游省區商品經濟的發展。成都和一些中小城市貿易頻繁，經售糧、油、糖、酒、茶、藥材等商品的行商絡繹不絕，沿途坐商號牌相望，十分興旺。犍為的鹽，洪雅的茶，商車賈隊絡繹相尋。

商業的繁榮，使川內及少數民族地區出現了一些新興的商貿城填。道光初，於綏定府新置城口廳（現重慶市城口縣），道光《城口廳志》載，其地「三省毗連，五方雜處」，農村「樹蓄藥材，牧養豬牛」，均可貨賣；所產竹筍「居民採蓄淡乾，以此為利」；又產木耳，「廳境有耳廠，乾蓄之以為利。」「川椒以廳產為道地，故廳民多植之以為貨。」此外還有大米、雜糧、茶葉、香菇等，商人多到此易貿。

打箭爐（現康定縣）和松潘則是四川少數民族地區新興的兩大商貿之地。當時的打箭爐成為川、藏貿易中心，被譽為「小成都」。四川內地商人將大量茶葉、糧食、布匹等運往打箭爐，藏族商賈也遠從西藏及川西北地區將牛、羊、獸皮等山貨匯聚於該城進行交易。清政府每年賞給達賴喇嘛與班禪額爾德尼的數千斤茶葉也經打箭爐運往西藏。松潘形成於雍正初期，是回、漢、藏、羌等族人民在川西北互市的重要市場。清末至一九三七年，松潘形成了有名的六大茶號：豐盛合、義合全、本主生、聚盛源、裕國祥、大盛源；四大商號：裕厚長、錫豐、利貞長、利享永。[1]

商業的繁榮，人民的富裕，巨商的陡增，都為飲食文化的興旺給予了活力，經濟繁榮與飲食文化發展相互倚重，共同進步。

二、川菜體系的形成

❶．移民入川促進了四川飲食文化的發展

大批的移民入川，對四川飲食文化的發展產生了重大影響，大體可以體現在如

1　陳世松、柯建中、王剛：《四川通史》第五冊，四川大學出版社，1993年，第256頁。

下幾個方面。

第一，移民入川促進了飲食文化的交流與融合，極大地影響了蜀人的飲食習慣。如四川人三餐以米飯為主食，麵食僅作點綴的習俗是清初以來長江流域和南方移民入川帶進的。而此前蜀人的主食，由於受北方的影響，至少在五代時，蜀人還是以善做麵食而著稱的。又如，在菜餚方面，改變以甜味為主而以麻辣為主，並變味淡為味濃。因麻辣味需要味濃，若淡味，則麻辣味太突出，也不能起到「中和」「平衡」的作用。再如，四川的客家人不少，其菜多用肉，主料突出，口味偏鹹，以砂鍋菜見稱，這些特色菜均融入了川菜。以上，都是各地飲食文化大交融的結果。

第二，移民入川促進了川菜的多樣化。川菜善於採擷眾家之長，「南菜北味，北菜川烹」，形成了川菜「一菜一格，百菜百味」的特點。如濟南的「糖醋黃河鯉魚」被譽為齊魯名菜，其糖醋法也成為四川的味型之一。湘北人喜食「粉蒸肉」，其烹製方法與四川的「粉蒸肉」做法相同，這都是移民與本土的飲食文化相互借鑑的結果。又如四川的「蒜泥白肉」源於滿族的「白片肉」；「炒野雞紅」源自道家的「野雞紅」；「叉燒雞」源於美國的「火雞」；「紅燒獅子頭」源自「揚州獅子頭」；「宮保雞丁」源於貴州煳辣子雞丁」；「八寶豆腐」源自清宮御膳；「八寶鍋珍」源於回族「炒鍋珍」；「溜黃菜」源自北方「攤黃菜」；「烤米包子」源於土家族菜餚等。每次的移民高潮都帶來各地的飲食習尚，同四川的烹調技藝相融合，而後「落戶」。清末，成都、南充等大中城市也開始流行「北京烤鴨」。

第三，移民入川帶入了少數民族的飲食文化。清代成都出現了少數民族飲食文化的集中地。如順治、康熙年間，不少回民入居成都，在成都皇城壩搭棚擺攤開設飯館，以賣小吃謀生，生意興隆。以後散居川南的回民遷入，逐漸形成以皇城壩為中心的回民聚居區。他們以牛羊屠宰業和小本經營的飲食業為主，形成餐館、麵店、糕點鋪、小吃攤一應俱全的清真飲食薈萃之地。如著名的「宴東春」「鑫記」（又名「德和樓」）餐館，較具規模的「都一新」飯館，以經營麵食為主的「正興館」「李德成麵館」、趙家經營的生羊肉和羊雜湯鍋，以及馳名的「王胖鴨」等。此外，還有回民風味小吃，如皇城壩肺片、焦粑、酥餅、牛肉包子、抄手和蕎麵等。二十世紀中葉，皇城壩一帶有清真餐飲店43家，大致形成清真飲食一條街，為成都的飲食文化增添了光彩。

第四，促成了一些飲食文化的著作出現。清代前期，成都飲食文化交融和川菜的飲食特色在當時的書籍中亦有表現，如，清代有一部重要的食書，即李化楠的《涵海・醒園錄》就比較全面地總結了川菜的烹飪經驗，詳記了川菜、烹調、釀造、調味品、糕點、小吃、醃製品、飲料以及食品保藏法共121種，既有四川風味的菜點，也有江浙一帶的風味，甚至還有東北與滿族的烹調經驗介紹。《成都竹枝詞》中也有相關記載，如：「北人館異南人館，黃酒坊殊老酒坊。仿紹不真真紹有，芙蓉豆腐是名湯。」黃酒是江浙一帶的常見酒，老酒（白酒）為四川的傳統酒，南北餐館不同的酒類和菜餚有明顯的區別，又彼此效仿及借鑑。嘉慶二十二年（西元1817年）《漢州志》記：「西北人間用麵。麵以連山麥為佳。酒多家釀，藏久者謂之『窨酒』。閩粵人有紅酒，市有黃酒、老酒，即鵝黃、簾泉之遺。」說明四川漢州的居民有西北和閩粵人，也把其飲食習俗帶入了四川。

❷・川菜體系的形成

在長期的移民融合過程中，伴隨著四川社會的相對穩定與經濟的發展，川菜體系在清朝晚期開始形成。這一時期又由於歷代樓堂店館名師、官宦家廚、家庭主婦不斷地承繼與創新，川菜形成了濃郁的地方特色，大致分為筵席、三蒸九扣、大眾便餐、家常風味、民間小吃五大類，構成了一個完整的飲食體系，並與魯、蘇、粵菜齊名，成為中國最有名的菜系之一。

（1）筵席　川菜在筵席的升格中得到發展，形成「十三巧」「十三花」的席面，還有紛繁對稱的鑲圍碟，由此帶來的「朝擺」，使其桌面形象富麗堂皇。筵席的種類有海參席、魚翅席、魚肚席、裙邊席、鮑魚席、燕菜席等高級筵席，其特點是選料珍貴，多採用山珍海味，烹製工藝精湛，色香味並重，以壯觀氣派見長。如「海參席」用較奢華的海參粥、魚參粥之類，並在配菜的中式菜裡，直接把西餐常用的咖喱引進川菜。在海參席的基礎上，又上八大菜、四坐菜，有頭（十三巧）、有尾（十景鹽子湯或菊花火鍋），這種規格稱為「全席」。全席分民間的與官方的兩種。「官方全席」中以「滿漢全席」最具代表性。「民間全席」是三人坐一小長方桌，鋪有紅呢繡花席圍。上方正坐貴賓，兩旁設陪席。開宴要吹打奏樂。先後要上16個高樁碟子及叉燒四紅，外上四白，有燒烤豬、雞、鴨、元寶豬等，又上12冷碟、12小葷、4熱吃，之後才上正菜。正菜又分八、十、十二樣等大菜，有清湯鴿蛋燕菜、魚翅、燒烏雞白、棋盤魚肚、揚州火燒魚、玻璃魷魚、清蒸裙邊等。此外，還有4個過碟。從開宴到宴止，要換13次桌布，上3道點心。從午後吃到晚上10時以後。[1]

（2）三蒸九扣　菜式通常稱為「田席」，是清代中葉在四川農村興起的一種最具巴蜀鄉土氣息的筵席形式。這是四川農村民間為慶豐收宴請鄉鄰親友而舉辦的宴會，因一般所請客人較多，屋裡盛不下，就在田間院壩中陳設席桌，故稱「田席」。以後，又發展為婚宴、慶壽、迎春、喪悼等聚宴時都舉行的宴飲活動。又因田席菜多有蒸菜，這些蒸菜在上桌時要將定碗中的菜反扣於大碗或大盤中，故又稱「三蒸九扣」。所謂「三蒸」有三種解釋。一種從蒸法上講是清蒸、旱蒸和粉蒸，一種是從容器上講是鍋蒸、籠蒸和碗蒸，還有則指酒米飯、甜燒白和鹹燒白。所謂「九扣」，或說是九大碗菜，九個品種，但通常宴席均在九個菜以上。更多的說法是數以九為大，「九扣」，象徵扣碗菜數量多；又視「九」為吉數，以示豐盛和富裕。故又稱「九斗碗」。傳統的三蒸九扣，不能缺少鹹燒白和甜燒白、扣蛋捲、扣酥肉、豬手和肘子，通常以鹹鮮本味為主，如粉蒸肉、柞辣椒蒸肉、紅燒肉、清蒸肘子、清蒸雜燴、燒酥肉、鹹甜燒白、東坡肉、扣鴨、扣雞、扣肉等。

（3）大眾便餐　主要是指低檔餐廳和供零點餐使用的菜餚。其烹飪以味道多樣、善於變化；富有鮮味、麻辣見長；取材廣泛，因時而異；烹製方法繁多，極講究火候；製作精細，配料考究，形色協調。著名飯館均各具特色，自成一格，為

1　車輻：《川菜雜談》，重慶出版社，1990年，第17-20頁。

廣大人民所喜愛。因大眾便餐客源群體多，消費普及，飲食文化的生命力強大，乃至成為川菜系列中的五大類型之一。大眾便餐因地方不同，流派也很多，稱為「幫系」。計有上河幫、下河幫、小河幫。

上河幫，屬蓉派，以成都和樂山菜為主，又稱「大河幫」，主要流行於成都、江津、合江、瀘州、宜賓、樂山等地。其特點是小吃、傳統菜品較多，講求用料精細準確，嚴格以傳統經典菜譜為準，代表菜餚主要是以炒、燒、爆、拌的烹調方法製成，以及醃鹵、豆花之類。其著名菜品有麻婆豆腐、回鍋肉、宮保雞丁、鹽燒白、粉蒸肉、夫妻肺片、螞蟻上樹、燈影牛肉、蒜泥白肉、水煮肉片、魚香肉絲、樟茶鴨子、白油豆腐、魚香肉絲、泉水豆花、鹽煎肉、乾煸鱔片、燒仔鵝等。名菜有眉山的東坡肘子、樂山的周雞肉、宜賓的冬瓜盅以及江津肉片、合江肥頭魚等，這類菜餚的特點是：烹製快速，隨堂叫菜，經濟方便。其味偏於甜酸。

下河幫，屬渝派，以重慶和達州菜為主，主要流行於嘉陵江及川北一帶的重慶、綿陽、南充、廣元、達州、巴中、遂寧等地。大多起源於市民家庭廚房或路邊小店，其特點是比較麻辣，用料大膽，俗稱「江湖菜」。其代表作有以酸菜魚、毛血旺、口水雞為代表的「家常系列」；以乾豇豆為主的「乾菜燉燒系列」；以水煮肉片和水煮魚為代表的「水煮系列」；以辣子雞、辣子田螺和辣子肥腸為代表的「辣子系列」；以泉水雞、燒雞公、芋兒雞和啤酒鴨為代表的「乾燒系列」；以泡椒雞雜、泡椒魷魚和泡椒兔為代表的「泡椒系列」；以乾鍋排骨和香辣蝦為代表的「乾鍋系列」等。

小河幫，屬鹽幫菜，以自貢和內江菜為主，又稱「自內幫」，流行於川中的自貢、內江、榮縣、資中、資陽一帶。以味厚、味重、味豐為鮮明的特色。善用椒、薑，料廣量足，選材精道，煎、煸、燒、炒，自成一格；煮、燉、炸、溜，各有章法。尤擅水煮與火燉，形成了區別於其他菜系的鮮明風味和品位。如水煮牛肉、菊花火鍋、冷吃兔、富順豆花、火爆黃喉、粉蒸牛肉、芙蓉烏魚片、無汁蔥燒鯉魚、火爆毛肚、夾沙肉、豆瓣魚、皮蛋湯等。

（4）家常風味　民間的家常菜，其雋永的風格是四川烹飪發展的根基。人們在家庭三餐中就地取材，烹飪隨意，操作易行，而且調味適口，樸實無華，具有鮮明的地方風味。代表性菜餚有回鍋肉、麻婆豆腐、熊掌豆腐、連鍋湯、野雞紅及各種炒菜。另有紅苕（即紅薯）米飯、紅苕鮓肉、鹹燒白等。廚師們吸收家庭爐灶這些款式的精華，推陳出新製成紅苕泥、燈影苕片、紅苕雞腿、雙仁苕餅、松花苕蛋、紅苕粑等10餘個品種。值得一提的是四川泡菜，它是家庭菜中的一絕，芳香脆嫩，鹹酸辣甜，極有特色。四川土地肥沃，氣候溫和，四季常青，可做泡菜的蔬茹很多。川人的家庭便餐中，泡菜是每家餐餐不離的佐餐副菜和烹調魚香味的調料，各戶皆會自製。

（5）民間小吃　四川小吃歷史悠久，根植於民間，選料嚴謹、製作精細、造型講究、味道多變，注重色、香、味、形的有機配合，以蒸點、湯點、酥點擅長。它們多形成於清代晚期，名滿天下。其品種甚多，有飯、粥、麵條、餃子、包子、抄手、饅頭、餅、糕、粽、粑、湯圓及酥點等類，而每一類中又有許多不同風味、不同原料及不同加工方法的品種。如在多種復合味中，以麻辣為特色，又分香辣、鮮辣、甜辣、麻辣、酸辣等口味；在烹飪技法上有煎、炸、烤、烙、燒、炒、燴等10多種方法，形成酥脆、酥鬆、酥泡、鬆泡、細嫩、軟糯等多種口感。

這種豐富性在清末傅崇矩《成都通覽》之《食品類及菜譜》中可略見一斑，書中記載的各種餅有17種，各樣包子有11種，各處糕有18種以上，各樣酥有14種以上，各種卷有13種以上。有名的小吃及食品有賴湯圓、擔擔麵、麻婆豆腐、蛋烘羹、鐘湯圓、大森包子、鐘包子、抗餃子、澹香齋茶食、三巷子米酥、德昌號冬菜、王包子麵、山西館豆花、科甲巷肥腸、廣益號豆腐乾、厚義元席麵、王道正直酥鍋魁、青石橋觀音閣水粉、便宜坊燒鴨等，所述及的大眾食品極多。除成都外，四川其他地方的名小吃也不少，如新都的葉兒粑、廣漢的三合泥、溫江的涼粉、新繁的牛肉焦餅、新津的黃糕、灌縣的涼蛋糕、樂山的糖油果子、內江的牌坊麵、瀘州的白糕、遂寧的灰水粑、豐都的豌豆湯、彭水的心肺湯元、石柱的烤包子、江津的冰糖芋兒泥、南充的川北涼粉、閬中蒸饃、南部燒賣、綿陽罐罐湯、梓潼片粉、羅江豆雞，以及重慶的涼餈粑、高豆花、棒棒雞，涪陵的油醪糟、羊油茶，達縣的冰糖銀耳、燈影牛肉等。

❸ · 川菜體系形成的原因

所謂菜系，是指在一定區域內，因物產、氣候、歷史條件、飲食習俗的不同，經過漫長的歷史演變而形成的一整套自成體系的烹飪技藝，並被全國所承認的地方菜。[1]這一定義在學術界較流行。川菜形成與完善的過程，是經過漫長的歷史演變而形成的，它有一個孕育、發展的過程。關於川菜形成較一致的觀點是：川菜孕育於商周，初步形成於秦漢魏晉，發展於唐宋，成熟於明清，定型和繁榮於清末民初。

川菜形成有其生態、經濟、歷史、文化等方面的原因。

第一，得天獨厚的生態條件。四川形成獨特的飲食文化，究其根本在於山川地利之功。巴蜀其土沃野千里，江河縱橫，氣候溫和，物質豐足。瓜果蔬菜應時而生，被譽為「蔬菜之邦」；各種家禽便利畜養為飲食發展提供了雄厚的基礎。尤其是適時調味品十分豐富，辣椒、薑、蔥、蒜、八角等調味品，做出辣、麻、鹹、香、甜、苦六種母味型及幾十種可變常用味型，並形成了自貢井鹽、內江白糖、閬中保寧醋等著名調味品，奠定了川菜百味的基礎。同時，四川盆地氣候多霧、多陰、濕氣重影響了川菜的風格，使川菜形成重油重味，偏愛麻辣（實為「辛、麻」）的飲食特色。四川特有的生態環境和豐饒的物產以及深厚的文化背景，使四川的飲食烹飪呈現出鮮明的地方特色。

第二，「天府之國」的經濟優勢。巴蜀從漢唐時代起至民國時，其經濟都居於全國前列，其間雖因戰亂等原因經濟受到損傷，但都很快得以恢復，為飲食文化的發展打下了經濟基礎。經濟的恢復促進了餐飲業的發展，為滿足社會需求，四川飲食追求精益求精、善於創新的精神。

同時，四川歷來人口眾多，消費市場龐大，構成了一個多層次性的飲食消費市場，消費潛力巨大。因此，川菜系列既有高檔的官府菜，也有大眾化的民間小吃。

---

1 袁庭棟：《從川菜的形成談今天川菜的發展》，張舟：《試論中國的「菜系」》，四川省民俗學會、川菜文化研究、四川大學出版社，2001年，第42頁。

經營川菜的店鋪不僅數量眾多，檔次齊備，而且風味多樣，特色突出。

第三，歷史與文化優勢。川人善於總結，有獨到的飲食理論、精妙的烹飪方法和多變的調味方法，這突出地表現在歷代文人對飲食的分析、總結和民間對饌肴質量提高的創新上。由於清代刻印業的復甦，乾嘉時期四川書坊如雨後春筍，總結川菜烹飪經驗的菜譜手抄本、刊印本順勢而出，有利於豐富川菜品種及專業烹飪技術的普及、提高和傳播。如李化楠的《涵海・醒園錄》總結了烹飪川菜的經驗121種，傅崇矩的《成都通覽》記錄了1328種川菜。此外，袁枚的《隨園食單》、李實的《蜀語》等書籍都對川菜進行了總結。

第四，善於借鑑，融匯各家之長，綜合發展，促成川菜體系的形成。在漫長的歷史時期中，幾次大規模的移民入川，把南北各地的飲食原料、烹飪技藝、名饌佳餚、飲食習尚帶入四川，在各歷史時期各地文化的融匯、交流中，逐漸在清代晚期形成新的川菜體系。

川菜的發展與對其他烹飪流派的吸納、融匯密切相連，達使得川菜不斷創新，保持著旺盛的生命力。川菜烹飪大師藍光鑑精闢地總結說：「所謂川味正宗，是在原有的基礎上，甲南北之秀而自成格局也。」又如車輻先生所總結：「不管我們吸收西方的、省外的或民族的，川菜有自己的根，萬變不離其宗，歸根到底川菜仍是四川口味。」[1]

❹・廚師對川食的影響

從歷代參與飲食製作的廚師看，有家庭烹飪的「中饋」、飲食服務的專職廚師，還有達官貴人、文人才子等。

中饋，是指主持廚事的婦女。由於中國傳統的家庭分工是男主外，女主內，故家中多由婦女主廚，稱為「中饋」。清代曾懿《中饋錄》在飲食史上有重大影響；清末陳麻婆創製的「麻婆豆腐」，至今風靡中外；民國時期成都的「姑姑筵」餐館，

1 車輻：《川菜雜談》，重慶出版社，1990年，第11頁。

開店初期的掌勺廚師，全是黃家姑嫂等中饋。其中曾懿影響較大，她在書中介紹了家常必備的食物製作方法，如宣威火腿、香腸、肉鬆、五香熏魚、糟魚、醉蟹、皮蛋、豆瓣、豆豉、腐乳、醬油、甜醬、醬菜、泡菜、冬菜、醪糟、月餅等，還介紹了保存火腿、蟹肉的經驗。

專職廚師。清末民初是川菜發展定型與繁榮時期，在這一文化背景下，四川湧現了一批川菜名廚，如關正興、王海泉、戚樂齋、廖澤林、謝海泉、藍光榮、湯永清等數十人。他們在飲食行業勤學苦練，精通川菜烹飪，善於創新，對川菜的發展作出了卓越貢獻，如關正興為滿族，是入川的官宦家廚，於咸豐末年在成都創辦「正興園」。由於他曾多次操辦滿漢全席，其廚藝甚高，菜、湯均為食客稱道。「正興園」在清末的成都餐館業中居於顯要地位，並培養了一批著名廚師，如戚樂齋、謝海泉等。王海泉被川菜界稱為「大王」，早年在貴州一滿族官員家做家廚。清末民初，隨官員自貴州返川後，在成都書院街創辦包席館「三合園」，親理廚政，收徒傳藝，徒弟中的王金廷和黃紹在清後皆成為四川廚壇中聲名卓著的廚師。

政府官員創製川菜，也是川菜文化的一大特點。清末大量外省籍的達官貴人到四川上任，一般都自帶其家鄉的名廚。為了展示其官場派頭，他們常以大排場大宴賓客，尤講席桌檯面的「堂彩」，動輒幾十桌上百桌，甚至出「長流水席」連續幾天幾夜，幾十口紅鍋排列，廚房不夠，就就地埋鍋造膳，上百個廚師輪流上灶，集南北高手於一爐，形成了各地人才薈萃於天府的局面，推進了四川飲食文化的發展。他們還參與川菜的創製。除黃晉齡開辦的「姑姑筵」為川菜一大特色外，又以四川總督丁寶楨創造的名菜「宮保肉丁」為代表。「宮保肉丁」實為對山東「爆菜」的一種借鑑與創新。丁寶楨在任山東巡撫時，濟南名廚周進臣、劉桂祥所製「爆炒雞丁」深得丁的讚賞，每用以饗客，世稱美味，因丁曾被賜為「宮保」，稱為「宮保雞丁」。後丁調任四川總督，遂將此菜引入巴蜀。

❺ · 糕點、蜜餞大有發展

至清代，製糖業的發展和花木業的興起，為糕點和蜜餞的發展提供了豐富的物質原料，如糖、花、葉、果等，使四川的桂花糕、金桔餅、蜜餞、果脯成為與「川菜」齊名的吃食。

清代，糕點業得到了進一步發展。清人傅崇矩在所著《成都通覽》中，專章介紹了成都的糕點，他將成都糕點分為普通食品類、餅類、糕類、酥類、月餅類和本地糖食類等類別，具體列載了138個品種，尚未包括蜜餞產品和炒貨。書中特別提到一家叫「淡香齋」的糕點鋪，僅常年經營的品種就有69種，其中糕類有棗泥糕、白米糕、砂仁糕等，餅類有桂元月餅、山楂月餅、玫瑰麻餅等，酥類有雙麻酥、金錢酥、風雲酥等。此外，還有蔥油荔枝、羅江棋子、棗泥菊花等各色新奇的點心，以及花樣繁多的以米、麵為原料的果子。

四川糕點的製作充分利用了生態條件與本土特產。例如「仁壽芝麻糕」，又名「甘美香」「桂花村」，始創於清道光年間，其質細嫩，柔熟化渣，甜而不膩，風味獨特。芝麻不僅是地方特產，也是一種高蛋白作物，營養豐富，可補血明目，益肝養髮，生津潤腸，常吃能起到滋補益壽的作用，受到各階層民眾的喜愛。又如，「合川桃片」始於清光緒二十三年（西元1897年），有香甜和椒鹽兩種，原料主要是糯米、核桃仁，經過炒米、篩粉、攪糖（熬製、攪拌、桿動）、燉糕、切片等十多道工序而製成，桃片展卷不斷，潔白如雲，入口易溶，不黏牙齒。既講究色、香、味、形，又營養豐富，且有食療保健功效。製作時，講究選取大粒糯米，水要當地的泉水和地下水。在這樣的生態環境下，用本土的食材進行製作，才能達到獨特的口感與營養價值。糕點與川菜、小吃一樣，講究選料精，工藝嚴，講究刀工、火候，加上四川特有的生態條件，突出了「川味」而名揚四方。

明代四川已能以瓜果、蔬菜為坯料，用蔗糖加以蜜製做成蜜餞，四川俗稱「煮貨」。它最初出自家庭主婦之手，用於自食和餽贈，多用於請春酒待客之時。至清末才有作坊專門生產並在市場上出售，雖已用大鍋批量生產，但仍打出「小鍋煮貨」的招牌以招徠顧客。品種也越來越多，水果、蔬菜、中藥材都可以製作蜜餞，以四川橘餅蜜餞最為有名。同時，也成就了一些地方土特產品。如，在盛產蔗糖的內江，以其出產的蜜餞成為當地最好的土特產品。內江地區的風俗是，每年臘月十六的「倒牙」（美食節）後，許多人家都要做糖食，以備新年款待賓客。一些大戶人家主婦便摸索出精工製作蜜餞的工藝，每到新年酒茶席上，互相爭奇斗異，以顯示其有「操持」。光緒年間，內江羅姓和朱姓的家庭製作的蜜餞，以甜意沁心、香氣撲鼻、餈溶化渣而享有盛名。

三、四川少數民族的生計方式及飲食習俗

羌族。至清，在與漢族等各民族的商貿活動中羌區經濟逐步發展，改變了以往以狩獵為主的生活方式。據顧炎武《天下郡國利病書・蜀中邊防記》記，羌區除以青稞為主的糧食作物外，還出產犛牛、白蜜、犏牛、馬雞等。清乾隆時謝遂繪《職貢圖》卷三所載《威茂協岳希長寧等族》記：「番民居土（石）室，戴羊皮帽，布褐長衣，以耕種為主……婚禮用豕肪為饋，佐以銀布。」「豕肪」為臘肉的異名，今名「豬膘」，為羌族的傳統豬肉加工食品和特色食品，至今仍盛行。

彝族。魏源《聖武記》載，清代中期的涼山彝族都還處於「地多曠衍，產青稞、包穀、燕麥、苦蘿蔔、紅稻，以多蓄馬牛羊豕為富，不善耕種」的狀況。此時期的彝族飲食生活比較簡單，咸豐七年（西元1857年）《冕寧縣志》記：猓羅「飲食以乳酪、酥油為貴，以蕎麵稭粑為常，或不火食，或半生熟食之。其就鍋莊煮肉，菜糧雜煮其中，肉則割分，菜用木勺團坐舀食。甚敬禮客。客據上座，雞、羊、豕屬牽至客前，跪稱云無異的示敬，以此為獻。客甫辭，已將木棒捶殺矣。洗剝畢，任客意作食，已食其餘。」光緒刻本《雷波廳志》記：彝族「飲食不烹飪，以火炙之，用木盒盛而食，席地團坐，好飲酒」。清光緒《越西廳全志》則記：彝族「每歲以六月二十四為過小年，殺牲以木杵擊其腦，飲酒歡慶。十月朔日為大過年，必打牛羊、跳鍋莊，極貧者亦多買豆腐慶賀」。

藏族。川西北的藏族，主要聚居於今阿壩藏區和甘孜藏區。嘉慶《四川通志》中載，牧區藏族「逐水草而居，遷徙無定。不分寒暑，六月飛霜，五穀不生，游牧打生，織毪（mú）食茶」。聚居於山坡河谷地帶的農區藏族，由於「其土地膏腴，

山川秀麗」，則主要從事農耕，兼營少數牧畜。作物以青稞為主，小麥次之。西康一帶的藏族百姓，日常飲食以糌粑、酥油、牛肉、茶葉為食品，不重蔬菜。主食除糌粑外，還有小麥粑、扒孤、油餜子等；乳食有酥油、奶渣、酸奶子等；肉食主要有生肉、肉鬆、肉湯、雞蛋等；茶飲有酥油茶、清茶兩種；酒有大麥酒、高粱酒、乳酒、瓜酒等。

藏族日常飲食，除少數貴族及接近漢人者設置矮桌杯箸外，大都席地而坐，甚少桌凳。若飲湯時，則用木質及銅質調羹。男女老少不用箸，飯菜多用手攪和捻成糰子。食畢，恬（舔）手及所用木鉢，以舌代盥洗。所用木碗、銅碗，食後不洗，也以舌舐淨，覆於爐邊。或擦而納諸懷，貴者裝於匣。因此，藏族每人各有固定之碗，不能亂用，以講究衛生。他們食不以時，以飢為度，食少而頻。待客時，客至必設酒，或設酥茶，男女圍坐盡情而飲。

回族。回族信奉伊斯蘭教，其飲食特點至明清時已甚鮮明。《邛雋野錄》記：他們不食驢騾豬肉，「其牛羊與雞鵝必自殺乃食」。

第二節　雲貴桂經濟的充分開發與飲食文化的基本成熟

清朝對全國實行有效統治的268年，是雲貴桂地區得到積極開發，發展較為迅速的時期。這一時期的飲食文化已基本成熟穩定。其成熟的標誌是經濟發展穩定；飲食的地域性特色突出且持續；有飲食文化方面的著述出現。

一、西南地區大開發

❶・移民人口的增長促進雲貴地區的開發

內地人口向西南移民，促進了土地開發和生產發展。清代全國人口空前增長，至道光十五年（西元1835年）已達四億以上。又由於封建土地所有制的弊病，到清王朝中葉，土地兼併日趨嚴重，為尋求生存空間，大批流民向西南等邊疆地區遷徙，墾荒種地。這種大規模的人口遷徙，得到了清政府的支持。《清高宗實錄》中載：清初百餘年來，天下戶口較昔增十餘倍，「猶幸朕臨御以來，闢土開疆，幅員日廓，小民皆得開墾邊外土地，藉以暫謀口食」。據研究，順治十八年（西元1661年），廣西省人口約為250萬人，雲南和貴州的人口各不少於200萬人。至清末，廣西人口增至1225萬餘人，以桂林、平樂、梧州、柳州、南寧諸府人口密度為最高，超出桂西地區一倍多；雲南的人口達1250萬人，密集區域為滇池與洱海的周圍地區；貴州人口約1121萬人，普安向東至鎮遠一帶為人口稠密的地區。[1]大量移民使邊疆荒地得以開發。道光《廣南府志》載：川楚黔粵貧民墾種的廣南，道光時民物繁滋，楚黔粵諸省之民攜家帶口而來，「視瘴鄉如樂土」。貴州省墾殖的重點為前代人

◂圖9-5　清代箐苗「結伴墾山圖」（《百苗圖抄本彙編》，貴州人民出版社）

1　路遇等：《中國人口通史》，山東人民出版社，2000年，第755、823、927頁。

▸圖9-6　雲南會澤的清代江西會館

跡罕至的「新疆六廳」，即古州、清江、台拱、八寨、丹江、都江等地。這一時期農業有了很大發展，納糧水平也大幅度提高。《清史稿》中載，西元一七四八年，清廷定各省常平倉歲儲糧之數：雲南為70萬石，貴州50萬石，四川100萬石，廣西20萬石；到一七六六年，各省報存糧數均有大幅增加：四川為185萬石，廣西183萬石，雲南和貴州均為80餘萬石。

雲南的畜牧業獲長足發展。清人檀萃在《滇海虞衡志》中說：雲南民俗，以牲畜為富。雲南有馬牛羊不計其數，人言牲畜之多，常以「群」為單位，一群牲畜至少有數十隻，或至數百乃至上千隻。說某人飼養多少大牲畜，僅言其人有多少群。諸族飼養馬牛，既用於役作，也大量屠宰供祭祀與食用。雲南飼養的牛有黃牛、水牛兩種，以黃牛居多。養羊的數量亦大，檀萃說「羊於滇中為盛」。昆明城每日屠羊數百隻，四季如此。還大量以羊皮製衣或以羊毛製氈毯，因此「羊之孳生蕃息倍於馬」。

雲南的食鹽生產較前代有更大發展。嘉慶、道光年間雲南較大的鹽礦有28處，清末雲南產鹽5297萬斤。[1]年產100萬斤的鹽井有：黑鹽井、白鹽井、磨黑鹽井、按

1　楊毓才：《雲南各民族經濟發展史》，雲南民族出版社，1989年，第284、290頁。

◂圖9-7　雲南馬幫塑像

板鹽井、抱母鹽井、喇雞鹽井、石膏鹽井與雲龍鹽井。所產鹽基本上可滿足本省的需要，有些還供給越南、老撾等地。

雲南茶葉發展迅速。在滇東南形成方圓近800里的攸樂、革登、倚邦、莽枝、曼耑、慢撒六大茶山。雍正七年（西元1729年），清廷在雲南普洱設府，管轄今思茅大部與西雙版納地區。同年，雲貴總督鄂爾泰在思茅設總茶店收購茶葉。西元一七三五年，清廷頒佈雲南茶法，加強茶葉稅收的管理。六大茶山所產茶多集中在普洱府，運至下關加工再銷往各地，所產之茶遂稱「普洱茶」。普洱茶有毛尖、芽茶、小滿茶、谷花茶、緊閉茶、女兒茶、金月天等品種，生產極盛時年產量達八萬擔（四千噸）。《滇海虞衡志》中說：「普茶，名重於天下。此滇之所以為產而資利賴者也。」至採茶時節，入六大茶山購茶者至數十萬，運茶商隊擁擠盈路。中甸、德欽等地的藏商，每年派有數百匹馱馬的馬幫至思茅與普洱購茶。清人阮福《普洱茶記》稱：「普洱茶名遍天下，味最釅，京師尤重之。」除普洱茶外，雲南還有順寧太平茶、大理感通寺茶、昆明太華寺茶等品種，但產量不多。

交通與商貿活動亦趨繁榮。明代大理的下關僅為普通集市，清代發展為普洱茶的加工地與商品的重要聚散地。雍正、道光年間，每年有大量的茶葉、紅糖、瓷器、燒酒、火腿等集中下關待運藏區，藏區的毛織品、藥材、沙金、馬匹等貨物，亦在其地交易並運往各地。嘉慶、咸豐年間，大理商人開辦「三元」「裕和」等大型商號，依靠馬幫往來各地做生意。光緒初年，形成四川、臨安（今雲南建水）、迤西（包括騰沖、大理、鶴慶和喜洲）三大馬幫，推動了雲南的商貿活動。各地農村形成了不少大型集市。清人吳大勳《滇南聞見錄》記，街期各處錯雜，以便貿遷。多以十二生肖為街期，遂有馬街、牛街、羊街、狗街、雞街、鼠街、龍街等地名。一些集市以所售的商品為特色，如中甸為藥市，麗江為騾馬市與藥市，大理有草帽街，阿迷州（今開遠）主要交易紅糖。

❷．廣西的水利建設與農業的發展

清代廣西的人口有較大幅度的增長。據研究，順治十八年（西元1661年），廣西的人口為332萬人；乾隆十四年（西元1749年）為516萬人；道光十年（西元1830年）為939萬人；到了清末的宣統二年（西元1910年）人口已達1145萬人。[1]其中大

▸圖9-8　清代苗人「墾山耕種圖」（《百苗圖抄本彙編》，貴州人民出版社）

1　周宏偉：《清代兩廣農業地理》，湖南教育出版社，1998年，第66頁。

部是外地遷來的移民。清人孫玉庭《延釐堂集·奏疏》記，嘉慶年間，梧州、潯州、鬱林三府的人口來自廣東等省，貿易往來僅寄居入籍者，幾占土著之半。此外，還有來自湖南等地者。這些移民人口的增加，大大促進了農業生產的發展。

清政府重視廣西農業生產的發展。主要做法是廣開軍民屯田，並允許外來移民開墾荒地。《清史稿》載，雍正五年（西元1727年），廣西布政使金鉷奏開屯田，屯民每人可獲水田十畝，其中一畝為公田；若得旱田20畝，其中二畝為公田，官府還供給屯民耕牛。這種利農政策推行數年，遂使農家倉廩充實。

廣西的農作物以水稻為主。各地普遍種植雙季稻，僅桂林、平樂、慶遠等地還保留種單季稻的習慣。稻穀品種也明顯增多，據《灌陽縣志·物產》載，道光間灌陽縣的早稻有五月黃、百日黃等20餘種，晚稻有米崔禾、豆子秈等近20個品種，由此可知廣西的水稻品種甚多。各地還大量種植大麥、小麥、蕎麥、高粱、黃豆、青豆、綠豆、小米、玉米、薏米、蕃薯、芋頭與各種豆類；油料作物的種類也不少，主要有花生、芝麻、茶油、棉子、油菜與桐子。重要經濟作物有甘蔗、茶葉和菸草等。一些地區一年可種兩季玉米。光緒《歸順直隸州志》記，玉米、雜糧此前僅種一季，今則連種兩季，山頭坡腳無不遍種，皆有收成。普遍種植的蔬菜有薑、黃牙菜、冬瓜、南瓜、黃瓜、絲瓜、韭、蔥、蒜、白菜、苦菜、茼蒿、苦瓜、藕、生菜、竹筍、芹菜、蘿蔔、辣椒與香菇等。

清政府重視興修農田水利。清代修復的大型水利工程，主要有興安的靈渠與臨桂的相思埭。《清高宗實錄》記，康熙五十二年（西元1713年），廣西巡撫陳之龍修復靈渠的14座陡門，對廢棄的21座陡門亦酌復其八座。雍正九年（西元1731年），廣西巡撫金鉷重修靈渠18座陡門，並修復37座蓄水的塘堰。雍正年間，廣西官府對臨桂相思埭進行了全面修復。西元一七五四年，兩廣總督楊應琚再修靈渠。各地還新建一些水利工程，如一七五〇年拓建慶遠府宜田縣的洛濆河堤，以及義寧縣的安鑑河堤。

二、地域特色濃郁的日常飲食風味

❶ · 雲貴飲食文化的發展與繁榮

清代雲貴地區的飲食文化呈現出較前代繁榮的局面。主要表現在飲食原料更為豐富，食物的烹飪加工更為講究，以飲茶為代表的時尚風習逐漸興起，並出現了飲食文化方面的著述。

（1）飲食文化的重要著述　介紹清代雲南各地社會習俗，涉及飲食文化的主要著作是清檀萃的《滇海虞衡志》，還有民國羅養儒所著的《雲南掌故》。檀萃在雲南為官、講學20年，以學識淵博聞名。《滇海虞衡志》按岩洞、金石、酒、器、禽、獸、蟲魚、果、蠻等分類，材料具體而有趣。羅養儒，清末民國人。其祖父曾供職清雲貴總督衙門，還擔任過雲南許多個縣的縣令，羅養儒隨祖父赴任，足跡幾遍雲南。又時聆長輩講述雲南之事，所知甚多。其著《雲南掌故》，不僅詳述了民國時期雲南的情況，而且述及清代不少史實，所述均有依據。其中記述雲南各地尤其是昆明地區的社會生活和諸種飲食，尤其以清代的內容最為寶貴。

（2）豬、雞類佳餚大行其道　雲貴各地善於養豬，雲南即有六大名豬：大河豬、滇撒豬、保山豬、滇南小耳豬、滇陸豬和撒壩豬，在豬肉的加工烹飪方面也頗具地方特色，其中以醃製火腿最為有名。雲南居民大都喜食火腿，有「無（火）腿不成席」之說。各地皆會製作火腿，尤以「宣威火腿」著名，這與當地特產「大河豬」有直接關係。《雲南掌故》說：雲南宣威一帶的居民，以當地特產的大河豬為原料，醃製出以味鮮、色紅、愈存愈鮮為特色的優質火腿，人稱「宣威火腿」或「雲腿」。據說好的宣威火腿須存放一年以上，外觀堅實顏色黝黑。至清末民國初年，宣威縣經營火腿的商號有100餘家。宣威火腿可燉可炒，尤以火腿切片、火腿炒餌鈌、火腿夾蒸乳餅、火腿燉紅豆湯等做法膾炙人口。《滇南聞見錄》記有，大理鶴慶居民亦擅長醃製火腿，方法是將豬腿浸於鹽井的滷水醃製而成，其火腿味不甚鹹，香甜而鮮，與浙江金華火腿相似，在雲南遠近聞名。知名產品還有富民醃製的妥基火腿。此外，據清人張泓《滇西新語》載，麗江一帶諸族均擅製琵琶豬，製法如下：取重百餘斤之豬，刳去頭足大骨，四足摺疊於腹內醃之，以大石壓之令扁平，狀如琵琶，因此得名。煮琵琶豬而食，其味頗似杭州的加香肉，唯味稍淡，因當地鹽貴少放鹽之故。

雲貴地區的優良雞種甚多，有六大名雞之說，著名者如雲南思茅、普洱的茶花雞與武定的騸雞，還有無量山的烏骨雞、瓢雞，鹽津烏骨雞和大微山微型雞。據《雲南掌故》，茶花雞主要產自雲南思茅、普洱等地的山林地帶。其雞雌雄均棲息於樹，在山間搜尋昆蟲或啄食草子果實。形態多身圓背扁，足短尾長，因羽毛豔似茶花得名。產卵甚小，僅較鴿蛋稍大。無論公母，展翅可飛十數丈，似為未曾馴化的林禽。若在山間拾取其卵，歸使家雞孵之，出窩之雞不失原祖的形色，唯身體稍大。茶花雞宜炒亦宜煮食，肉嫩湯香，為滇南諸族待客的上品。武定的騸雞產於金沙江邊雲南的武定、元謀與祿勸一帶。此處之雞甚肥大，且皮薄肉嫩。小雞孵出後，四個月可重一斤，六個月達二斤以上。其他省騸雞僅騸公雞，而雲南的武定雞公母皆可騸，被騸之雞迅速肥壯，三年重七八斤乃至十斤上下。武定騸雞以個大肥壯、肉嫩味香而享譽省城及雲南各地，以之烹製雞片或油炒、燉湯，無不相宜。

烏骨雞，以滇東北大關、鹽津一帶尤多，又稱「鹽津烏骨雞」。此雞培育成功已有1700餘年的歷史，清代享譽省內外。烏骨雞羽毛多為黑色，除雞骨外，肉、皮、內臟皆為黑色。雲南居民喜以之燉湯，食時加入三七粉，味道鮮美，並有滋補的功效，體現了寓美食於養生的飲食思想。以雞製作藥膳著名者，還有建水的「汽鍋雞」。其雞純以汽鍋中部的空管噴出蒸汽蒸熟，蒸汽下凝為雞湯，食時加入三七粉，味美不可言。奇妙的是燉雞的汽鍋，以建水特有的紅黃青白紫五色陶土精製而成，有「色如紫銅、聲似磬鳴、光潔如鏡、絕不褪色」之譽。汽鍋既是盛放佳餚的器皿，又為雅緻古樸的擺設，可謂美食配美器。

雲南中部的居民最喜食「黃燜雞」。原料若取自思茅、普洱茶花雞、武定騸雞與永平烏骨雞，烹製菜餚更為精妙。烹飪黃燜雞之法：選宰較嫩之雞，切塊與蔥薑、大蒜、草果、乾辣椒等調料下鍋，熱鍋旺油快炒，雞塊將熟之時，淋以雙柏妥甸所產的醬油或本地辣醬，加入竹園紅糖，待湯濃收汁起鍋。食黃燜雞之妙處在於啃。飽吸濃汁的雞塊愈啃愈香。至今雲南各地仍推黃燜雞為聚會、待客的首選佳餚。

（3）蔬菜瓜果終年豐盈可食　江蘇人吳大勳於乾隆年間仕宦雲南十年，詳悉雲南風物，對雲南蔬菜種類之多、口味之甜美讚不絕口。其《滇南聞見錄》稱：白菜雲南各地皆有，以阿迷州（今開遠）尤勝，甘美愈於肥鮮。該書還記有青菜（當地稱苦菜），梗葉皆青色，味微苦，煮之易爛，調和食之，甘甜清涼。因苦菜為雲貴地區所獨有，故遊子在外，朝夕思念的家鄉菜中常有苦菜。韭菜四季亦有，常嫩不老，且莖葉纖細。尋甸湖中所產的石花菜，葉細而薄，顏色深綠，與南海所產紫菜相似。若晾乾成片以溫水浸泡使之濕潤，浸醋以蝦米拌食，頗有風味。雲南人喜摘新鮮花椒以煮菜，又醃取其鹵以和味，雖覺其鮮，然外省人則感辛辣過甚。羅養儒《雲南掌故》卷九亦稱：雲南蔬菜特多，約近百種，四季皆產，供人食用饒有盈餘。因氣候土壤不同，所產之物有較他省肥大脆嫩者。如白菜，有裹心白、箭桿白、京白菜、小白菜與毛葉白等種類。日常蔬菜還有芹菜、菠菜、雪裡紅、芥菜、甜菜、蕨菜、小米菜、紅油菜、萵苣菜、芝麻菜、牛皮菜、蘿蔔菜、紅莧菜、玻璃生菜、油菜、薺菜、鵝腸菜、馬齒菜、茴香、梨蒿、茼蒿、苤藍、茄子與萵筍等。

▸圖9-9　清代雲南鄉間飲食攤（《大理》，民族出版社）

雲貴地區的豆類甚多，主要有蠶豆、豇豆、刀豆、扁豆、泥鰍豆、麻豌豆與菜豌豆；黃豆之嫩者稱「青豆」。若以晾乾的花刀豆及紅飯豆、白飯豆煮熟作菜，則又非新鮮蔬菜。《滇海虞衡志》卷一一說，他省夏季麥與蠶豆同種，但謂「麥菜」；滇人不稱菜，而言「豆麥」，由此可見豆收倍多於麥，因此以豆為重。蠶豆尚嫩時，可連莢烹煮為菜，繼則雜米為炊當飯，曬乾則洗以為粉，稱「蠶豆粉條」，雜於燕窩湯中幾乎不可分辨。豌豆亦可供洗粉，雲南人喜食其嫩蔓，稱為「豌豆尖」。他省豌豆蔓則易老，未聞採摘為菜。亦有做豆芽和豆腐者，《滇南聞見錄》記，豆芽菜四季皆有，多產綠豆芽，莖甚粗而短，盛豆芽於盤，晶瑩可愛，質肥味甘。又說，省城豆腐嫩且佳，極其有味，僅用石膏點就而不用鹽滷，故其色淨白，濃厚有味，此乃日用常食之物，而佳美如此。

萊菔類蔬菜有白蘿蔔、蔓菁及漢中府蘿蔔等。《滇南聞見錄》中稱，白蘿蔔長年皆有，甘甜味美，春日不老，冬日不空。而漢中蘿蔔，團而扁，皮桃紅色，肉則雪白，其味極甜，據說自陝西漢中傳來。另有胡蘿蔔，肉紅而心黃；以及內外俱黃的黃蘿蔔。黃蘿蔔長達一尺五六，粗可及寸，富含水汁又嫩極、甜極，既可作蔬菜，亦可充瓜果食用，出產既盛，價亦極賤。上市時百姓成筐購買，不論居家逛街，均可見男女老少手持之而大嚼。《滇海虞衡志》卷一一又記有一種雲南的紅蘿白，內外通紅，切開顏色如紅玉板，以水浸之，水即染為深紅。羅次人刨紅蘿白晾乾製為絲，拌糟不用紅麴，而其紅色遠過之。

《雲南掌故》還記有多種時令蔬菜，有百合、蓮藕、香椿、竹筍、甘露子、慈姑、茭瓜、茭芽、枸杞尖、皂角尖、茴香尖、豌豆尖、金雀花、苦刺花、花椒葉及鮮核桃等。辣椒類則有燈籠辣、菜辣子、牛角辣與涮涮辣。瓜類有冬瓜、香瓜、黃瓜、苦瓜、絲瓜、南瓜與麗南瓜等。農人又喜摘南瓜之藤尖售賣，稱「麥瓜尖」，揉而煮食，味頗清甜；又摘南瓜花售賣，「其味尤甜」。《滇南聞見錄》亦記，雲南所稱的「麥瓜」即內地的南瓜，但結實甚大，與冬瓜相似。農家無不廣植，冬聞農家藏數十百顆，堆積如山，以供一歲之需。

《滇海虞衡志・志果》又說：雲南的果蔬及相關土產，質佳因產地而得名者，有臨安藕粉、宣威蕨粉、澄江藕粉、元謀蔗糖、臨安糖霜、永昌榧實、武定崖蜜、元謀西瓜釀、元江大茄、阿迷（今開遠）石榴與黃芽菜、蒙自及祿勸石髮菜、彌勒花生、隴川芋頭、省城九龍池（翠湖）茭瓜等。

雲南出產的水果種類繁多，品質亦優。《滇海虞衡志》稱雲南盛產梨，馳名者有呈貢寶珠梨、大理雪梨和昭通黃梨，其次為楚雄黑梨、華寧木瓜梨、麻栗坡董干冬梨、雲縣早谷梨與永昌抓梨。寶珠梨亦稱「貢梨」，據說呈貢縣的得名與盛產寶珠梨有關，呈貢縣寶珠梨的極盛產地是萬溪沖，至今仍有上百年的老樹結果掛枝。成熟的寶珠梨碩大金黃，脆嫩汁多且濃甜微香。楚雄黑梨皮肉俱黑，但乃其本色，滋味甚佳。收穫後若以稻草捂置，數月後果肉酥軟，入口即化。大理雪梨和昭通黃梨亦個大味甜，大者或至七斤。《雲南掌故》云，呈貢縣還有桃李杏等甚多，遇豐收年景，呈貢一帶所植果樹當在四五萬株以上，一年所出果實不下五萬擔（2500噸）。其種植最盛之處，夏秋時節果林一覽無際，近觀但見果實纍纍。果品成熟之時，果農摘取擔往小板橋集市售賣；產桃時每日必有數百挑在市，產梨時節亦必有數百擔入市。其他若花紅、蘋果、柿子和山楂等，亦每日有百數十挑在市售賣。

（4）普洱茶的興起與繁榮　清代雲南的茶葉，尤其是今西雙版納等地出產的普洱茶，在很短的時間內異軍突起，不僅聞名全國，成為皇室和社會上層的至愛，而且大量輸入藏區與四川等省，受到飲茶者的普遍青睞。雲南普洱茶事之興起，是有其特定的時代背景和社會原因的。

第一，是藏區居民的大量需要。清初，四川的茶葉生產遭到戰亂的嚴重摧殘，其輸入藏區的茶葉嚴重告乏。吳三桂時任雲南總管，他利用川茶衰落的機會，聯絡西藏的達賴喇嘛，於康熙四年（西元1665年），在北勝州（在今雲南麗江以東）正式開闢茶馬互市。而運銷藏區的磚餅狀的普洱茶，不僅方便運輸和攜帶、長久保存不易變質，還具有價格便宜、飲用方便等特點。因而，藏區對雲南茶葉需求的迅速增加，使雲南很快發展為重要的茶葉產地，而僅位居江蘇、安徽、浙江等傳統產地之後。

第二，清代飲茶方式及口味的改變。清代茶飲口味發生改變的一個標誌，是城

◂圖9-10 雲南基諾族採茶（《雲南民族・旅遊卷》，人民出版社）

鄉均流行簡便並可多次注水啜飲的蓋碗茶，取代了此前加入蔥、薑、鹽等調料混煮的茶湯，以及費工費時製作的團茶。普洱茶味釅耐泡、價廉易得、沖泡簡便、容易保存且滋味獨特，便成為了人們的新寵。

第三，是普洱茶的保健作用和獨特的口感。據《雲南掌故》載，雲南所產茶膏，較他省為佳，若遇喉症，噙半塊於口，不到三小時病即消除，因此北京之人，均視雲南茶膏為珍稀之物。據陪伴慈禧的太監、宮女回憶，慈禧食畢油膩的食物，常索要普洱茶，「圖它又暖又能解油膩」。

清人震鈞《茶說・飲法》中說，普洱茶飲數過之後，遂感茶味逐漸回甜，茶湯出現不同此前的特殊香味，飲茶者便進入「入口而沉著，下嚥而輕揚，撟舌試之，空如無物」，「其味至甘而香，令飲者不忍下嚥」的極致境界。

第四，普洱茶業是入滇移民的重要生計方式。清代出現移民雲南的現象。今思茅、西雙版納是流民進入較多的地區。為了謀生，許多人從事茶業。而種植普洱茶並進行初級加工，並不需要複雜的技術。同時，滇南氣候炎熱，雨量充沛，所種茶株生長很快，且有大半年的時間可採茶葉。遂吸引了成千上萬的移民投身於淘茶的熱潮，《滇海虞衡志》記，每逢採茶時節，入六大茶山務茶事者或至數十萬人，運茶商隊也蜂擁而至，致使六大茶山經營茶事者滿坑滿谷。

據《雲南掌故》載，在清代的普洱茶中，以迤邦（在今雲南景洪東北）之雨前茶為第一，色香味俱佳，但大都是運往四川地區。其次為攸樂（在今雲南景洪東南）茶，稍遜於迤邦茶，色豔則有類紅茶。順寧（治今雲南鳳慶）鳳山所產的普洱類型茶，在省內亦有名。光緒年間，雲南所產的茶葉，本省享用與運往省外者，約各占其總數之半。

❷．盡顯地域風味特色的廣西飲食

清代的廣西，各地菜蔬的品種豐富多樣，人們終年可食鮮嫩甜脆的蔬菜。常見主要供食葉的蔬菜有芥菜、包菜、生菜、苦馬菜、空心菜、大白菜、小白菜、菠菜、黃花菜、韭菜、蘿蔔、蔥、蒜、辣椒等；瓜豆類有南瓜、絲瓜、節瓜、冬瓜、黃瓜、苦瓜、木瓜、黃豆、豌豆、扁豆、飯豆、四季豆、綠豆、豆角等。烹飪方法多較為簡單，通常是燒沸一鍋水，放入洗淨蔬菜煮熟，加入少量的鹽、油即可上桌。一些貧苦的人家，則以米湯代油放入菜中，或將黃豆、火麻子、南瓜子舂粉拌菜煮之，桌上另置鹽碟，食時夾菜蘸鹽以取其味。

城鄉居民的烹飪方法，則是既簡單又實用，加工的食品亦營養美味。如加工主食類：秋季至郊外壘土塊為窯，燒至紅透，放入紅薯或板栗，不久便熟，其味香甜可口。據戴煥南《新寧州志》：廣西各地流行每日二粥一飯，朝夕難離紅薯、芋、玉米、粟等雜糧，一些地方則日食二粥，粥有玉米粥、紅薯粥、南瓜粥、白粥與菜粥等。遇節慶方食肉煮乾飯。天氣炎熱，是當地居民喜食粥類的重要原因。另外，多種食物雜煮也是節約主糧的一種辦法。李調元《南越筆記》說：（廣西）「男子冬夏止一褲一襦，婦人量三歲益一布裙，如是則女恆餘布。地惟粳稻，土厚獲多，人日計米一升，加以魚、蚌、鳥菱、蕉、橘、薯芋，減炊米十可二三，如是則男有餘粟，故古稱饒富居甲焉。」

廣西諸族喜食糯米食品，如粽子、餈粑、五色糯米飯等。粽子有枕頭粽、三角粽、牛角粽、羊角粽等形狀，包時加入豬肉、黑豆、紅薯、大棗、蓮子等，有須煮一兩天才熟的大年粽，也有玲瓏小巧的涼粽與諸色粽。食時蘸以蜂蜜或糖汁，味道均佳。壯、瑤、侗、仫佬、毛難等民族喜食五彩斑斕的五色糯米飯，其烹製方法如下：採集紅藍草、黃花、楓葉和紫蕃藤，分別擠壓至爛煮沸取汁，分別浸泡糯米數小時，撈起加原色糯米即為五色，放入蒸籠蒸熟供食。餈粑的種類有艾葉餈粑、蕉葉餈粑等，做法是將糯米浸泡磨漿，裝布袋盛之瀝乾水分，加糖、花生、芝麻或碎肉菜為餡揉團，裹以塗花生油的芭蕉葉，上籠蒸熟即成。廣西諸族還喜歡吃糯米饃，製作時，先浸泡糯米上籠蒸熟，再置木槽或石臼內舂成泥狀，捏成拳頭大小的圓塊，即可趁熱食用，熱饃鬆軟可口；若冷卻變硬，可火烤或水煮食之。他們還善做糯玉米糕。方法是將鮮嫩的糯玉米脫粒磨漿，瀝水後置墊芭蕉葉的托盤蒸熟，食之軟嫩清甜。壯、苗、侗等民族喜食「扁米」，製法是剪下灌漿時的稻穗，以微火烤至穀殼焦黃，舂去穀殼錘擊米粒至扁平狀，烹飪後香甜可口。

廣西地區有許多特色菜餚，如檸檬鴨：以整鴨煮熟切塊，與檸檬、酸辣椒、酸薑、黃酒燜炒，味道酸辣香濃。雞血糕或鴨血糕：宰殺雞鴨時，將血淋入盛有糯米的碟中，烹雞鴨時將糯米倒入同煮，吃時切塊上桌。魚生：宰鮮活草魚去刺切塊，以濕布吸去魚血後切為薄片，切酸薑、酸辣椒、紫蘇等為細絲，拌以花生油及炒花生即為調料，食時以魚片蘸調料，其味鮮美可口。辣椒骨：搗碎豬骨、辣椒，攪拌均勻，加入鹽與黃酒，裝壇密封，一週後可食用。亦可以之煮湯或做配料。環江等地的壯族善製煨鴨，其製法如下：將鴨敲死或溺死，不拔毛，剖腹取出內臟，將薑、鹽、酒、醬油、五香粉等填入，以棉線縫合，取爛泥塗抹於鴨身，埋入炭火或灰燼煨熟，取出除去幹泥，即可供食用，烹製方法與內地的「叫花雞」相似。

總的來說，若論烹飪技藝與系列菜餚，雲南與廣西菜難與全國各大菜系比肩。但言所產果蔬的新鮮豐富，烹飪食物營養保存之科學，雲南與廣西似可居於前列，形成清新自然的飲食特色。

三、雲貴桂地區少數民族的飲食習俗

清代雲貴與廣西諸省在總體上正式形成多民族雜居的格局，各民族的飲食文化既有其特點，又不同程度地受到其他民族的影響。在雲貴地區的諸多民族中，以漢族的人數最多，分佈亦最廣，在全省範圍與白、壯、彝等少數民族相雜居。使雲貴漢族的飲食及其習俗與內地相比有明顯區別，形成獨具特色的飲食文化。如雲南漢族的「炸谷雀」「炸螞蚱」等菜餚，就是向少數民族學來的。但總的來說，包括漢族在內，雲貴地區的不少民族其飲食口味共有的一個特點是嗜肉、嗜肥膩與鹽重，這主要是環境與傳統方面的原因使然。嗜肉、嗜肥膩是因為雲貴高原空氣較稀薄，山地勞動強度大，且水多帶鹼，需要補充較多的肉食。而鹽重則是因過去長期缺鹽，遂形成以鹽為貴消費心理的曲折反映。在西南地區，那些聚居區域較大、歷史文化底蘊較深厚的少數民族，其飲食文化自身的特色就較為明顯。

❶．清代苗族的飲食習俗

清代西南地區的苗族多以耕稼為生，日常飲食儉樸。平時日食兩餐，春夏始食三餐。富者以黏糯之米為主食，貧者多食玉米、雜糧。肉類有牛、羊、豬、狗、雞、鴨、鵝等家畜家禽，菜蔬有青菜、白菜、辣椒、薑、蒜、韭等。由於得鹽、茶、煙等物不易，故頗惜之。苗族人少用匕箸與盤盂，或以手指撮取食物，飲食盛放或用木器、瓷器，如食糯米飯時，以手捏之成團，以手掬食，不需碗箸。雖然日常飲食十分節儉。但遇喜喪、節慶或祭祀，必傾其所有舉辦宴席。普遍盛行「吃牯藏」，言為超度祖先。「吃牯藏」的準備時間很長，一般在二三年前就要開始做準備。富者必備水牛數頭，貧者或數家共備一頭。其牛不驅耕，專作牯藏之用。農曆冬季，苗民將所備牛驅至平壩，使相互角觸。鬥畢不分勝負當場宰之。其肉分給在場的鄉民佐酒，餘肉散諸親友，以為敬儀。「吃牯藏」消耗頗巨，動則以萬計。

稻米隨舂隨食，足當日之用乃已。苗族人家通常家設舂具，素無隔宿之米。每拂曉雞鳴，全寨便聞婦女搗谷臼之聲如雷鳴。食用畜肉多以火燎去毛，烹而食之。清《平遠州志》記，貴州銅仁府苗民食牲畜不用宰殺而用棒打，以火燒去毛，仍用鍋煮，帶血而食。辰州紅苗大會必宰牛，以火燎毛烹之，稱為「火蟬肉」。苗家人

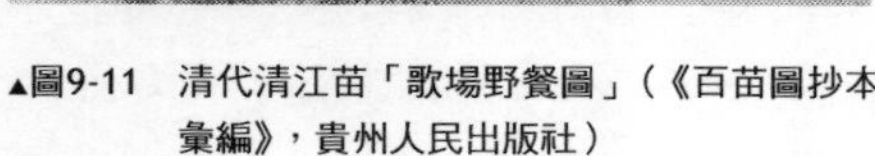

▲圖9-11　清代清江苗「歌場野餐圖」（《百苗圖抄本彙編》，貴州人民出版社）

▲圖9-12　清代平伐苗「獵物分享圖」（《百苗圖抄本彙編》，貴州人民出版社）

喜食辛蔬，尤嗜辣椒，每餐不缺此物。

苗族人喜入山林溪流，獵取野獸、鳥雀或捕撈魚蝦佐食。據《八寨縣志稿・生活民俗》，貴州八寨縣的「花苗」入山林捷於猿猱，常攜槍獵鳥獸，有發則中，無一倖免者。陳浩《百苗圖》載，貴築、廣順一帶的「東苗」，至春季必獵於山，獲禽鳥必以之祭祖。所獲的野獸、鳥雀與魚蝦也是食物的重要來源。徐家幹《苗疆聞見錄》，記苗人亦慣於採集野生植物，以之為食物或供藥用。苗族地區多為深山大谷，瘴氣流行，苗人慣服用薑桂、胡椒或辣椒等預防瘴氣，肉桂、胡椒等均採自野生。

苗族人嗜食狗肉，以狗肉為席中的上品。據《馬關縣志》，若殺狗款待遠賓，必留一腿不食，待賓歸去時，主人以為贈饋，以示為賓客殺狗之意。乾隆《貴州通志》載，貴州貴定縣的「平伐苗」，婚姻、祭享與招待貴客均屠犬，以此為特敬。「新寧苗」習慣啜冷咽生，若有疾病則歌舞禳鬼，屠狗罄食而散。

▲圖9-13　清代仡佬「餽贈飲食圖」(《百苗圖抄本彙編》，貴州人民出版社)

西南的苗族人多以醅菜為珍饈。《鎮遠府志・苗俗風俗》中記載了醅菜的具體做法：「以二月生長的青菜擔至河邊洗淨，曬於烈日下，二三日待其半萎，用大甕或大桶層層裝納，以米粉或高粱、稗子麵和井水灌入於中，緊封其口，俟三四月始開甕，味如土人所食的蝦醬，然味極佳。性大涼，可以治痢疾，去飲食積滯。製作須極潔極淨，稍沾油氣即壞。又有所謂『醅缸』者，貴州清江、台拱、研城等地苗民為之，製作頗費周折。用牛羊魚肉，醃好烘乾後入甕，雞鴨鵝豚肉亦可擇入，諸色禽、鳥獐麂肉等皆可入，或入蝦鱔蟹蚌蛤等，皆以甜糟和水灌之，緊封其口。存二三年，有至十年者方開缸。其香滿室滿巷，其味最佳，大致酸而有味。苗民稱為『醅鬼』，奉若至寶。」

苗族男女均嗜酒。《南籠府志・民俗》記：「每逢場集，苗民三五成群聚飲，必醉乃歸。宴客之時以牛角灌飲。」《馬關縣志・生活民俗》：「富有苗人最為嗜酒，其飲不必有肴，則舉數觥，如飲茶而盡，遇宴會則必盡醉方休。提親、喜喪、節慶及祭祀等場合，均不可缺酒。清江黑苗待春日晴和，未婚男女攜酒食於高崗，男歌女和，彼此相悅者，以牛角盛酒歡飲。都匀八寨的短裙苗，酒醉常臥於山凹。苗婦亦好飲，若置酒召之，則老幼偕至，飲次唱歌為樂，眾以酒奉召者，邀之飲則興高色喜，否則歌止，隨罷而去。」[1]

所飲之酒除有本地自釀之外，還有來自外來人制的酒，據《馬關縣志・民間文藝》記：「有外來人製作的蒸餾酒，其酒性峻烈，過飲或致疾病。此外有家釀自然發酵的低度甜酒，稱『咂缸酒』或『咂酒』『咂馬酒』，味甘甜而醇厚，可連糟食之，性較溫平。製作及飲用之法：用糯米、玉米或高粱為原料，炒香磨碎，復煮之使軟，和以酒麴入缸，封之數月而釀成。飲時插四五尺長之細竹管於酒及糟內，眾人圍坐，自細竹管上端而咂吸其汁，次第傳飲，循環不輟，酒汁減則增之以水。飲至日暮，缸汁雖無酒味，吸飲者猶咂唇舐舌，似津津有餘味，以領主人盛意。苗民均喜飲咂缸酒。每年舉辦踩山節，當事者必釀咂缸酒數缸，陳咂缸酒於會場以供眾飲。」

❷・清代彝族的飲食習俗

彝族在滇川黔諸省份布甚廣，內部支系眾多，習俗亦不盡相同。居住在平壩的彝族，主要從事以種稻為主的農業生產，居住在山地的彝族則種植玉米、洋芋與蕎麥，並大量畜養馬羊等大牲畜。彝族人以野鹿為崇拜的圖騰。

彝族人一般以糯米、玉米、蕎麥為主食，烹飪方法有烤、煮、炒、蒸和燉等。喜食以豆漿、豆渣、酸菜合煮的湯菜「連渣鬧」，或以紅色乾刀豆與乾醃菜合煮的紅豆酸湯，主食多為蕎粑粑與米飯。最具特色者為「砣砣肉」，即割大塊畜肉以大鍋烹飪分食，講究原汁烹煮和大塊上桌。上層集會時多舉辦稱為「四滴水」的宴席，原料主要有豬、羊、牛、雞等畜肉，鹿、熊等野生動物肉，魷魚、海參、海魚等海鮮，以及大棗、蓮子、皂角米、桂圓等果品。

1　李宗昉：《黔記》卷三，徐家幹：《苗疆聞見錄》卷下《苗婦好飲》，商務印書館，1936年。

▸圖9-14 彝族用煙熏法製作的臘肉

彝族的節日有火把節、十月節、祭龍節等。節慶、宴會活動中常見的食品有坨坨肉、烤茶、烤乳豬、油炸螞蚱、灌血腸、蕎粑粑、紅豆酸湯與狗湯鍋等，風味菜餚還有麂子乾巴、羊皮煮肉、粉蒸羊肉、皮乾生與肝膽參等。

俗語說：「漢人貴茶，彝人貴酒。」彝族日常飲酒主要是「壇罈酒」（咂酒），亦飲以玉米等糧食製作的蒸餾酒。「壇罈酒」的製法與飲法：以酒藥與小紅米封於甕中待熟。飲時先計主客人數多少，分配長節竹管各自插入甕中，客人圍坐酒罈，輪次而起扶管咂飲，同時不斷增水，至酒味盡乃止。所飲蒸餾酒，使用的酒具頗為精美，多使用精工製作、小巧玲瓏的漆器，其漆製酒壺的設計十分巧妙，酒從傾倒酒壺的底部注入，酒壺的體積與酒壺的管嘴均極小，酒杯亦不大，少量酒可借此品飲多次，反映出彝族具有以飲酒為美、飲酒為樂的高雅情趣。

❸．清代白族的飲食習俗

白族主要居住在洱海地區。其生產水平較其他少數民族為高，以重要通道沿線的下關、大理、喜洲等城鎮人口最為稠密，農業和商業亦甚繁榮。白族居地普遍土地肥沃，物產富饒，盛產蔬菜、畜禽、淡水魚類與各種水果，歷史文化積澱豐厚，飲食精細講究。擅長製作火腿、香腸、豬肝酢、油雞棕與螺螄醬，婦女善製蜜餞、雕梅、蒼山雪燉甜梅等果脯與甜品。

◂圖9-15　彝族日常生活的繪意圖（《雲南民族・文化卷》，人民出版社）

◂圖9-16　雲南彝族的圖騰野鹿的塑像

若有客至，主人必請上座，隨即奉上烤茶或「三道茶」，再備「八大碗」、「四盤、四葷、四素、一鍋」等豐盛菜餚款待。白、彝等民族喜飲烤茶。方法是將特製的袖珍茶罐在火塘上烤熱，放入一小把大葉種茶葉，略為焙烤後衝入開水，頓時茶香四溢，飲之清香、略苦而回甜，為待客所不可缺。景頗等山居民族，上山勞動前必飲其茶，茶湯愈濃愈好，甚至啜飲幾口苦澀如藥汁般的濃茶，據說飲後勞作整天不感口渴。「三道茶」，其原料有茶葉、核桃仁、蜂蜜、薑片、花椒、桂皮與乳扇等，首道茶略帶苦味，次道茶稍具甜味，第三道茶品出甘甜，所謂「頭苦、二甜、三回味」，以此體會為人做事必經的三種境界。所用原料製作精細，如以特製的「小推鉋」，將核桃仁推成薄如蟬翼的桃片以供入茶，體現出白族將人生哲理、生活感受結合於飲茶，將飲食精細化及藝術化的深厚趣味。

白族的重要節慶有春節、三月街、清明節、端午節、火把節、中秋節與中元節。知名菜餚有砂鍋魚、酸肝、乳扇涼雞、剁生、涼拌螺肉、燴三鮮、牛奶煮弓魚、皮肝生、清炒三七花田雞等。素食亦頗具特色。民間有「無酒不成禮」的習俗。所釀鶴慶乾酒生產歷史悠久，配料講究精細，工藝複雜完整，酒味醇和幽香，度數雖高但不易醉人。白族的男女老幼還喜食甜白酒，有以甜白酒煮雞蛋待客的風俗。

❹・清代壯族的飲食習俗

壯族主要分佈在今滇東南與廣西地區。由於接受內地文化的影響甚早，故而經濟、文化發展水平較高。明清時，壯族人積極參加科舉考試，熱心謀求仕進並屢屢及第，因此壯族聚居地區有「對門兩進士，隔壁三舉人」等說法。

壯族人很早便種植稻穀，亦種玉米、紅薯、高粱、蕎麥、小麥以及各種蔬菜瓜果，大量飼養豬牛與雞鴨等畜禽。他們以大米、包穀為主食，喜食糯米餈粑。做法是浸泡上好的糯米蒸熟，以木杵舂為米泥，用手捏成茶杯大小的扁平圓塊。若趁熱食用，柔軟可口。如夾芝麻、白糖而食，風味更佳。餈粑冷卻後質地堅韌，吃時須油炸、水煮或火烤，遂膨脹變軟。若製作送禮所用的大餈粑，則每枚

▸圖9-17　雲南德昂族烤瓦罐茶（《雲南民族・旅遊卷》，人民出版社）

◀圖9-18　廣西壯族的五色花飯

用米數斤，直徑達尺餘。並於餈粑表面塑紅色花紋，以此為餽贈親友的佳品。逢清明時節，一些地方喜食摻入鮮嫩艾葉的、以芝麻、紅糖為餡的餈粑，風味堪稱獨特。

壯族人喜歡吃各類甜食，口味麻辣偏酸，口感講求酥糯與嫩滑爽脆。知名的菜餚有烤乳豬、狀元柴把、檸果白切鴨、清燉破臉狗、清蒸豆腐圓、白切狗肉、魚生、酸筍炒牛肉、烤辣子田雞、釀炸麻仁蜂、火把肉、酸湯煮鯽魚等。麵點等有五色糯米飯、包生飯、粽子及餈粑等。

壯族重視節慶活動，每逢歲時年節，則要舉辦各類宴席，闔家歡聚並祭祖先。春節前二十三日過送灶節，二十七日宰年豬，二十八日包粽子，二十九日做餈粑。除夕夜吃年飯，桌上必擺放煮熟的整隻大公雞。年初一喝糯米酒、吃湯圓。年初二走親訪友，互贈食品。中元節則宰烹雞鴨，蒸糯米飯祭祖及鬼神。此外，還過清明節、端午節、牛魂節、中秋節、重陽節、嘗新節、霜降節與冬至節。年節飲食講究禮節與吉利，如稱芋頭扣肉為「紅扣」，象徵「開年紅」；重要節慶必烹食全魚，寓「年年有餘」之意；以清蒸豆腐圓象徵闔家團圓；製年糕取「年年高昇」之意。喜飲各種果酒、藥酒與糧食酒，一些優質酒歷史悠久，遠近聞名。

第三節　西藏地區的經貿發展與特色食俗

一、清代西藏的經濟貿易發展與制約因素

十七世紀初葉，清統一西藏，使西藏進入了一個較長時期的穩定局面。清代前期，清王朝在整個藏區推行的一系列方針政策，對確立達賴、班禪的名位，對藏區的統一和封建農奴制經濟的發展，都產生了極為深遠的影響。自十七世紀中葉黃教寺院集團掌握西藏地方政權以來，開始實行「政教合一」的高度集中統治，給西藏社會的發展帶來很多不利的影響。

西藏領主人口不到總數的2%，卻占有絕大部分的土地和其他生產資料。絕大多數的農奴成為受奴役的勞動力，從事農、牧、手工業等各項生產。封建農奴主強迫農奴無償地耕種土地，差以各種勞役，任意驅使和剝削他們，還隨時徵收柴草麥豆以及青稞、氆氌、畜毛、皮張、奶製品、酥油、蜂蜜、果品等產品。當時，一個莊園就是一個相對獨立的生產單位，與外界不相往來或很少往來。這種衣食住行基本上是一種自給自足的封閉性封建領主經濟制度，嚴重地制約了生產力及社會的發展。

清代西藏經濟產業主要有畜牧業、農業、手工業和商業，畜牧業是西藏社會經濟中最重要的產業，農業位居其二，手工業和商業又次之。

畜牧業在社會生產中所占比例最大。西藏的牧業區主要分佈在西藏北部。清代有到過西藏的外國人說：「西藏的主要財源目前在於草原和牲畜。」西藏每年向印度出口羊毛約達400萬斤，牲畜約達三四萬頭。藏區畜牧的種類除犛牛與羊馬外，還有騾、驢、黃牛、犏牛、豬、雞等。畜牧業提供的各種產品為牧民日常生活的依賴，如以牛羊毛製成氆氌、帳篷、卡墊、繩索、口袋等是生活所必須，牲畜糞便是草原上最佳的燃料。在純牧區，牲畜是草原游牧民族賴以生存的生產、生活資料，他們以放牧犛牛、羊、馬等為主，逐水草而居，每一頂帳房就是一家牧戶，他們

的衣食住行用無一不取自牲畜，牲畜成為他們主要的食物來源。高寒地帶不利於種植蔬菜及水果，但藏族牧民有經常吃野菜的習慣，而且野菜的品種較多，他們在雨季採摘各種野菜和蘑菇晾乾後貯存，於冬季食用。雖然食用野菜的頻率遠沒有肉類多，但可以看出藏族牧民對食物結構合理性的追求。

農業是清代西藏社會經濟中僅次於畜牧業的重要產業。西藏地區的農業主要分布在藏中的雅魯藏布江中游的幹、支流河谷地帶，以及藏東的怒江、瀾滄江、金沙江峽谷地帶，是清代西藏墾殖率最高、農業生產最發達的地區。據清朝人的記載，江孜河谷的耕地肥沃，約有良田數千頃，人民的生活尚寬裕。由於江孜的農業生產自然條件較優越，這裡在清代成了西藏官府領主莊園和貴族領主莊園聚集之地。康熙五十九年（西元1720年），隨軍進藏的清朝官員吳廷偉在《定藏紀程》中說，拉薩一帶的農具與內地無二，有水田，天氣甚暖，經冬不寒，反映了拉薩河谷農業生產發展的情形。

清代西藏土地的大量開發和利用，使農作物品種及種植次數都較以前有所變化。除青稞之外，小麥、大麥、蕎麥、圓根、小豆（豌豆）等農作物都得以大量種植。隨著清朝商賈、官兵、香客及外國傳教士的入藏，使得其他地方的蔬菜瓜果如白菜、萵苣、菠菜、莧菜、韭菜、蘿蔔、四季豆和苦瓜等蔬菜被引進藏區，開始在西藏一些比較溫暖的地區進行種植，恩達、察雅、左貢、三岩、昌都等自然條件較為優越的地方則開始種植水稻。[1]乾隆年間，西藏有少數地區的農作物可一年兩收。十八世紀藏區的農業經濟作物也有了從引進、培植到發展的過程。如西藏察雅、俄達等地的核桃，窮結的竹子、核桃，達布的葡萄、核桃、桃子、海棠，拉薩的胡桃、蠶豆、菜籽、杏、白葡萄（僑居世界屋脊的外國傳教士曾用來製做作彌撒時用的酒），波密的蜂蜜、香料，工布等地的小麥啤酒、紅棗、黃杏、竹子等。足見這一時期藏區的經濟作物與外界的活躍交流與獲得的長足發展。隨著農業的深入開發，為西藏的飲食文化發展打下了一定的基礎。

1 《西藏研究》編輯部：《西藏志》，西藏人民出版社，1982年，第20頁。

這一時期飲食器具的種類十分豐富，有些是用金銀銅加工製成的生活用具如勺、碗、盤、杯、酒壺、鍋、瓢、腰刀等。由於飲食需要，西藏人幾乎人人都有佩腰刀的習慣，成為西藏飲食文化的一大特點。據周靄聯《西藏紀游》：「番刀式不一，總以刃薄質輕者為良，予曾購其一，視常刀略長，刃薄如蒲葉，兩面可以隨手擺動，特不能屈之，使曲爾。又有一種狀如薤草之礦刀，而其刃外向，本狹末寬，拭之似甚犀利。」在製陶方面，墨竹工卡是西藏製陶手工業較著名的中心，這裡生產罐壺盆等各種陶器，規模都較大。明清時期西藏的釉陶發展水平已達到相當的高度。陶器類的飲食器具主要有吃飯的碗、盛牛奶的瓶及釀酸奶的罐、火爐、茶壺等。

這一時期，西藏的貿易也十分發達，促進了飲食商品的交換和飲食文化的交流。西藏與四川的貿易在西藏與內地各省的貿易中最為發達。在四川輸往西藏的各種貨物中，輸入量最大的是磚茶，其次是哈達、糧食、鐵鏵、鍋、鏟、煙、酒、紅糖、靴鞋和棉布等。此時，雅安所產茶葉歷史悠久且質量好，深受西藏諸族的喜愛。

西藏與雲南也有交易。清順治十八年（西元1661年），達賴喇嘛請求在雲南北勝州進行互市，以馬易茶，得到清廷的同意。從西藏輸往雲南的商品主要有毛織品、藏紅花、貝母、鹿茸和蟲草等，從雲南輸往西藏的商品則以茶葉、糖等為主。西藏還通過青海與內地進行貿易。清朝在西寧等地設立茶馬司，使西寧等地的漢藏茶馬貿易呈現出興盛的局面。西藏與喜馬拉雅山外的國家和地區也進行貿易。西藏地方政府和其近鄰不丹、印度、尼泊爾也有商業貿易，各國互通有無，調劑餘缺，有著比較密切的商業貿易往來。除彼此買賣大米、食鹽、果品以外，交流的還有香料、銅鐵、緞匹、氆氌、藏錦、珊瑚、珠寶、金花、皮毛、藥材等商品。在後藏，同尼泊爾接境的聶拉木和吉隆兩地，是歷史上西藏去往喜馬拉雅山外的通道，西藏歷來從此路輸出湖鹽、牲畜、羊毛以換取糧食、鐵器和布匹等物。錫金、不丹的人民也有用米、穀、土產到帕里交換他們必須的鹽、茶的悠久傳統。

二、藏地特色的飲食習俗

❶ · 清代藏族人的飲食結構

清代的西藏仍以青稞為主食，它是藏族製作糌粑的主要原料。這一時期藏族的飲食結構較簡單，主食以糌粑為主，輔以必須的飲料，如牛奶、清茶、酥油茶、青稞酒等。蔬菜很少，牧區基本上沒有也不認識蔬菜，牧民視蔬菜為「草」。人體日常所需的澱粉、蛋白質、脂肪、糖、維生素及各種礦物質，多從酥油、奶茶、奶渣、肉食和奶等食物中補充。因此，生活在雪域高原上的藏族人民，儘管食物構成簡單，但營養全面、充足，滋養了藏族人民的健壯體魄，一些人的壽命還很長。

❷ · 等級制度下的飲食風習

封建農奴制時期的西藏是一個等級森嚴的社會，在飲食文化方面打上了等級制的鮮明烙印。清代西藏的飲食，大致可分為平民飲食與貴族飲食。

（1）平民飲食　據清宣統三年（西元1911年）《西藏新志》載，平民的日常食物為糌粑、牛羊肉、奶子、奶渣等。常食糌粑或米粥，豐裕之家間有以米和牛羊肉作粥者，稱為「圖巴」。牛羊肉多不煮而生食。食不定時，以飢為度。飲食不用刀箸，多以手掬而食；或用木碗，食畢舐以舌，之後藏於懷中。居黑帳房以游牧為主之人，則食生牛羊肉，或炙熟食之，或食酥油奶渣。

飲料主要是茶與酒。飲茶為西藏社會普遍的嗜好，清乾隆時人盛繩祖《衛藏識略》說：藏民不拘貴賤，飲皆以茶為主。其茶熬極紅，入酥油及鹽攪之，飲茶食糌巴或肉米粥，稱「圖巴」。藏族又將茶作為禮的載體而廣泛應用於社會禮儀。如走親訪友送茶為禮，尊祖祭神以茶為祭品。在婚喪嫁娶等各種典禮中，茶葉被視為必備之物。清人黃沛翹《西藏圖考》卷六描述藏族舉行婚禮，說以茶葉、衣服、金銀、牛羊肉若干為聘。新娘出嫁前，以茶、酒、米、粥與餐。迎親至男家後，並不行禮，扶女與婿坐，飲之以茶、酒。在新婚的次日，男女父母及親友，俱穿華服、頂戴哈達，擁新婿、新婦繞街遊行，凡至親戚門，出茶酒飲之，且茶都在酒之前作為禮儀之品。

酒以青稞釀造，味淡微酸，稱為「嗆羌」，或以青稞釀造燒酒。男女老少皆嗜之，醉後男女相攜笑唱，逍遙步行街市以為樂。藏民喜辦民間宴筵，以酒為主要飲料，屆時男女相集同坐，彼此相敬，歌唱酬答，終日乃散。散時男女攜手盤坐而歌，起至門外，歌唱於街中而散。富者每月或二三回，貧者每月亦舉辦一次。

（2）貴族飲食　貴族飲食可從有關記載窺知。據《中國地方志民俗資料彙編·西南卷》記，如遇歲時令節，西藏地方政府「噶廈」首領噶卜倫必大饗賓客，或於家或於柳林。屋中央鋪方形棉褥數層，供噶布倫自坐，前置方形之桌一二張，上供麵果與生熟牛羊肉，以及藏棗、藏杏、藏核桃、葡萄、冰糖、焦糖等各一二盤。其焦糖系黑糖所製，用黃油熬成，長一尺廣三四寸，厚達一指；獻牛羊肉一腿或一片。兩旁輔以長坐褥，其前設低桌擺列果食。噶布倫（亦作「噶卜倫」，原西藏地方政府主管官員，多由大貴族充任）、第巴（地方官吏之名）、浪子（總管）、沙中意（侍從活佛）等列坐兩側，或二人為一席，隨從者各列席後。每人給果食一大盤。食時先飲酥油茶，其次飲「土巴湯」，再食奶茶及抓飯。抓飯有黃白二種，用米作飯，濾之於水，加入砂糖、藏杏、藏棗、葡萄、牛羊餅食等物烘熟，盛於器皿以手抓食。

遇大節盛會，則選出色婦女十餘人，戴珠冠穿彩服，使行酒歌唱，亦有能唱漢曲者。又令八九歲至十二三歲小童十數名，穿五色錦衣，戴白布圈帽，腰勒錦條，足系小鈴，手執斧鉞前後相接。又設鼓十餘面，司其鼓者裝束亦同。進食一巡皆伴之以舞，進退步法與鼓聲相合。食畢，肉果等物由各自攜去，是為慣例。

此外，在藏傳佛教的各教派中，僧侶也是分等級的，因此飲食也有層次高低之別。如上層僧侶食用的糌粑系經過精細加工，與普通糌粑直接炒磨不同。通常先反覆沖洗青稞，曬乾後用簸箕擦去粗皮，炒磨後過篩，製作的糌粑色白而粉細。一些寺廟忌諱青稞脫粒時揚場，認為青稞被風吹後很髒，不能食用。而只能手捧用口吹方法脫皮。

❸·鹽習俗

西藏眾民有對鹽和鹽湖之神景仰與崇拜的習俗，他們的食鹽主要來自藏北鹽湖區。人們獲取食鹽要成群結隊地翻山越嶺，經過長途跋涉才能運回來。西藏的馱鹽隊，從古代至一九九八年馱鹽隊的最後消失，成員均由男子組成，在整個馱運過程中絕對不准接近女人。據説鹽湖之神是女性，見了女人會妒忌發怒，對運輸食鹽不利。馱鹽人裝滿鹽袋、踏上歸程之前，要對鹽湖女神祈禱拜別，稱鹽湖女神為母親，自稱為鹽湖女神的兒子。起程前晚，馱鹽人在鹽湖邊的塔形瑪尼堆上扯起五色碎布經幡，並在繩上繫上成團的牛羊毛，用糌粑或麵糰捏為大小不一的牛羊，用酥油做成柏枝模樣，供在瑪尼堆前並投入鹽湖，以示感恩於鹽湖母親，希望她保佑馱鹽隊一路平安。還有一種祝吉儀式，即把酥油捏成的牛頭對準家鄉方向，置於瑪尼堆前，馱鹽人扮演馱牛，一人扮演趕牛人，手持烏爾朵趕「牛」，嘴裡不停吆喝並繞瑪尼堆一週，直至將「牛」趕回駐地帳篷前。此時扮演的鄉親便連連前迎並祝賀馱鹽隊旅途順利，同時稱讚鹽巴質量上乘。

藏北牧區除有湖鹽外還有岩鹽和井鹽。牧民在山凹或山坡上將表土挖掉一層，便可見到耀眼的鹽沙。有的土山幾乎全是由鹽沙堆積而成的。西藏的芒康有井鹽區，這裡生產食鹽已有200多年的歷史。芒康與滇藏公路相接，井鹽區與雲南迪慶交界，2000多塊鹽田綿延相連，從江邊鋪排到山巔。分佈在江邊的數十口鹽井，有的深達五六米。所生產的井鹽，除供應昌都地區外，還遠銷四川的巴塘和雲南的迪慶等地，滿足了藏區人民的生活需要。

❹·藥食同源的名作《晶珠本草》

在藏族的飲食文化史中，有兩部重要的醫藥著作非常重要，這就是《四部醫典》（前面章節已有介紹）和《晶珠本草》。

《晶珠本草》為帝瑪爾·丹增彭措（西元1673-1743年）所著。他從八歲起，便在眾多的學者跟前聽受、攻讀醫學著作和十明之學，學業優殊，後來成為學識宏富的學者，著述近百種。其中《晶珠本草》是作者對青海東部、南部、四川西部、西藏東部進行實地調查，考證了歷代藏醫藥書籍中記載的藥物後寫成的，內容極為豐富，該書系統地總結了藏藥學的經驗，是歷代藏醫藥書籍中收載藥物數量最多的著作，可謂藏藥的經典本草。

《晶珠本草》所載藥物，具有濃厚的民族特色和高原特色。它收錄藥物達400多種，其中包括西藏地區特產的許多植物及名貴藥物，如「榆保」（榆樹皮）、「果鳥」（茴香）、熊膽、麝香、鹿茸、蟲草、雪蓮、貝母、紅花，以及當地土產如青稞、野蒜、綠絨蒿，獐芽菜、虎耳草、雪蓮花等，這些藥物均係藏醫所用，具有「醫食同源，藥膳同功」的作用。

書中把青稞作為一種重要藥物，用於治療多種疾病。據《本草拾遺》記載：青稞，下氣寬中、壯精益力、除濕發汗、止瀉。而「日估」（野蒜）具有促進食慾、開鬱豁悶、治胃病及寒熱病等功效，在藏餐中還是不可缺少的天然調味品。「榆保」（榆樹皮）治瘡、消炎、清熱。嫩皮如桂皮但厚，含在口中無味而有黏液，藏民用它攪拌藏麵，爽口而噴香，是蛋清的代用料。還有一種叫「果鳥」的植物，具有祛風、清心熱、解毒、消肝火、開胃、治眼病的功效，在西藏半農半牧地區也被廣泛採挖食用，春季可作菜，秋季當調味品。

《晶珠本草》還強調飲水衛生。書中將水分為雨水、雪水、河水、泉水、井水、鹼水、草木水七類，並論述各類水的作用，如「雨水從天降，在地匯成河，飲用能健身、適胃、明心、清澈，味淡香，性涼、輕，可與甘露媲美」，對選擇水源環境亦有講究，認為泉水最優，草木水最差。從而從飲食文化的視角總結出食物、藥性、健康相互依存的關係。

第十章　中華民國時期

第一節　四川地區抗戰大後方的穩定與繁榮

民國時期，是從清朝滅亡至中華人民共和國建立的這段時期。四川的社會經濟加快了向近代化轉型。這一時期，優質、高產的農作物給四川農業帶來了生機，緩解了抗日戰爭時期四川地區人口激增帶來的糧食問題，也為四川的飲食文化在長期的歷史積澱與特殊的時代背景下得到繁榮發展奠定了物質基礎。

民國時期，是川菜完成定型與繁榮的階段，川菜烹飪技藝日臻完善，形式多樣。特別是在抗戰時期，四川成為抗戰復興的中心基地，沿海和淪陷區大批企業、學校、優秀人才等內遷四川，包括全國各地的飲食行業與名廚大批進入四川各大城市，粵菜、湘菜、魯菜、京菜、浙菜、蘇菜等菜系相繼進入川地，再一次促進了四川地區飲食文化的大融合、大發展。此外，這一時期在川生活的外國人更多，他們把西餐引進四川，使川菜「西菜中用」「中西合璧」，四川的飲食文化得到多元化發展。

一、農興糧旺酒盛茶衰

❶・四川成為全國農業生產基地

民國初期，軍閥官僚地主的瘋狂掠奪，使農民負擔異常沉重，抑制了農村經濟的生機，導致農業生產遲滯、萎縮，大量土地拋荒，糧食減產，川米由「自盈有餘」調配省外「變為」自不敷食，由外省調配。[1]

為緩解糧食供應的矛盾，國民政府採取了一系列措施，使四川農業得以恢復和發展。首先，設立了農事研究機構進行管理。一九三三年，四川善後督辦劉湘，在重慶磁器口設立「四川中心農事試驗場」。一九三六年，四川省政府建設廳長盧作

1　溫賢美等：《四川通史》第七冊，四川大學出版社，1993年第92頁。

孚在成都成立四川省稻麥試驗場，後擴大為四川省稻麥改進所，進行以稻麥為主兼及雜糧的改進工作。以後，四川省建設廳又相繼成立四川省家畜、林場、棉作物、蠶絲、農林植物病蟲害防治、甘蔗試驗、園藝等連同稻麥在內的共九個農事研究機構。其次，推廣良種，廣泛種植。在這些政府農事機構的主持下，稻穀進行純係育種的「川農422」「川農303」「瀘場128-2」等品種，在一九四三年至一九四九年累計推廣的面積達10.7萬餘畝，估計增產稻穀4.58萬擔（2290噸）。小麥優良品種「川福麥」「中大2419」「美國王皮」等良種，推廣面積達534.1萬餘畝，估計增產55.5萬餘擔（2.775萬噸）。此外，楊洪祖從美國帶回紅苕品種Hancy Hall，一九四〇年開始在成都、川東等地繁殖觀察，生長極佳，後定名為「南瑞苕」，並於一九四四年開始推廣，較本地品種增產五成以上，有的達一倍之多。新中國成立以後，很快在全省推開，成為紅苕的主栽品種。[1]一九三九年開始，推廣四川地方良種「彭縣黃洋芋」，分發成都、華陽、新繁、崇慶、灌縣、渠江、彭縣等七縣，種植面積達1110畝，以後逐漸遍及川西各縣，但多為春季栽培，最大面積達3.4萬餘畝。此後，又採用秋季栽培留種和高山換種等辦法，良種洋芋的種植進一步普及。

尤其是在抗戰期間，重慶和川康地區成為抗戰後方基地，糧食生產受到國民政府高度重視，生產指標成為戰略任務，糧食產量備受關注。一九三八年和一九三九年風調雨順，四川糧食產量連續兩年超過100億公斤。四川成為全國抗戰的糧食基地。如此，集約化的農業發展，以及優質、高產的農作物給四川農業帶來生機。與其他省份同類農作物相比，四川的玉米、甘藷、油菜籽產量位於全國之首，稻穀產量居全國第二位，麥類產量也居全國前列。

❷．農作物商品化程度提高

民國時期，四川農業興盛，種植已形成合理布局，具體表現是逐漸形成許多以生產某種農作物為主或以此著名的專業化經濟區域，促進了四川農作物的商品化發

1　梁禹九、謝星源：《四川農業科技推廣情況》，《四川文史資料集粹》第四卷，四川人民出版社，1996年。

展。例如，四川的水稻主要產區有川西成都平原的溫江、郫縣、崇慶、新都、灌縣、廣漢等地和川南的敘州、瀘州等地；其餘占四川耕地3/4的丘陵地區栽培高產的玉米、紅薯和洋芋，內江、資中、簡陽、南溪、廣安、長壽等地盛產甘蔗及製品蔗糖；潼川、南川、保寧、嘉定、綿州等地以產蠶桑聞名；還有榮縣、隆昌的苧麻，什邡的煙葉，萬縣的桐油，江津的廣柑，金堂的橘子，瀘州的桂圓等，都是四川著名的農副產品。這些經濟區域實行了專業化分工，提高了勞動生產率，所生產的產品除極少數供農民家庭自己消費外，絕大部分作為商品投入市場銷售，從而大大提高了農作物商品化的整體水平。

此外，抗戰期間四川人口激增，隨著戰時需求的不斷增加，物價快速上漲，農副產品的商品化經營已成為趨勢。糧食、經濟作物、林木果品、家禽家畜等在強大社會需求的刺激下，均進入了商品化階段。

伴隨著農作物商品化程度的日益提高，以農產品作為原料的四川食品工業行業，如製糖業、釀酒業、榨油業、製煙業、製茶業、麵粉業、罐頭糕點業等，都有了不同程度的發展。以製糖業為例。十九世紀末二十世紀初，四川省的甘蔗和蔗糖均獲穩步發展，成為全國的主要生產基地。據民國時期統計，四川生產甘蔗的縣有126個，占當時全川154縣的81%；蔗田面積50餘萬畝，產蔗1200餘萬公擔（30萬噸）。民國初年，四川年產蔗糖180萬公擔（4.5萬噸），占全國年產量270萬公擔（6.75萬噸）的68.8%，居全國甘蔗產區的首位。[1]

❸・川酒的發展與川茶的衰落

民國時期四川釀酒業發展甚速，尤其是以宜賓為中心，北溯岷江上至成都、綿陽，南順長江東下至瀘州，再沿赤水河至古藺一帶的河流帶狀區域，釀酒業興旺，名酒輩出，如「五糧液」「綿竹大麴」等，成為西南地區酒文化特別發達的區域。

1　吳康零等：《四川通史》第六冊，四川大學出版社，1993年，第136頁。

清代後期，五糧液前身之「雜糧酒」已名滿蜀中。一九一六年，宜賓雜糧酒一鳴驚人，在巴拿馬國際博覽會上獲得名酒金質獎。民國初年，趙銘盛被宜賓酒業公司推為釀造總技師。臨終前，他將秘方傳給愛徒鄧子均，又經鄧子均幾經調整，於一九二八年才將雜糧酒配方最終確定。一九二九年的一次宴會上，鄧子均釀造的雜糧酒獲滿堂喝采，晚清舉人楊惠泉說：「如此佳釀，名為雜糧酒，似嫌凡俗。此酒集五糧之精華而成玉液，何不更名為五糧液？」眾人拍案稱絕，遂改「雜糧酒」為「五糧液」。一九三二年，鄧子均申請註冊，成批生產「五糧液」，並製作「五糧液」商標。為滿足不同層次消費者的需要，特製兩種包裝：一種是本地陶窯燒製的直筒土陶瓶，一種是用日本進口的阿沙黑啤酒的棕色玻璃瓶。鄧子均利用宜賓水運之便，以船載酒，上溯岷江，銷犍為、樂山、夾江、洪雅等地，下流長江，銷重慶、涪陵、武漢、南京、上海等地。從此，「五糧液」便譽滿神州，成為四川六朵金花（瀘州特麴、郎酒、劍南春、全興大麴、五糧液、沱牌麴酒）之一，以「香氣悠久，滋味醇厚，進口甘美，入喉淨爽，各味諧調，恰到好處」的風格享譽世界。

民國時期，「綿竹大麴」繼續保持其味醇香、色潔白、清洌淨爽的優勢，受到各地酒客的歡迎。僅在成都專銷綿竹大麴的酒莊、酒行就有50多家，被稱為成都之「酒罈一霸」。一九四三年，重慶的綿竹大麴供不應求，綿竹酒商不得不在各報刊登「謝客」啟事。

和興旺的川酒業形成鮮明對比的是川茶業的衰敗。辛亥革命以後，由於軍閥混戰，各種苛捐雜稅多如牛毛。加之地主、茶商層層盤剝，巴蜀茶農無法維持生產，茶葉產量逐漸減少，川茶衰落。劉軫《四川峨夾樂三縣茶業調查報告》記，一九三九年以後，「峨山一帶，從未見有整片茶樹，均屬零落散生。所有茶樹，業已衰老，樹齡在五六十年以上，大有樹老山空之態」。四川茶葉的產量和質量都持續下降。《筠連縣志》記載：「生活高昂，茶價往往不敷口食，致農家任茶荒蕪。」由於茶園經營失利，有的茶農不善加管理，視茶樹為野生，平時讓其自生自滅，採茶時節卻任意割剝，直到枝殘葉敗，根枯而死。在銷售方面，由於印度茶的傾銷，使川茶失去了西藏等地區邊茶的市場，邊茶商資金短缺，經營虧蝕，挫傷了扭虧為盈的積極性，破產歇業者甚多。而在經營腹茶地區，腹茶製茶技藝陳舊，以致雲南、湖南、湖北、福建等地茶葉源源不斷入川，四川腹茶為之黯然失色。[1]

二、川地大後方內涵豐滿厚重的飲食文化

❶．飲食結構多樣，城鄉貧富有別

民國時期的四川廣大農村、縣鄉之民主食大米，間食麵食，輔以雜糧。在農村，如川西壩子的農民以大米為主食，雜以小麥，喜食茶泡飯。大米通常煮甑子飯，小麥通常做麵疙瘩和麵條。玉米吃法較為特殊，玉米粒用甑子蒸食。岷江兩岸的農民，常年食用少量大米摻和玉米粉的「桂花飯」或玉米粉粥。川東丘陵地區多以紅苕、玉米、高粱為主食，有的地區是「紅苕半年糧」，逢年過節才吃頓白米乾飯。若遇春秋荒，則以糠菜充飢。一般夏季日長，一日三餐，冬季日短，一日兩餐。農忙季節三餐不少，有的日食四五餐。平時，「吃糧量家底」，視家儲糧多寡以定乾稀。

在各地城鄉，蔬菜魚肉的供應十分豐富。肉以豬肉為主，少食牛羊肉，富家常食雞和魚。喜麻辣，豬肉食法以回鍋肉為主。因多產黃豆，豆製品中以豆花為最普遍。冬至後多醃製臘肉、香腸。蔬菜品種豐富，隨季節上市。《大竹縣志》中有一首《賣菜郎》歌謠，反映出鄉村蔬菜品種之多，有豐盛原料做菜餚：「賣菜郎，賣菜郎，菜羹蔬食請君嘗，任君有酒肉，任君有稻粱，可口不及菜根香。半日栽菜半日賣，兩手不閒兩足忙。一頭擔蔥蒜，一頭擔韭黃，更有瓜兒、豆兒、梗兒、葉兒盈竹筐；味或甘或苦，色或白或黃，盡都是老圃汗血點點滴滴之化裝。莫笑我分毫爭輕重，尺寸計短長，區區一挑菜，便是窮人一家一日糧。」農村家家戶戶都有製作豆瓣海椒、泡菜、醃菜、乾菜、腐乳、豆豉的習慣。醃菜主要是用青菜做的乾酸

1　賈大泉、陳一石：《四川茶業史》，巴蜀書社，第1989年，第286頁。

菜或水酸菜，乾菜主要有乾豇豆、洋芋片、筍乾、木耳等；泡菜多用鹽水浸泡當地所產菜蔬，如辣椒、蘿蔔、薑、蒜、苦芥、洋薑等，平日用於佐餐。主婦或以「罈子多」為榮，其醃菜技藝之高超，令人叫絕。

❷．家宴禮儀與食法食規

民國時期，沿襲了清代的居家飲食禮俗，主要表現在講求食法食規和飲食中的禮節，並以此規範人與人之間的關係，以達到和諧相處的目的。

食法與食規。家庭日常就餐應該儘先孝敬長上，以實現孝悌之道。城市家庭吃飯一般在客廳，全家圍桌而食，不能下桌隨處吃或到院內、街上邊走邊吃，否則被認為是「沒家教」。圍桌吃飯，座位也有講究，輩分最高者坐上座（面對堂屋門口），兒孫輩坐下位（背對堂屋門口）。吃飯時姿勢也有講究，坐姿要端正，用左手端碗，拇指扣在碗上邊，其他四指扣住碗底。若用手掌托住碗，會被責備為「托缽乞討」的乞丐之勢。使筷用右手，小拇指不能外蹺，認為如此會敗財；食指和中指也不能外指，認為這樣會「指死」父親或母親，是不孝之表現。忌諱在飯前飯後敲碗作響，認為這是乞丐要飯的習慣或是犯人的動作。平時就餐，媳婦要主動為老人、小孩、丈夫添飯。

川人對於家宴禮儀十分重視，認為是衡量一個家庭與個人是否有修養、有家教和是否善於治家的重要標準之一。傳統的家宴禮儀主要表現如下：

主家請客辦席首先發請柬或口頭邀請，客人到來時主人要在院門外迎接，互致問候後引客人到客廳或堂屋小坐，敬以茶點。家宴多設在堂屋，若客人多，便在院子裡擺桌，堂屋一桌為首席。客人來齊後，主人引客人入席就坐。餐桌安放堂屋正中，多為正方形八仙桌，八人一桌。桌子正對大門一方為上方，背對大門為下方，以右為上，上方的右邊為首席，左邊為二座，首座之右側為三座，三座之下為四座。是時，座位很講究，一是不分貴賤主客，要「以長為尊」，長輩坐上方；二是「以權為貴」，不分長幼輩分，請高官大權者坐上方。客人出席家宴，只能帶夫人，忌諱帶姨太太，否則是對主人的大不敬。

席間家人給客人斟酒上菜上飯也有一套禮俗。如上菜順序為先冷後熱，最後上湯。涼菜一上，便可斟酒，主人應右手提壺或拿瓶，左手放於右手之上，表示雙手給客人敬酒。敬酒時要從客人的右方倒入酒杯。如果客人不會飲酒，應用手蓋住手杯，站起來禮貌地說：「不會，不會。」為了表示對主人的謝意，客人最好抿一點。四川俗語有「酒滿敬人，茶滿欺人」的說法，故敬酒時一般要滿。家宴中上菜時菜不能高過客人肩頭，更忌從客人頭上經過。熱菜應從主賓對面席位的左側上。上全雞、全鴨、全魚等整形菜時其尾不能正對上方。菜上得差不多了，主人端杯起立，致簡短歡迎詞，如「各位光臨，寒捨生輝」等，即便菜餚十分豐盛，也要謙遜地強調「菜不好」「用便飯」，客人也端杯起立，共飲相祝。通常客人第一杯酒要喝盡為禮貌，主人則乾杯。接著主人敬酒讓菜，客人以禮相謝。主人拿起筷子說「請菜」，大家便開始拈菜。拈菜時要拈靠自己一邊的，不可翻選，拈起也不可再放下。主人要為客人拈菜，以示尊敬與好客。全魚一般要先從下部開始，以示謙遜。上單份菜或配菜、席點、小吃，先賓後主。前來敬酒者，先長者和主賓，最後主人。酒過數巡，有人不想再喝，便把自己杯中酒飲完後，說聲「大家慢喝」，即可吃飯。主人即給客人盛飯，並雙手遞上，客人也應雙手接著。若大家都不喝了，主人就說「請飯」，大家才吃飯。吃飯時，忌諱把菜湯全倒進自己碗中，湯倒完後菜就少味道，同時也意味著在指責主人做少了，會使主人不高興。若客人想吃菜湯，要先把筷子放在桌上，並說「筷子一拌，驚動團轉，恭喜發財，倒湯泡飯」，適當倒點即可。先吃完飯者，離席前雙手橫拿筷子對其他人說「大家慢吃」。主人應比客人吃得慢，不可匆匆吃完下桌。宴飲結束，主人要多次謙言「招待不周，怠慢了大家」，客人也要表示說「吃得好」等。然後主人引客人入客廳小坐，上茶，直到辭別。這一禮俗，至今多有保留。

❸・移民文化推動了川菜技法的完善

四川人受歷史移民文化的長期影響，形成了善於兼收並蓄，匯百家之長為我所用的人文精神，川菜即是最好的詮釋。川人將其他地區的菜式結合四川菜的特色，再加上一些烹飪作料或烹飪方法的變革，即成為有四川特色的名菜。

抗戰期間，從淪陷區遷來的許多機關、報社、學府、醫院、銀行、商家、演藝團體和餐飲行業，其中不少人是美食的行家裡手、老饕食客。他們有文化且見多識廣，在飲食上有家傳、有吃歷、有借鑑，有經驗、有新意、有創造。各地的名廚也大批遷入四川各大城市，粵菜、湘菜、魯菜、京菜、浙菜、蘇菜等菜系相繼進入，開設各地方菜館，把南北東西的飲食薈萃擷英於一地，豐富了四川地區的飲食文化，也促成四川飲食文化的多元格局。特別是西餐館逐漸增多，如重慶的西餐館從抗戰初期的5家，增至一九四三年的30多家。成都也出現了一些西餐館，或中餐館內設西餐。西餐的進入，影響了川菜在油炸、食生菜方面的飲食方式，在中餐館推出了「中菜西吃」。在這方面，重慶開風氣之先。重慶西大公司中餐部當家名廚孟根影響很大，為「小洞天」「凱歌歸」「大都會」等當時的高級餐廳提供了不少做法，吸收了外來的美味，但又保持了「川味正宗」特色，如雞鴨清湯煨露筍、番茄醬燒海參、咖喱炒蝦仁等，既是西餐，又滿足了中國人的口味。

民國時期，川菜向形式多樣、講究烹飪的方向發展。川菜取材廣泛，在長期兼收並蓄的過程中使用了許多原材料，經過加工調配，可以組成不同的菜譜，諸如各種蔬菜水果、禽畜海鮮、野味水產、藥材野菜，無所不包。烹飪方法有炒、爆、煸、熗、炸、滑、溜、煮、燙、糝、煎、蒙、貼、釀、卷、蒸、燒、燜、燉、攤、煨、燴、焯、烤、烘、粘、汆、糟、醉、沖等30餘種。其菜餚類種大致可以分為涼菜、蒸菜、炒菜、燒菜、湯菜等十幾種。僅湯菜就有紅湯、魚湯、毛湯、清湯、奶湯等數種；涼菜亦可分紅油、蒜泥、白油、麻辣、椒麻、怪味、酸辣、甜鹹、薑汁、芥末、糖醋、麻醬等十幾種。冷菜類還有拌、鹵、熏、醃、臘、凍、糟、燒、炸等十餘種方法。一種基本的烹調方法，又能派生出若干種子方法，如蒸就分粉蒸、旱蒸、清蒸、燒蒸、炸蒸、釀蒸之分，炸又有清炸、軟炸、酥炸之別。

在烹調技藝方面，川菜又以小煎、小炒、乾煸、乾燒為其獨有並擅長。「小煎」「小炒」的特點是食物原料不過油，加工烹製時不換鍋，急火短炒，一鍋成菜。如炒肝尖、腰花，只需一分鐘左右，成菜嫩而不生，滾熱鮮香，有「肝腰下鍋十八鏟」

之說。「乾煸」原料多為纖維較長的食物，如苦瓜、四季豆、青菜，把它們切成細絲在鍋中加熱，翻炒直至見油不見水時再放調料，成菜後有乾香酥軟的特點。「乾燒」與京菜「紅燒」類似，但需將原湯汁用小火收乾，加豆瓣醬或紅辣椒為調料，成菜紅潤鮮亮，濃厚酥爛，代表菜有乾燒魚、筍子燒牛肉等。

在調味手法上，川菜很少用單純味，川菜講究復合味，這也是川菜的特點之一。在一種味型裡，還有若干口味的差異，可謂「百菜百味」，川菜絕不只是麻辣味。而是麻、辣、酸、甜、鹹、燙、嫩、鮮諸味皆備，各種味道巧妙配搭，騰挪變化，精微細膩，通過各種調料可調配出白油、鹹鮮、鹹甜、五香、紅油、薑汁、蒜泥、麻辣、椒鹽、椒麻、怪味、魚香、豆瓣、香糟、胡辣、酸辣、糖醋、蔥油、白汁、紅燒等幾十種獨具特色的復合味型。即便同是一味，在具體菜餚中的表現也不盡相同，例如，同是麻辣的「水煮肉片」，其麻辣與「麻婆豆腐」的麻辣就有很大區別。其調味手法，有集中用味（指兩種以上的單一味合用）、收汁濃味（借用急火收汁以增加菜餚味的濃度）以及注重本味、清除異味、增加香味等手法。因此，川菜並非只是「麻辣」，而是「一菜一格、百菜百味」，麻辣酸甜香各得其所，根據不同菜餚的特點各有側重。

川菜還十分重視刀工，製作精細，形色俱佳。刀工技法貴在快、穩、精、巧，如他們切鳳尾腰塊，三刀三葉鳳點頭，塊塊形狀似鳳尾。此外，還能切製出賞心悅目的各種菜餚花樣。總之，川菜注重色、香、味、形於一體，相輔相成。

❹ · 名廚名家推動川菜飲食文化的發展

伴隨清末民初飲食業的繁榮昌盛，出現了一批飲食行業的菁英名廚，其中藍光鑑是民國時期餐飲業的代表人物，被譽為現代川菜之鼻祖。藍光鑑13歲進成都晚清名店「正興園」，師從名廚貴寶書學藝。他博采南北之長，吸取各派之精華，28歲時與正興園的首席廚師戚樂齋一起創辦「榮樂園」，禮聘名師鄧厚澤、吳文宣、藍光榮、周映南等成都素有威望的著名廚師主理廚政，經悉心鑽研，遂以擅製筵席中的燒烤、煨燉大菜及家庭風味菜和各種湯菜聞名於蓉城。

藍光鑑對川菜發展的貢獻是卓著的。榮樂園一方面繼承和發揚正興園「美食美器」「重味重湯」的傳統特色，另一方面又吸取南北大菜的優點及蓉城諸家之長，形成了自己的風格。榮樂園所做的湯極為考究，從不籠統製作，而是根據需要製作各種不同的湯，尤其是把握火候的功夫獨到，如奶湯火要大猛，清湯吊火要小。再汲取「無雞不鮮，無鴨不香，無肚不白，無肘不濃」的特色配料，進而做成色香味集於一體的「開水白菜」「推紗望月」「銀耳鴿蛋」等自成一體的湯菜。榮樂園以製作高級筵席和家庭風味菜餚見長，著名菜式有紅燒熊掌、蔥燒鹿筋、清湯鴿蛋燕菜、乾燒魚翅、酸辣海參、蟲草鴨子等。他西為中用，兼收並蓄。藍光鑑遵從「川味正宗者，是在原有基礎上，甲南北之秀而自成格局」的創新思想，博采全國各地烹飪之長，同時大膽地借鑑西餐菜餚。例如，川味名菜「叉燒雞」便是其根據西餐大菜「烤火雞」創新而成。他將「烤火雞」引入川菜，並未照搬套用，而是將火雞改為川人喜食的仔公雞，並在雞外包上網油，雞內填上餡料，最後以川味調之。這樣一改，一道正宗的西餐便變革成為地道的川菜。他創造革新，方便顧客，發明了「便餐」。二十世紀三〇年代初為順應食客需求，從實惠、經濟、省時出發，決定改革傳統出餐的形式，把原來程式固定下來的瓜子手碟、四冷碟、四熱碟、中點、席點等拆散，重新組合，廢除入席前的「中點」，賓客入座後，上四個碟子（冬天熱碟，夏天冷碟），跟著上八大菜，最後上一道湯。這種檯面短小精幹，把魚翅、鮑魚、燕席的一二菜餚精選上席，食甘精華，增加風味，因此深受顧客稱讚。這就是後來人們請客帖上寫的「便餐」「便酌」的由來。他培養人才，發展川菜。幾十年來，榮樂園不僅為繼承發揚川菜烹飪技藝作出了積極貢獻，而且還為川菜事業培養出一批烹飪人才。藍光鑑在榮樂園期間，廣收藝徒達數十人之多，如成都的特級廚師劉讀雲、孔道生、張松雲、朱維生、曾國華、華興昌、毛齊成、陳廷新、曾其昌等均出自藍光鑑門下。

民國時期，川籍畫家張大千其畫譽滿全球，但張大千自稱：「以藝術而論，我善烹飪更在畫藝之上。」他認為：「吃是人生的最高藝術，繪畫追求的是意境和筆墨情趣，飲食追求的是味覺藝術。」張大千身居海外，所到之處無不竭力推廣川菜，自己也能做幾十道拿手正宗川菜。他在台灣期間，與張學良來往甚密，常親自下廚，並自書菜單於宣紙之上。張學良曾將所藏張大千所書菜單裝訂成冊，請張大千題籤留念。不少名人在品嚐名食後品題點染、吟詩作賦，留下了詩文佳作名聯墨寶，使美食名氣大增，傳播久遠，揚名美食。歷史名人張大千、徐悲鴻、于右任、謝無量等都在品嚐後留下墨寶，傳為佳話。

就是在這些名師名廚名家的推動下，川菜文化不斷發揚光大。

❺．餐館注意飲食文化建設

除烹飪技藝外，為體現飲食情趣，川人從店名市招、書畫楹聯、廳堂設置、餐具配搭、膳食順序、服務範圍、店堂語言等諸方面，都費盡心思招攬來賓，為四川的飯莊酒樓增添了濃濃的文化意味。

店名市招。川地餐飲堂館的店名大多講求一定的文化內涵，如「聚豐園」，含「匯聚天下豐碩珍肴於一堂」之意；「海國春」，意即「皇都陸海之豐，留四海萬國之春」；也有以建築特徵和地理位置取名的，如「樓外樓」「醉霞軒」「帶江草堂」等；還有根據本館特色餐飲取名的，如「菜羹香」以菜湯聞名、「菜根香」以泡菜聞名、「頤之時」以營養滋補品為主。再有川人一般都會認為「店大欺客」，為避這種觀念的不利影響，一些中、小型餐館就突出一個「小」字，如「小雅餐室」「小香餐館」「小籠包子」「小酒店」等，使人抬頭一看匾額字號，就有適意之感。

書畫楹聯。四川的「姑姑筵」以其店文化品位高雅而聞名，它將飲食與文化相結合，同時給人以物質與精神上的享受。如其店的聯語頗為有趣，耐人尋味。在大廳貼出：

「學問不如人，才德不如人，只有煎菜熬湯，才算我的真本事：
親戚休笑我，朋友休笑我，安於操刀弄鏟，正是文人下梢頭。」

內堂也有一幅：「嘆老夫無命做官，才租這大花園承包酒席；
替買主下廚弄菜，好像是巧媳婦侍奉公婆。」

引得遊人佇立欣賞，名聲大振。後來，又出新聯：

「統領伙伕幾十名，攻打甑子場，月月還須說銅板；

可憐老漢六四歲，揭開鍋兒蓋，天天都在聞油香。」

「提起鍋鏟，拿起菜刀，自命為鍋邊鎮守使；

碗有佳餚，壺有美酒，休嫌這路隔通惠門。」

聯語巧妙借用炊饌器具與烹飪技術，把飲食文化描繪得惟妙惟肖。店主人把身段放得很低，毫無居高恃強之意，使人頗感親切。官紳之家、文人雅士前去用餐，觀其聯，品其味，口福眼福俱得，是一種難得的文化欣賞，賦予了該店不少文化色彩，多對此大為讚許。

廳堂設置、餐具配搭、膳食順序、服務範圍。這些方面就不能不提創辦於清末民初的李九如的「聚豐園」餐館。這家餐館在菜品定名、菜餚製作、色香味形、烹調理念、營養成分等方面的建設也堪稱一流。聚豐園中菜、西菜、大餐、小吃一應俱全，其餐館的設計、佈局別具匠心。庭院門口青磚門枋，進門第一個院子為零售廳堂，第二個院子為包席院。包席院有包席廳、苑、堂、室20餘間，皆各有雅名，如君子軒、長春苑、友源室、鎖月堂等，皆出自名家手跡或詩書畫聯。庭園中有荷花池、假山、花架、盆景、亭榭、石舫等，規模宏大，佈置精巧。餐具定製於江西景德鎮，並規範了使用餐具的制度：喜筵用紅釉瓷器、喪筵用綠釉瓷器、祭筵用黃釉瓷器；席上所用餐具均為一種色調、一類紋飾；菜品須用專門的餐具：貴重菜品使用較大器皿，便宜菜品使用較小器皿；煎炒菜品用盤，湯羹菜品用碗，「魚船」盤盛魚，長方盤裝「烤方」，荷花瓷盤裝「出水芙蓉」，攢盒裝冷菜等。筷子則為清一色的象牙筷子。聚豐園餐館還定製了大量不同形制的桌椅，不同的包席者分別使用。如官筵用條桌，以便區分等級；家庭包席用圓桌，以象徵團聚；一般朋友包席用方桌，便於交談……且須統一形制、質料。在安排宴會上，家庭包席要盡量做到同室進餐；若有喜筵、喪筵同時前來包席，要盡量爭取在時間上錯開，若時間錯不開，則必須在庭院上錯開等。聚豐餐館的管理，也開了成都近代餐飲業管理之先河：首先花大力氣培訓堂倌，從站迎姿勢、桌椅安排、碗筷擺放都進行了訓練；依次規定堂倌一律穿統一定製的長衫；工作時，不得交頭接耳、說笑打鬧，站要端，迎要躬，不能倚靠或斜立，不能叉腰蹺腿；為避免不雅口氣、臭氣，還規定堂倌在接席前不吃蔥、薑、蒜、胡豆等。在菜餚製作上，李九如認為在成都只搞川菜難以出新，餐館也就缺乏特色。「聚豐園」以川菜為主，並對京菜、江浙菜擇善採用，融川菜、北京菜、江浙菜於一爐，頗受愛嘗新鮮的成都人歡迎。其高檔川菜筵席、京味烤鴨、燒鴨、填鴨、海參魚翅筵席等很快在成都打響，其「滿漢全席」也頗受漢族中下層人士所歡迎，前來包席者、零餐者絡繹不絕。聚豐館內還設有一廳專營西餐，並對外零售西式點心、罐頭、冰激淩、啤酒等，還獨出心裁地將西式餐具、酒具用於川菜，開「中菜西吃」之先河。[1]

店堂語言。餐館、飯店有堂倌負責對顧客迎來送往，他們又叫跑堂、店小二等。堂倌要眼快、口快、手快、穿戴整潔。他們負責待客、向廚師傳達顧客的點菜，謂「鳴堂叫菜」「喊堂」，其用語多取材於歇後語、謎語、俗語等，幽默詼諧、風趣多變。前廳後廚，應答默契，行雲流水，如唱如歌，這此起彼落的鳴堂，是一道看不厭的風景，著實火爆了餐館的生意。根據不同的分工，「鳴堂」又分很多種。一是「介紹鳴堂」：當顧客到來，堂倌即迎上招呼，同時喊道：「來客一位，請裡面坐——」如顧客到桌，堂倌則近前詢問：「吃點啥子？」隨即便富有韻味地大聲念唱，一口氣把店內經營的酒菜品種通通報上。二是「點菜鳴堂」：如顧客說「來一碗清湯抄手」，堂倌便用大嗓子一一傳送給廚師，並叫明食客的坐號和方位。如堂倌鳴唱道：「左一席來客，『夜戰馬超』（超與抄同音），『免紅』（清湯），『小生落難』單走（單走，指不要調味碟）。」三是「應允鳴堂」：即廚師在聽到堂倌的點菜鳴堂後，用同樣的聲腔給以回答：「抄手免紅，單走。」四是「喝喚鳴堂」：即廚師將菜面烹飪好後喝喚堂倌前來端菜，並提示堂倌上菜時的注意事項。如：「左一抄手『清湯』，好哩，『話丑理』（端）走！」此類語言極其豐富，有「大年初」指一，「天長地」指九（久），「兩不見」指面（面），管雞叫「太子登」（基），管豬腰叫「攔中半」（腰）等等，整個店內你應我答，妙趣橫生。五是「結算鳴堂」：當顧客用餐完

1　張奉森、李九如：《舊成都餐飲業的縮影》，《檔案天地》，2009年，第12頁。

畢，堂倌把食用的酒菜品類、數量、單價、付款金額、找補情況一一念唱出來，且分釐無差。六是「送客鳴堂」，即顧客離開時，堂倌念唱謙虛的客套話相送。「鳴堂叫菜」除了上述完整的服務結構外，還有特別的鳴叫聲腔和專業語言。其聲腔分念白、念唱、全唱三種。「念白」為直接說出；「念唱」為邊說邊唱，如第一句唱，中間說，結尾又唱；「全唱」是從頭到尾都唱。全唱時無固定曲譜，隨意創作，但音樂性極強，且伴以菜點名稱，合轍押韻，最能體現堂倌的個性和服務水平。「鳴堂叫菜」的專業語言是堂倌和廚師之間傳達信息的特定語言，他們使用熟練，呼喚默契，常常令外人不知所云但又興趣盎然，獨特韻味盡在其中。[1]

❻．獨具匠心的特色餐館

民國時期出現了不少名重一時的特色餐館，如「姑姑筵」「小雅」「努力餐」等，他們在菜品定名、菜餚製作、色香味形、烹調原理、營養成分等方面都獨具匠心。

「姑姑筵」。清末進士黃晉臨創辦，名噪一時。「姑姑筵」的特點有五：一是當時規模不大，但在經營上以獨具一格而著稱，遠近馳名。席有定數，最多不超過四桌。無論席桌高低，冷碟只有四個。二是菜品以家庭風味、時鮮蔬菜、煨燉為主。以樟茶鴨子、香花雞絲、罈子肉、燒牛頭方、酸辣魷魚等最有名。三是黃晉臨雖不善廚事，但頗通飲食之道，能辨菜餚之優劣，又喜別出心裁，巧創新饌餉客。他不僅自擬席單，親臨廚房嘗味把關，而且還自任招待端菜上席，並為客人詳細介紹，故包席者多奉柬請其入座。四是「姑姑筵」開業以來，除一兩個掌灶師聘請名廚擔任外，其他的均由黃家姑嫂掌灶，這是「姑姑筵」的又一特色。五是「姑姑筵」的文化品位較高，將飲食與文化相結合，同時給人以物質與精神上的享受。如其店的聯語頗為有趣，耐人尋味。黃晉臨善於創新，創製了不少特色川菜，如「燒全翅」「叉燒扳指」「溜鴨肝」「豆腐魚」「豌豆湯」「堂片填鴨」「雞皮鴿蛋」等；又如「燒牛頭方」「燒牛護膝」均色、香、味俱全，膾炙人口。

1　杜莉編著：《川菜文化概論》，四川大學出版社，2003年，第98-99頁。

「小雅」。作家李劼人開設。「小雅」主要經營麵點與多個地方的家常便菜，每週換一次，均以時令蔬菜入菜，雖不是珍饈盛饌，但很有特色，不落俗套。「小雅」做菜的最大特點是不用明油、不用味精，不用茴香、八角之類有草藥味的香料。菜餚如酒煮鹽雞、乾燒牛肉、粉蒸苕菜、青筍燒雞、黃花豬肝湯、怪味雞、肚絲炒綠豆芽等，麵點有金鉤包子、燉雞麵、番茄撕耳麵等，都備受歡迎。開設「小雅」期間，李劼人與夫人親自下廚掌勺烹菜，燒出精緻的美食，與其小說齊名。如「豆豉蔥燒魚」，即用潼川豆豉或永川豆豉，澆於用生豬油煎的魚，色澤美觀，入口醇香。

「努力餐」。為中共川西特委委員車耀先創辦。他為掩護革命活動，在成都開設「努力餐」以作聯絡點，自任努力餐老闆。努力餐以努力解決勞苦大眾的吃飯問題為宗旨，以大眾化和高質量為特色，在成都餐館中獨樹一幟。先後到努力餐主廚的也都是一些著名的川菜廚師，其中有盛金山、何金鰲、白松雲、馮德興等。燒什錦、宮保雞、血汁魚、清湯三鮮是該店的名菜。

「竟成園」。為陳漢三於一九二三年創辦，定位為「包席館」，即辦承辦宴席，不賣零餐。至二十世紀三〇年代，由陳漢三長子陳伯勳承繼分館，地址選於新南門錦江河邊。由於陳伯勳調整經營思路，使「竟成園」逐步發展為綜合性餐飲娛樂場所，餐館也由原來的普通包席館提升為「南堂」。「南堂」，為舊時成都餐飲業對能搞大型接待活動、承辦以沿海地區販運來的海產品、淡水產品、燕窩等為主料的高檔酒席之餐館的統稱。竟成園鼎盛時期，靠錦江河邊的營業占地即達1500餘平方米，餐館不僅經營南北大菜，還不斷推出改良川菜，使竟成園成為當時蓉城最好的「川南堂」館。在此就餐，不僅能吃到各種高檔的山珍海味，而且還能在花園裡賞花遊園、照相留影；在河邊空壩處覽景品茶。甚至在河上乘坐龍舟，觀景漫遊，在船上娛樂、餐飲。竟成園的廚師都是成都各個行幫流派中的名廚，水平皆屬一流的高手，最多時擁有30多位，他們把各自門派的當家菜品帶到了竟成園，使竟成園在菜式風格、筵席格局等方面呈現出繁榮景象。「仔雞豆花」被稱為竟成園「一絕」，當時的其他名菜還有生燒筋舌尾、三絲魚翅盅、奶湯大雜燴、酥扁豆泥、雞皮慈筍、菊花雞、繡球珧柱、砂鍋魚頭、蝦肉白菜、冰糖肘子等名菜。

此外，「味之腴」「不醉勿歸不酒家」「竹林小餐」等特色餐館亦名噪一時。另據《四川烹飪事典》記載，民國時期還有著名的特色餐、麵、鹵、糕點等飲食名店。如成都的一品春、聚豐園、枕江樓、玉珍園、利賓宴、香風味以及溫鴨子、抗餃子、鐘水餃、賴湯圓、珍珠圓子等60餘家。這一時期餐飲業的興旺繁榮為川地的飲食文化充入了豐富而深厚的內涵。

❼．小吃、果品、糕點繁多

四川小吃從明清發展至民國，與肴饌一樣膾炙人口，素有選料嚴謹、製作精細、味別多變和注重色、香、味、形配合的特點，並以蒸點、湯點、酥點為擅長。一般以分量小，花樣多，製作精，味道美，價格低，質量高而著稱，可用於早點、打尖、宵夜、配筵席和佐酒，也可作為正餐，因而它的適應面特別廣，深得民眾喜愛。從各色小麵到抄手、餃子，從醃鹵到溝酥油炸，琳瑯滿目，各味俱全，種類不下200種。從當時的竹枝詞中可見一斑，如「日斜戲散歸何處，宴樂居同六合居。三大錢兒買好花，切糕鬼腿市喳喳。清星一碗甜漿粥，才吃菜湯又麵條。涼糕炸糕聒耳朵，吊爐燒餅又窩窩。叉子火燒剛買得，又吹硬麵斗餑餑。燒麥（賣）餛飩列滿貫，新添掛粉好湯圓」。

這些小吃大多由小商小販長期經營實踐創製而成。他們或肩挑擔子，或手提竹兜，或沿街擺個小攤，開爿（pán）小店，這些小吃攤主，在自家小吃的色、香、味上盡心琢磨鑽研，遂使聲名遠播，成為各種名小吃。年深日久，便以自己的姓氏或銷售地點作為招牌。如抄手類有成都的「龍抄手」溫江的「程抄手」內江的「雞茸抄手」等都是知名度相當高的小吃。「龍抄手」的特點是湯清餡細皮薄，並配以清湯、紅油、海味、燉雞、酸辣、原湯等多種味別。

各地縣鄉的小吃、果品、糕點也是品種繁多，內江縣、什邡縣、雲陽縣、江津縣、通江縣的發展最為突出。這一時期，四川的蜜餞業尤其是內江蜜餞亦有較大的發展，其產品又以橘類，包括金錢橘、壽星橘、紅橘等為勝品。內江人因此把這類店鋪稱為「冰橘店」或「冰橘鋪」。內江冰橘店最大集中地為沱江對岸的東興街，二十世紀四〇年代以後，有桂興隆、茂盛源、通盛祥、恆復泰等40餘家號鋪，約占內江冰橘店總數的一半。二十世紀中葉前的內江蜜餞年產量100萬斤左右，從而獲得「甜城」的美稱。

民國時期，什邡武陽鎮上的名小吃有：劉善儒的湯圓、王玉興的火巴肉、趙清澄的燒烤雞、嚴玉庭的麻辣豆腐、筒玉山的醪糟、張青雲的鮮花餅、千層糕、張「全美號」的蜂蜜糕、周青的涼拌鉢鉢雞、林國全的豆花麵等均具特色。雲陽縣的海味及糖食、果餌，歲時、婚壽、問遺以供投贈，銷行極廣，業者亦多，謂之「齋鋪」。製玉帶糕尤精，以米粉合糖及胡桃仁為之，切片如紙，又名「桃片」，味極醇美，為知名土產，過縣門者必購之。在江津縣，名菜類的小吃有江津肉片、芝麻丸子、冰糖芋兒泥等。江津人喜食「粑粑」，品種不下20餘種。用糯米做的有饔粑、油炸粑塊、豬兒粑、蜘蛛粑、湯粑（湯圓）、梆梆粑、三角粑、月亮粑、沖沖粑、渾水粑、軟雀粑、艾粑、麥粑、穀芽粑、發糕粑等，可謂洋洋大觀。通江縣的名小吃有油饔饃、綠豆麵、玉蘭酒、火燒饃。其中「綠豆麵」讓人稱道，它用綠豆去皮，磨成細粉，擀成薄片，再切成條，煮熟後拌以蔥花、麻油和瘦肉粒；綠豆麵下鍋不渾水，清香濃郁。而「玉蘭酒」更別具一格，它以七成糯米，三成粳米混合，至期加入麴藥、與竹葉混合蒸烤而成。其酒色淡薄，味蜜甜黏口，芳香誘人，飲不易醉。「火燒饃」的製法頗為獨特，用上等麥麵製成饃，然後放入炒熱的豆大卵石內慢火烘熟，其饃色白亮，味香脆，不焦不糊。上述幾個縣鎮，小吃糕點麵食如此發達，說明民國時期的鄉村飲食已從單一的溫飽發展到食品多樣，饌食的興盛不亞於城市。

❽．筵宴豐富多彩

民國時期，川地民間流行「鄉筵」。鄉筵分正筵、酬筵與雜筵三種。「正筵」也稱「長席」，是為婚喪、生子、滿月、壽誕等舉辦的紅白筵席。其中喜筵講究碗數多少，普遍為十大碗或九斗碗，外加兩碟鹹菜或紅豆腐。「酬筵」即酬勞筵，栽秧打穀等農忙季節，農民換工互助，對請來的幫工須盛情款待。主產水稻的丘陵地區，栽秧辦席酒不多飲，但肉必豐盛；薅秧時辦席，菜餚不甚講究，但酒必多而好；打穀時辦席更有俗規，因打穀是笨重農活，辦席菜餚略差尚可，但飯食必須講究，三餐大米乾飯供飽。俗諺：「打穀飯，八碗半，菜菜筋筋還不算。」「雜筵」則種類繁多，諸如宴請遠行親友，迎來遠方賓客，春節宴請鄰里，或村民在農閒時的相聚宴飲等均屬此類。平時宴飲無一定規格，但以接待遠方朋友為盛。

每年開春季節，川地鄉間還有「鄉宴」。鄉宴不定時舉行，有的地方叫「春宴」，一般於春正二月始，至三月乃訖。屬個體家庭所辦，聚會者皆鄉人，以融洽鄉情，續誼聯情。在鄉土社會中，有傳統的尊老習俗，若請尊長，主家要親自奉上請柬；若請平輩則捎以書柬即可。至期，主人俟門外迎接。客至，其飲多為家釀，其饈唯魚、羊、雞、豚之類，賓主歡宴豪飲，一醉方休。

這一時期的家宴也名目繁多。講究之家，除壽宴、喜宴外，賀新郎有花燭宴，餞新娘有花夜宴；女家遣嫁有出閣宴，夫家娶婦有盤兒宴；新婦出所攜鹹菜、糖食遍待親友，曰「擺茶宴」。有三朝（婚後第三天）女家接回門設回門宴，有十朝女家眷屬來夫家設十朝宴。還有婿家生子三日酬客的洗三宴，嬰兒滿月的湯餅宴，週歲有碎盤宴。男賓、女賓皆各分內外以設席。正月十五日為元宵宴，五月五日還有端陽節宴，八月十五的中秋節宴，皆屬家宴。此外，還有喪酒、安神酒、慶罈酒、年酒，平時無事而請宴者，名為「耍酒」。

「船宴」也得以恢復。民國時成都府南河有上百條遊船，其中有一種船宴頗具鄉村農家席風格，很有特色。如佐酒冷盤是農家田野的灰灰菜、馬齒莧、椿芽、枸地芽、嫩苕菜、折耳根等，還有油炸泥鰍、鵪鶉、蠶蛹、蚱蜢等鄉土野味，加上家常豆花、松香臘肉、麻辣風雞、汆煮魚丸、椒鹽乾魚等，都是城裡人平時難得品嚐的農家菜。以煮新鮮嫩玉米和煎艾蒿饃為主食，別有一番風味。這一時期川地船宴的菜餚也有所發明，有一種叫「炒鮮魚絲」的熗鍋菜，就是由錦江遊船首開創食，以後才推廣到城內飯館。

❾・調味品老字號的發展

民國年間四川的烹調用料進一步發展，出現很多新的品種，如太和號醬油、中壩口蘑醬油、德陽醬油、保寧醋、永川豆豉、夾江豆腐乳、五通橋豆腐乳等。從「太和號醬油」和「中壩口蘑醬油」這兩個調味品老字號的經營史中便可見到全川調味品老字號發展之一斑。

「太和號」是成都古老的傳統手工作坊醬園，為江西撫州府胡氏於道光晚期所開。初期經營醬園兼釀酒，一九二二年後停釀黃酒只經營紅白醬油、醋和醬菜。在嚴把質量、誠信經營方面下了許多工夫，如堅持古法配方，從不苟且；嚴把進料選料，不准以次充好；釀製保證質量，堅持「伏曬秋油」，頭年曬，二年漚，三年出油，醬油顏色好、味道鮮、質量高，放置一二年不變味。所用的香料，通常有二三十種，熬糖與拌醋的工藝要求也都非常嚴格。太和號產品的種類齊全，主要有紅醬油、白醬油、陳年麩醋、豆瓣及各種醬菜。僅白醬油就有多種級別。老成都的飲食業購買量達太和號產品的達70%左右，上至南堂餐館、紅鍋炒菜，下至抄手擔擔麵，絕大多數都要用太和號醬油，尤其牛肉館無一家不用。故在成都醬園行業中太和號當數龍頭。

綿陽江油的「中壩口蘑醬油」亦為四川名產。創製者為廣東人崔習之，於一九三一年開「精誠醬園」，其名取精益求精、誠信經營之意。它以本地傳統釀造技藝為基礎，吸取成都、郫縣等地各大醬園的先進經驗，精工釀造口蘑醬油與麩醋辣醬、豆豉等多種產品，尤以口蘑醬油為享譽遠近的名特產品。精誠醬園經營的特點，一是選料認真。醬油的主要原料均選顆粒均勻，無蟲蛀霉爛與石渣的上等黃豆，方有蛋白質含量高、脂肪成分足等優點。食鹽採用自貢所產的水花鹽，鹹度適中，且無雜質，不用鍋巴鹽與海鹽，以免鹽度太高影響醬油的天然鮮味。配料以張家口、內蒙古蘑菇為重要香料，這種蘑菇營養豐富，頂圓肉厚，狀似圓釘，其味醇香濃郁，恆久不變，雖價格高但也不用其他代用菌類。另加砂仁、老叩（即荳蔻）、白胡椒等20餘味名貴中藥，具有溫中理氣、健脾開胃、消食化積、寬胸止痛等功能，對人體健康均有裨益。醬油調色均用飴糖炒汁摻和，因其具有補虛寒、健脾胃、潤肺止咳作用。二是釀製精細。在醬油的生產過程中，要求做到下料充足，釀製精細，醬油濃度保持30度，汁稠色豔，鹹度適中，色香味與所含多種氨基酸、糖類、維生素營養均要達到預定指標，不合格者不准出售。三是誠實經營，重商業道德，對顧客誠信無欺。而且門市營業批零兼售，並辦函購業務，同時開展代買、代辦運輸、代完稅款、代墊運雜費等服務，因此產品穩銷不衰，譽滿全省。[1]

⑩．酒文化興盛

四川近代的酒文化包含了豐富的內涵，多年的文化積澱，使人們逐漸養成了文雅的飲酒風尚，形成了豐富的酒文化。清末民初始四川到處都有酒店，除專營酒菜的號鋪外，許多釀酒作坊也直接設店賣酒。街巷小酒店大多出售價廉物美的散裝酒，把酒盛在肚大口小的壇中，用紅布沙包嚴實壓住壇口，用竹筒做成幾級量器用以售酒。大多路旁村口都有酒店酒攤，即使郊野渡口的雞毛店、幺店子也賣酒。較好的酒店講究文化氛圍，陳設典雅，家具古樸，店中懸掛水墨丹青，吸引文人名流到此聯社聚會，賦詩作畫，以酒助興。

川人好酒，不論春耕秋收，建房娶親，無不以酒待客，故請客又多以酒為名。一般有喜事宴請客人，不說「請吃飯」，而說「請吃酒」。如老人壽誕的「壽酒」，結婚時的「喜酒」，誕子的「三朝酒」「滿月酒」，商業開張的「開張酒」，建房的「上樑酒」等。農家三四月農忙的「插秧酒」，夏收的「開鐮酒」「打穀酒」「收鐮酒」，秋後糧食入倉的「豐收酒」。此外，還講究喝各種季節的節慶酒，如除夕之夜全家團圓，喝「團年酒」；正月親朋相聚，喝「春酒」；五月端午為避凶趨吉，喝「雄黃酒」；夏天喝「消夏酒」；八月中秋，喝「月華酒」；九月重陽，喝「重陽酒」「茱萸酒」等等。

主家請客飲酒講究禮俗。開宴時，長者和客人要先入座並坐上方。主家斟酒時，最先斟給長者和客人。斟酒要誠懇溫和，同時嚴守一定規矩，如酒多不溢杯

1 崔熙明、嚴澈：《解放前的中壩精誠醬園》，《四川文史資料集粹．經濟工商編》，四川人民出版社，1996年，第505-506頁。

口，酒少須齊杯沿。斟酒畢，主人請大家舉杯，不少人還依照「長者未舉爵，少者不敢飲」的老規矩。飲酒時講求環境優美。富裕者飲酒要選擇優雅場所，要求寬敞明亮，窗明几淨，鳥語花香，桌面雅潔；一般家庭也要尋個小店，或樹蔭小橋，一張石桌，一把竹椅，情致悠然，然後舒暢開懷。或獨酌，或朋友聚飲。飲酒時，要輕呷慢品，頗講風度，謂「文飲」，即少飲、慢飲、細飲，不僅宴會如此，連街頭小巷的冷酒攤子，也莫不文飲成風。喝酒時要有下酒菜，可多可少，以滷菜、涼菜、花生米等為佳。

民間飲酒，除喪事不能行酒令外，慶賀生日、結婚、得子、喬遷、置產、開張等喜事的酒宴上，都常以酒令助興，主要有投壺、聯詩、拆字、測簽、太公釣魚、划拳等。「划拳」是最具四川特色的飲酒取樂之法，城市、鄉鎮的大小酒館中常見之，盛行於清代後期而延至民國。另有一種「八仙酒令牌」，是二十世紀中葉前川人常用的行酒牌，而流行的令詞種類很多，行什麼樣的令詞，全由令官根據在座人的文化、愛好、情緒靈活選擇，通常有猜謎、聯句等。

人們飲酒時多講究飲酒的器皿。一般主要使用陶瓷燒製的壺與杯，還有錫酒壺。錫酒壺肚子大，壺頸、壺嘴特別小，每壺能裝七八兩酒。在品飲質純而成色高的好酒時，飲器一般較小，如牛眼小杯，飲時細斟雅酌，領其真味。酒店常用一種酒盅，用錫製成，形如葫蘆狀，上小下大，俗稱「錫棒酒」，其容量分一二兩，或盛裝半斤，隨客選用，上部為杯形，下部為酒瓶，杯瓶合一，溫燙方便，盅備有塞，不飲時可防走氣。

飲酒講究以菜佐酒和強調適度。成都等地的飲酒者也有某些忌諱，認為飲寡酒傷身；美酒不可無肴。肴有幾等，但都離不開一個準則：菜餚應宜於佐酒，不傷身體。有錢人家請客，是「佳餚沽美酒」，中等家庭也必備幾樣冷盤、魚肉。平日百姓家庭，或家人父子，或好友會聚，佐酒菜通常精而少，有葷有素。若無好菜餚，也要備些花生、胡豆、豆腐乾之類的下酒。當時城鄉都以飲「木腦殼酒」（無菜自呷）之「寡酒」為大忌，其次是切忌酗酒。川人認為，酗酒非禮，所謂「待坐則聽言，有酒則觀禮」，不僅是人們共飲時的禮，更有飲酒適度之意。暴飲、惡飲被認為是最大的失禮、粗俗的表現。因而四川的上等階層飲酒使用的酒杯，以容量為二錢者為上品。即便是鄉村人家，一般也備有此類小巧的酒杯。[1]

⓫．以茶館文化為代表的四川茶文化

歷史的積澱賦予了川人深厚的茶文化蘊含。川人把茶列為日常生活中除吃以外的最大飲事，明代顧雲慶說：「除煩去膩，川人固不可一日無茶。」成都人早晨起床第一件事便是泡一壺茶，然後再去做其他事；有的閒人起床就泡一碗茶，喝足後再吃早飯。客人到來，即專為其泡一杯茶，以示禮節周到。川人常將茶飯相提並論，可見對茶的重視，形容日常飲食多用「粗茶淡飯」，表示不思飲食慣謂「茶飯不思」，讚美飲食叫作「好看不過素打扮，好吃不過茶泡飯」。

蜀中家庭茶具主要是茶壺、茶杯、茶盤與茶几，富裕人家講究用江西景德鎮的套裝細瓷茶具；更講究者，則備多套不同紋飾、不同圖案的茶具，根據不同季節、不同客人而換用。錫壺是川中流行的盛茶器皿，川人認為錫壺裝茶有不易變味、用舊後容易翻新的特點，冬季為讓錫壺保溫，就在壺外加層棉套或棕包，稱「包壺」，起到茶水保溫的作用。

茶不僅作為四川最普及、最重要的「飲」品，而且還滲透到「食」中，成為烹調風味名菜的原料。四川有名的「樟茶鴨子」就是用本土的樟樹枝葉和茶葉熏烤所製，色澤紅亮，鹹鮮濃香，皮酥肉嫩，特別宜於佐酒，是具有濃郁川味的茶菜。「五香熏魚」，也是用茶葉和少許大米作熏料加工的。另有一種「茶香鯽魚」和「茶香鯉魚」，是將茶葉放入魚腹腔內烹製，使魚從腹裡透茶香，讓人在品味魚肉鮮美的同時，也享受到茶的芬芳。四川傳統皮蛋的製作，也要用濃茶汁拌以其他灰料，製成的皮蛋顏色、花紋、味道特佳。還有用茶製作的各種麵點等等，不勝枚舉。

而茶事最具鄉土特色的，是眾人聚集同飲的茶館，其數量之多，可謂全國之

1　吳康零等：《四川通史》第六冊，四川大學出版社，1993年，第413-415頁。

最。成都茶館風情獨有，素有「四川茶館甲天下，成都茶館甲四川」之說，無論是繁華的城市還是鄉間小鎮，到處有茶館。成都茶館文化內涵之豐富，茶館功能之完整，在四川飲食文化中獨占鰲頭，是地域飲文化的典型代表。「坐茶館」作為成都人一種沿襲久遠的生活方式，其內涵豐厚，「川味」甚濃。「茶館」作為人際交往的場所，其功能已遠遠超出自身的自然使用功能，而具備多種社會文化功能。

清末民初，成都茶館大興，遍及市內。據《成都通覽》記載，清末成都的街巷約516條，每一條半街平均有一個茶館。民國時期，成都茶館盈盈不衰，大街小巷的茶鋪鱗次櫛比。據一九三五年成都的《新新新聞報》統計，當時的成都有茶館599家，幾乎遍及各條街巷，每天茶客約12萬人，占當時成都全市60萬人的1/5。作家蕭軍一九三八年至成都主編《新民報》副刊《新民講座》，驚嘆成都茶館之多，可與江南楊柳比喻：「江南十步楊柳，成都十步茶館。」例如，僅春熙路就有頤和園、漱泉茶樓、三益公、來福茶樓、春熙第一樓、益智茶樓、飲濤等八家較著名的茶館；總府街短短的一條街，就有正娛花園、宜園、濯江、二泉、白玫瑰、槐蔭、新仙林等七家茶館。「正娛花園」每天要賣出兩三千碗茶，茶客達數千人次，就茶館之大也是成都之最。[1]抗日戰爭爆發後，華北和東南各省人士大量入川，成都茶館更加繁榮，還新開一些如「益智」「梁園」「濯江」和「華華茶廳」等規模較大的大型茶館。其中以「華華茶廳」最大，有三廳四院，同時可接納1000多茶客。據統計，一九四一年成都有茶館614家，至一九四九年仍有500多家。這些茶館一般日售茶千碗，小者七八張桌子，兩個堂倌，日售茶數十碗。大多當街設桌，以高腳竹椅、蓋碗茶為特色。其經營有圍繞供應茶水而相應供應各種茶食、茶點、瓜子與糖果；也賣開水、熱水，為人煎藥、燉肉、熱麵飯等，經營時間有全天供應者，也有以供應早茶、午茶為重點者。茶館一般開得早關得晚。川東一帶江河邊也是茶館林立，各碼頭都有茶館。由於當時內陸交通不發達，運輸商品貨物主要靠江河，於是碼頭茶館應運而生。而且茶館旁邊有很多冷酒館（含飯館），以方便船舶上的船工、水手、

1 李英：《舊成都的茶館》，《成都晚報》，2002年4月7日。

縴夫前來休憩、喝茶、飲酒、吃飯等。

飲茶既是一種消費現象，又是一種文化現象。成都茶館的對聯可以說是這種文化的表徵。茶館中的對聯又稱為「茶聯」，是茶文化的重要組成部分。不少茶館都貼有茶聯，它強烈烘託了茶館的文化氛圍，充分體現了川西地區的風土人情。民國時期，華陽縣中興鎮有個「興盛居」茶館，其對聯是：「邂逅相逢，坐片刻不分你我，彳亍而來，品一盞漫話古今。」

煙酒茶為友，作為消閒飲文化，往往相輔相成，相得益彰。很多茶館在售茶的同時，又出售煙酒小吃成為配套服務，以方便茶客。於是，這類對聯在茶館中也多見，而且很風趣。如民國時曾在少城支磯石街一家小茶館有一副對聯，是用四川方言寫的：「哥子莫忙，且呵鍋煙去；弟娃有空，請喝盞茶來！」

蓉人讀罷，甚覺風趣、親切。不僅道出了煙茶是人際交往的媒介，也反映出川人講義氣、重友情的品性。茶館為熟人相逢提供了友好交談的場所功能，茶聯產生了潛移默化的親和力。另一副對聯，源於成都一家兼營茶酒的鋪子，當時的對聯是：「為名忙，為利忙，忙裡偷閒，且喝一碗茶去；勞心苦，勞力苦，苦中作樂，再倒一碗酒來。」此聯貼近生活，其辭俗趣，頗富哲理，個人與社會，勞作與休閒，生活的哲理蘊寓其中，讓人玩味不已。

茶館是四川城鄉居民社會活動的重要場所，它是各階層人士的天地，但主要為「下里巴人」所擁有。成都茶館二十世紀中葉前，承載著社會、經濟、文化等多種功能。由於娛樂場所的侷限，茶館成為各行各業、三教九流、城鄉居民休閒、品茗、聊天、會友、相親、評理、聚會等的場所，具有經濟交易、信息交流、會社聯誼、民間調解、文化娛樂等作用。茶館成為社會生活的一面鏡子。

城鎮除行業人蹲茶館外，還有不少吃閒茶者，以一早一晚最為常見。吃早茶可提神醒腦，當日的謀生安排已成竹於胸。晚茶是勞累一天後休憩、會友的時刻。有的是住房窄小，家裡來了客人，也到茶館裡待客擺龍門陣。還有一部分以茶館為營生之地的小商販、手藝人，他們來往穿梭於茶客中，送上炒花生、香瓜子、脆胡豆、甜桃片，以及油餅、麻花等小吃。其他諸如賣藥、賣針線、理髮、推拿按摩、修腳擦皮鞋、測字算命等應有盡有。

民國初年，茶館茶客的性別開始出現變化。清代以前，進茶館的茶客為清一色男性。辛亥革命後，反封建禮教、追求婦女自由、平等的時代浪潮波及全國，有人提出女性也可以進茶館。此外，川人改變過去婚姻當事者不見面的傳統，但又不便在家相親，恐婚姻不成被街鄰笑話，兼之相親時雙方家長與媒人須在場，這就需要一個既可相親，又方便吃飯、休息，還不太拘束之地，茶館便成為理想的去處。

茶館還是解決民間肆里民事糾紛、評事說理的場所，有「民間法庭」的功能。這種功能，川西民間叫「判公道」，川東叫「付茶錢」，江浙俗稱「吃講茶」。人們若發生糾紛，到官府打官司花費太大，常使雙方傾家蕩產，故一般不願對簿公堂。最經濟實效的辦法就是請族老、長輩或有威望者到茶館評判裁決，雙方述說原委，或勸解，或裁決予以了結。輸理者付全部茶錢，雙方各有對錯者各付一半。故此，茶館起到了調解民間糾紛，減少訴訟，大事化小、小事化了，安定社會的作用。

茶館也是革命者活動的地方。如一九一一年成都保路同志會，串聯各街袍哥碼頭，各碼頭都在茶館裡插上保路同志會的旗子。茶館常被當局派特務監視。一些茶館為了避免惹事，多懸有「休談國事」的條標。

鄉鎮茶館有一重要活動，就是晚上川劇「玩友」坐唱川劇，習稱「擺圍鼓」，這是四川鄉鎮傳統的民間文娛習俗。演唱者不化妝，不表演，有的只唱，有的兼司器樂演奏，各執用一樂器，如川鑼、川胡、板鼓、大鈸、馬鑼之類，一人唱一角，自吹自打自演唱。

此外，其他民間的說唱文藝形式，諸如揚琴、大鼓、清音、評書、圍鼓等莫不以茶館為演唱陣地，茶館的一桌一椅即可成為其舞台，並有眾多的茶客觀眾。在各地城鎮，若有高超藝人掛牌演唱，觀眾莫不踴躍光臨，屆時茶館座無虛席。即便在經濟蕭條時期，茶館生意依然看好，正如《錦城竹枝詞》所言：「蕭條市井上燈初，取次門停顧客疏；生意數它茶館好，滿堂人聽說評書。」

⓬·川人的吸菸習俗

二十世紀初菸草遍布全川。四川曬煙以什邡為代表，其葉片細絨，皮張寬大，色澤紅亮，油分充足，燃燒力強，煙味濃厚純正。什邡曬煙以毛煙為主，兼有少量柳煙，均為深色曬紅煙，是全國曬煙中早已定型的優良品種。四川香菸以「嬌子」「涼煙」「五牛」「宏聲」「攀西」「白塔山」等較為有名。二十世紀中葉前，人們多吸葉子煙（雪茄）、水煙和鼻煙。所用煙具、煙稈以木或竹製成，短不過數寸，長可達1米。煙稈中空，外雕飾花紋，一頭嵌以玉、銅、鐵等製成的煙嘴，另一頭裝石、銅等質地製成的「煙鍋」。吸時將煙葉捲成一節，插入煙鍋，點燃即可吸。「水煙」為以銅、竹等製成「煙袋」吸食細煙絲的煙具，吸時通過水的過濾發出咕嚕咕嚕的水響聲。「鼻煙」為用鼻煙壺裝好的粉末狀煙料，吸時取之吸入鼻孔解乏。二十世紀二〇至三〇年代，紙煙開始傳入，當時比較流行的有「前門」「哈德門」「老車牌」等。此後的社會交往中，便有了「散煙」的習俗。

三、民國川地少數民族飲食文化

❶·少數民族的自然物產與飲食結構

四川是一個多民族的地區，這裡生長有彝族、藏族、羌族、土家族、回族、納西族等。各民族在不同的生態環境和人文環境中，逐漸形成了自己獨特的生產、生活方式，在民國時期形成了自己的飲食文化。

彝族。四川地區彝族聚居的大小涼山屬青藏高原東南部邊緣和雲貴高原與四川盆地之間的過渡地帶。氣候呈垂直分佈。四川彝區的農作物依地形地貌的不同而有異。山區以玉米、蕎麥、洋芋為主，河谷地帶以水稻、油菜、小麥為主。主要蔬菜有蔓菁（圓根）、蘿蔔和白菜、青菜等。金沙江、雅礱江、安寧河的低熱河谷地帶，還出產甘蔗、果樹、花生等經濟作物。這裡草坡面積大，適宜於發展畜牧業，以黃牛、綿羊、豬、馬為主，尤以羊、豬為多。涼山彝族飲食中的特色食品主要是蕎粑粑、桿桿酒、酸菜湯；調料也很有特色，是利用野生植物如蘇麻、野生蔥、野生蒜、野生韭菜、野生薑、木姜子（樹）、木姜子草、山胡椒、草果、茴香等為調味，並利用圓根葉作酸菜湯來調製酸味，用蜂蜜和自製的飴糖來調製甜味。

藏族。四川藏區地處川西、川西北的青藏高原東南緣，3000米以上草原為牧區；3000米以下的河谷、半山台地為農區或半農半牧區。在高原牧區，牲畜有藏系綿羊、山羊、犛牛、犏牛、唐克馬、騾、驢等。河谷農耕地帶，氣候溫暖，降雨量充足，農作物有青稞、小麥、大麥、蕎麥、玉米、豌豆、土豆等，以青稞種植最廣，小麥次之。經濟作物有甜菜、蔓菁、花生、辣椒、向日葵；水果有蘋果、花紅、桃、梨、核桃等；野生植物有蕨麻（人參果）、松茸、白蘑菇等。牧區藏族以肉食為主，農區藏族以青稞、麥饃為主食。青稞炒熟後磨成麵粉稱「糌粑」，配酥油茶為三餐主食。蔬菜和調味品極少，間以牛羊肉和乳酪佐食。

羌族。居住於青藏高原東南邊緣，其地物產豐富，農作物一年可兩熟，除玉米、小麥、青稞、洋芋等糧食作物外，還盛產煙、麻、豆類和蔬菜等經濟作物。畜牧業以傳統的養羊業最為發達。經濟林木有花椒、蘋果、核桃、梨、茶等，其中，「茂椒」譽滿中外。這裡還出產天麻、蟲草、貝母、麝香、熊膽等名貴藥材。羌族主食為玉米、小麥、洋芋，輔以蔬菜和調味品。通常的吃法是玉米粥和烤饃，或玉米合大米混合蒸成的「玉米蒸蒸」。他們在年底殺豬時，多將豬肉做成「豬膘」，作為長年肉食供給。普遍吸食蘭花煙。慣用青稞、大麥發酵製作「咂酒」為飲料。

土家族。居住於四川省的東南褶皺山區盆周山地外緣一側，屬貴州高原東翼尾閭的八面山、武陵山系。酉水、梅江及其眾多支流縱橫其間，為農田灌溉提供了有利條件。氣候溫和，雨量充足，土壤肥沃，層層疊疊的梯田分佈在群山環抱之間，農作物一年可兩熟。土家族以農業為主，兼營林業和畜牧業。糧食作物有水稻、玉米、高粱、紅薯和洋芋，以玉米為大宗。經濟作物有黃豆、棉花、花生、茶、煙葉等。畜牧業以養豬最發達。飲食最常見的是大米、玉米做的「鼎鍋飯」，輔以薯類和各種蔬菜，喜喝「油茶湯」並以豆腐夾肉丸作為待客佳餚。土家人最有特色的肉食為醃熏「臘肉」。飲料在明清時即以咂酒流行，延續至今。

回族。四川回族主要分佈在鹽亭、青川、平武、武勝、閬中、內江、西昌等各地，「大分散、小集中」是回民分佈的特點。回族信奉伊斯蘭教，文化習俗上深受其影響。飲食以米麵為主食，吃牛羊肉，忌吃豬、馬、騾、驢和一切凶猛禽獸之肉，忌食一切動物的血和自死之物。

納西族。四川納西族主要分佈於四川西南部康藏高原東部地帶的鹽源、鹽邊、木裡等地。納西族地區物產豐富，農產品以玉米、小麥、水稻、洋芋為主，還有蕎麥、燕麥、大麥、青稞等。草場也較豐富，適宜畜牧，牲畜以牛、馬、羊、豬為主。飲食以玉米、小麥、洋芋為主食，壩區亦多食大米。肉類以豬膘「琵琶豬」為特色，係用一整豬去其內臟和骨骼後，用鹽漬並以大石塊壓製而成。

❷．少數民族的特色飲食及其特點

（1）「一方水土養一方人」，利用生態環境製作耐儲藏的食品　四川藏、彝、羌、土家等少數民族居住於高山或半山，氣候寒冷乾燥。由於食物生產具有季節性，蔬菜品種又少。為使蔬菜、畜肉能夠長年供食，隨吃隨取而不變壞，他們利用氣候寒冷的自然條件，創造了獨特的食品儲藏方法。製作的食品都具有易保存的功能，肉類保存主要是用乾藏、煙熏、炙烤、醃漬等方法，蔬菜則主要是乾藏和鹽漬。

▲圖10-1　四川康巴藏族一絕——風乾牛肉

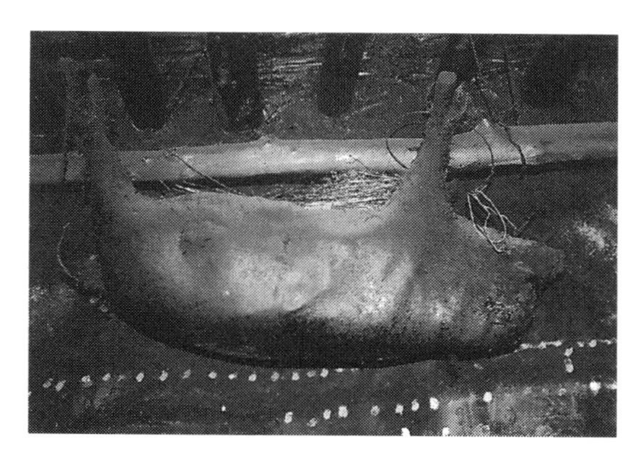

▲圖10-2　煙熏整豬

◂圖10-3　民國時期麗江的琵琶豬（《中國西南古納西王國》，雲南美術出版社）

藏族的風乾牛肉，納西族的風乾魚，都是運用風乾法製成的。西康藏族喜食生肉。生牛肉乾是寒冷氣候高原上的特產。因康地寒燥，生肉不腐，可懸之數日風乾為脯，是寒冷氣候的產物。風乾肉即用宰殺後的新鮮牛羊肉製成，先把肉切成條狀，再撒上少量鹽巴，曬掛在陰涼通風處，讓其自然風乾，既可去掉水分，又能保持鮮味。風乾肉酥鬆可口，風味獨特，耐儲藏，供長年食用。

藏族、羌族、納西族、苗族、土家族等民族都有製作「豬膘肉」的傳統。豬膘肉、火炕臘肉屬煙熏儲藏。藏族農區肉食以豬膘為主，俗稱「琵琶豬肉」。其做法是將豬宰殺後，去內臟、瘦肉、骨頭與頭腳後，腹內撒鹽、花椒、香樟粉等調料，用麻線縫合成方形，風乾即成。豬膘肉一般可存放數年不壞。有的把肥肉單獨分開用清水洗淨，開水煮熟後凍乾，保存方便且長時期不變味；另將瘦肉裝入豬肚密封儲藏。羌族醃製豬膘不放食鹽及其他調料，只將豬的頭、蹄、排骨剔除，分割後掛於通風處煙熏即成，稱之「豬膘」。以存放時間越久，顏色越黃越珍貴。土家族的「火坑臘肉」，則是熏製儲藏的代表。方法是將鮮肉醃上三五天再取出，先用柏枝等熏烤，爾後高懸於火坑上長期煙熏，醃肉經燻製後逐漸變得橙黃透明，可保持數年而不變質。豬膘肉的發明，適應了少數民族平時多節儉素食，年節喜慶之日肉菜豐厚的生活習慣與生活水平。

藏、彝、羌、土家等民族還擅長醃製酸菜。多有用山地特產蔬菜圓根醃製「酸菜」的習俗。酸菜能將新鮮蔬菜保鮮並長年供食，酸菜成為山地民族異地同食的蔬菜。但由於各民族的生活習慣不同，製作儲藏方法略有差異。通常分乾酸菜和泡酸菜兩種。「乾酸菜」採圓根、青菜、蘿蔔葉醃酸曬乾，切碎裝壇保存。「泡酸菜」則是將新鮮青菜、白菜、圓根葉洗淨，置於鐵鍋內煮熟，撈出放入木桶內壓緊，澆上「酸水」（做豆腐後的豆膏水置於木盔內密閉數日而成）或放入酵母，或摻拌少許玉米麵發酵，一天即成。酸菜能保持鮮菜的營養成分，還耐貯藏可常年食用，隨用隨取十分方便。於是，酸菜成為在這一生態環境下解決全年蔬菜需求的最好辦法，而且都成為本民族的特色菜。

（2）合理的飲食結構，食物搭配符合相生相宜的人體需求　關於食物的搭配與營養，彝族人總結說：「煮的蕎饃饃宜配羊肉湯，烤的蕎粑粑宜配黃牛肉，蒸的包穀飯宜配山羊肉，米飯配豬肉，大麥配雞湯，洋芋配圓根。」這些食物搭配都是經驗之談，既保持了人體營養成分的均衡，又暗合科學道理。藏族喜茶，藏諺有「寧可三日無食，不可一日無茶」之說。藏民以牛羊、奶酪為主食，多葷腥，少蔬菜，蛋白質攝入高，不易消化，喝茶既可解渴，又能消食除膩，還可增加維生素C，故茶為藏民生活所必須。

（3）「醫食同源」，特色食品的「食療」功能　二十世紀中葉前，四川民族地區缺醫少藥，許多疾病靠食療解決。他們喜食的酸辣具有助消化、去油膩、殺菌、溫胃健脾、防治胃腸道疾病等多種「食療」功能。如在川東地區，土家族喜酸辣，與他們居叢岩幽谷的環境有關係，那裡的泉水冷冽，而土家族又喜飲生水，非辛辣不足以溫胃脾。山地主產糧食作物為青稞、蕎子、洋芋、包穀等，食後易腹脹，喝酸菜湯不僅清香爽口，而且消飽脹，有利消化，與主食相輔相成；吃酸菜還可解油去膩，消除食牛羊肉後的不適感，從而成為調劑人體飲食結構和諧的一種天然搭配。

在涼山彝區，酸菜可解毒降壓，高血壓患者常用乾酸菜當茶泡水飲用，達到降壓的醫療效果。康定藏族也用酸菜降血壓、開胃口。少數民族喜酒，酸菜還可醒酒。酸菜的食療功能，是四川少數民族在長期的生活實踐中總結出來的寶貴的中國飲食文化遺產。

❸．少數民族的飲食禮俗及特點

飲食禮俗主要是指飲食活動中約定俗成的制度和禮數。它以飲食習俗為基礎，成為民族飲食文化的一個重要方面，體現著各民族飲食文化的特點。包括歲時飲食禮俗、待客飲食禮俗、人生飲食禮俗等。

（1）歲時飲食禮俗　歲時是隨季節變化、生產狀況而產生的年節，在年節文化中，飲食禮俗是其中重要的內容。各民族每逢佳節喜年，全家老小總要團聚，享受天倫之樂。羌年即到，在外打工的人總要匆匆趕回家中，參加農曆除夕夜舉行的家庭宴會；彝族要等全家人齊後才開飯；藏族過年也有吃「團圓飯」的慣俗。節日期間的這種飲食禮俗易轉化為親和力，從而強化親緣血族關係。主要特點是：

尊老敬祖，重視情誼。各民族熱情好客，大方禮貌，克己讓人的美德在年節之際得以充分體現。年節中互相宴請，互送飲食禮品，並用家宴、村宴、鄉宴的形式維繫著親族、鄰里、朋友之間的友好情誼，從而形成一種親和力。四川地區的藏族在新年第一天，要給活佛、孩子的老師、恩人備上年茶，第二天或過幾天連同新年饃饃、酒禮、哈達等一同送去。新年初二開始互相走訪、請客。請客時，先請村寨中的老人，再請男子，最後請婦女。還形成了節日期間誰家的客人多，就會受到全村人敬重的習俗。因此，左鄰右舍都爭相請客。外地來客尤其受歡迎，無論是熟人還是生人，均會受到主人的熱情款待。回族過年節宰牛羊，把畜肉分為三份：一份饋親友，一份送生活困難的族人，一份自留家用；同時，要將油香、饊子、熟肉送與親朋友鄰，以示喜慶與友誼。其他各民族也都大致如此。初二後主要為互拜、宴請、餽贈食品活動，以增進相互間的感情。涼山彝族在過年時，各家凡有來客，主家必款以酒肉，讓客人盡情食用，且視多食多飲為尊敬主人、感情深厚的表現。對殺不起年豬的人戶，全村人都要予以餽贈，以示援助與溫情。

祈祥瑞、盼豐收。在歲時飲食禮儀中，人們追求翌年的祥瑞、美好和幸福，祈求風調雨順、五穀豐登、六畜興旺，希望免除災難禍祟、遠離妖魔鬼怪。這些期望寄託於祖先和神的力量，以保護家庭和家族。因此，歲時之際均以美食奉神敬祖。彝族過年，要用全豬作犧牲供奉祖先和諸神，以祈求五穀豐登和六畜興旺。殺豬後要觀豬之內臟以推測吉凶與生產的豐歉。羌族在年飯後，各種食品須有剩餘，意為來年有餘。除夕或新年這天，羌、彝、土家、藏和白馬藏人，有備好食餵狗的習俗，意在祝願六畜興旺。

（2）待客飲食禮俗　各民族在日常社會交往中，給飲食活動融注了許多禮節。彝族、藏族、羌族、土家族、苗族、回族等許多民族，家中若有客至都盛情接待，敬茶、敬酒，宴客時克己待客。彝族宴客須「打牲」，打牲前將活牲畜牽至客前讓客人過目，以示尊敬。彝族、普米族逢客至，請入上坐供奉食物，先請客人用餐，主人在旁陪侍或在屋外恭候，待客人食畢，主人一家方用餐。在用餐時講究一定的座位秩序。藏族的一般習慣是：上層人士或客人坐室內右上方，無客人時由家中長老坐，右下方是男子座位，進門左邊是主婦座位，左下方是婦女座位，不能混亂。白馬藏族以火塘為中心，東方是代表神靈與祖先的神龕、神櫃，不能坐人。北方坐男人，南方坐女人，西方坐孩子，客人男女分坐，以靠東方位尊，往西遞降。家人按年齡依次就坐。鹽邊白族極重長幼禮節，吃飯時長輩必坐上方位首，晚輩依次坐於下方或兩側，晚輩要為長輩添飯送湯。羌族開飯由主炊婦女盛飯，先送長輩，然後送丈夫和男性成員，最後是女性成員。

（3）人生飲食禮俗　誕生禮。在以血緣關係為紐帶的諸多民族中，人口增殖是關係到家族興衰，家庭幸福，母親地位的大事。人們對繁衍種族有著強烈的願望。每一個家庭新生兒的誕生，都要熱鬧慶賀一番，由之伴隨不少食俗。羌族婦女生育後，親鄰送雞蛋、麵條，稱「祝米」。主人留客吃飯，飯前喝「玉米蒸蒸」酒。土家族婦女生育後的第三天，即派人去娘家報信，生男抱公雞，生女抱母雞。娘家得信後，將早已備好的一擔稻、兩罐米酒、幾十個紅蛋及嬰兒的諸多用品送往女兒家。男家要先以紅蛋招待來客，繼以酒席以示喜慶。普米族婦女生育後要吃甜酒、雞蛋、排骨、豬肘、雞湯等營養食品，以有足夠的奶水哺育嬰兒。孩子滿月，要殺雞宰羊，請全村的婦女吃飯。產婦娘家送的食品要分送男方的家門和鄰居，以表示親鄰友好之間的密切關係和添丁增口的喜悅。

成年禮。成年是人生的一大標誌，要舉行特別儀式，並伴以食娛食樂。涼山彝族少女的成年禮要舉行換裙儀式，富戶須殺豬宰羊大宴賓客，窮戶也要殺雞泡酒招待親鄰。納西族、普米族的男女舉行成年儀式須小宴一番，祝賀孩子長大成人。

婚禮。少數民族重視婚禮，婚禮都十分隆重熱鬧。酒和食品在婚禮中充當重要角色。羌族的婚禮慣制有「開口酒」「小訂酒」「大訂酒」和「開籠酒」等，以宴席的不同名稱作為婚事進程的標誌。在一些民族中，婚儀中的食品傳遞了重要信息。土家族締結婚姻提親時，男方帶一塊三斤左右的豬肋肉去求親，連去三次，女方收下，表示求親有望。男方去女家取八字訂婚時，要帶酒、肉、糯米粑及其他禮物。女方提出禮單，男方如數送上，其中有一條帶尾巴的豬坐墩，女家若同意翌年女兒出嫁，就全部收下，若不同意，就將豬尾巴退給男方。以食物作為象徵的祝福在少數民族中的婚禮中也屬常見。嘉絨藏族結婚，各戶須贈送塔形燒饃，親戚要贈送一個特大的饃塔，頂上系辮子，脖上戴松耳石、珊瑚、白玉，並繫哈達。饃塔上還要貼一塊與饃塔等大的乾豬膘，祝願夫妻成家後吉祥富裕。土家族嫁女之席，必備「砣砣肉」（又稱「連刀肉」），寓新娘、新郎心連心，同甘共苦，白頭偕老。

葬禮。喪葬是人生命的結束時，親屬對死者進入另一個世界予以的祝福，因此有的民族殯儀勝於婚宴。土家族特別重視人死後的「七七」大祭。這天要宰殺羊、豬、雞，親朋好友趕至參加。孝子請廚師到死者墳前野炊。祭獻畢，喪家與來賓共進午餐。餐時，不得喧嘩嬉鬧，說不吉利之話。餐後，由族中最長者用一把茅草包上火種交給孝子跑回家中引火煮飯，並儘可能使此火永存。[1]

1　魯克才：《中華民族飲食風俗大觀》，世界知識出版社，1992年。

第二節　雲貴桂地區抗戰大後方的平穩發展

民國時期，雲貴桂地區的飲食文化得到恢復和發展，並趨於穩定。特別是在抗日戰爭時期，雲貴桂地區成為大後方，其他地區移民帶來了風格各異的烹飪技法和飲食文化，使這一地區逐漸形成了一系列頗具地方特色和風味的菜餚。餐飲業成熟。

一、雲貴桂地區的食品工業與農業

❶．雲貴地區食品工業的發展

民國以後，雲貴桂地區的社會經濟有了短暫的恢復與發展。抗日戰爭爆發後，一九三八年國民政府遷都重慶。為加強對外交通聯繫，修建了從雲南通往緬甸仰光的滇緬公路，使雲南增加了對外聯繫的通道。同時，內地的一些工商企業與金融機構也在這一時期遷至雲南與貴州，促進了雲貴地區經濟的活躍。一些高校與科研機構也陸續南遷，使雲南落後的文化教育獲得發展契機。在昆明成立的西南聯合大

▸圖10-4　雲南傣族土法製糖（《西雙版納影像》，雲南美術出版社）

學，在大後方「笳吹弦誦」不輟，昆明成為西南地區繁榮的文化教育中心。

這一時期雲南的食品加工業發展較快，如製糖業。民國時期，甘蔗在雲南的景東、雲縣、賓川、永勝、鶴慶等地普遍種植，製糖手工業也得到發展，產品主要為紅糖。在建水、彌勒竹園、開遠、雲縣等地，也生產少量的白糖與冰糖。

製酒業亦較發達。其原因主要是礦工等重體力勞動者消費燒酒的數量增加，也與城鄉居民逐漸接受燒酒有關聯。二十世紀三〇年代以後，民營專業酒坊明顯增多，如蒙自、彌勒的縣城各有酒坊30多家；鶴慶縣有釀酒戶58處，年產白酒12餘噸。

民國初期雲南出現私營榨油作坊，僅瀘西縣便有20餘座；生產主要採用冷榨方法，大量加工茶子油、香果油、核桃油、菜油和芝麻油。製茶業亦有較大發展。茶葉加工具有一定規模的城鎮，除猛海之外，下關的製茶業發展也很快；一九二〇至一九三〇年，有德瑞利、溪記、復義和等十餘家商號在下關建茶廠。二十世紀三〇年代後，又有茂恆、復春和、成昌、洪盛祥、寶元通等商號建廠。所加工的沱茶主要銷往四川，壓緊茶銷至西藏，塊餅茶多運銷滇西北。一九四四年，下關所產的沱茶、餅茶、方磚茶等緊壓茶近200萬斤。紅河縣的羊街、浪堤以及臨滄的雲縣，也開始設廠加工普洱茶。

經營糖果、糕點與蜜餞的作坊與商號，數量也明顯增加，抗戰前昆明有此類作坊與商號40多家；「正興齋」「應香齋」「合香樓」「吉慶祥」等商號還在多地設立分號。蜜餞則從原來的家庭少量製作，發展為作坊批量生產，知名產地有昆明、巍山、鶴慶、建水、彌勒與雲縣。雲縣草皮街李顯揚父子製造成功的「元紅罐頭」，一度銷往昆明、上海與仰光等地，所獲聲譽甚佳。煙絲及醬菜加工等行業發展的速度也很快。

❷．仍以農業發展為重的廣西社會經濟

民國時期的廣西地區，經濟的重心仍為農業。據新桂系省政府調查，廣西耕地面積為2900餘萬畝，水田約占耕地總面積的64%。除極少數種芋頭、蔬菜外，絕大

部分水田為稻田，水稻的品種主要是秈稻、粳稻與糯稻。廣西農業地區的居民多以秈稻為主食。桂東南與桂中多種雙季稻，桂東北和桂西適宜種單季稻。到一九三三年，全區水稻的產量約達61億斤，但廣西稻穀的畝產甚低，每畝約產251斤，較全國平均畝產330斤低約24%。[1]

廣西地區雖盛產稻穀，但並非各地均食稻米。廣西消費稻米較多的地區主要是以桂林為中心的桂東北地區、以柳州為中心的桂中地區，也有吃稻米較少的地區，如桂西右江與紅水河流域所吃大米僅占主食的45%。在桂西南與桂西地區，玉米具有與稻穀同等重要的地位，當地居民還食用紅薯、芋類、木薯、大小麥及蕎麥等雜糧。

蕎麥是廣西各地重要的冬季作物。蕎麥的成長期短，一般多與水稻輪作，秋收後播種，翌年春即收穫。一九三五年廣西種植蕎麥87萬畝，產量達60餘萬擔。桂西東北的臨桂等縣，桂西中部的柳江、忻城、來賓等縣，以及桂西西南的那坡、靖西、天等、大新等縣，均種有較多的蕎麥。

廣西各地普遍種植的經濟作物還有豆類、甘蔗、花生、芝麻、茶葉與菸草等，但產量在全國難居前列。普遍種植的蔬菜質量堪稱上品、外銷製成罐頭者，有檳榔芋、桂林馬蹄、榴江草菇、玉蘭片和香菌等。廣西盛產水果，其中的沙田柚、柳橙、古鳳荔枝、大新龍眼等享名遠近。[2]

二、平穩發展的餐飲業及民間飲食習俗

❶・雲貴城鎮的餐飲業

民國時期雲貴地區城鎮的餐飲業繼續得到發展，出現了較成熟的筵席。雲南大中城市的飲食業，已具有相當大的規模。如昆明知名的飯店酒樓有海棠春、共和

1　黃現璠等：《壯族通史》，廣西民族出版社，1988年，第439頁。

2　黃現璠等：《壯族通史》，廣西民族出版社，1988年，第448頁。

春、大同春、得意春、合香樓、嶺南樓和冠生園等，尤以「海棠春」酒樓最為著名。「合香樓」於西元一八五六年為胡善所創，主要製作滇式糕點。次年，雲南官吏舒興阿奉旨進京，帶去合香樓店主胡善親製的「火腿四兩坨」，深得慈禧賞識，遂親筆題寫「合香樓」紅底黑字匾額。各地城市的飯店酒樓，常見酒席多為「一豬八碗席」，即上桌至少有八大碗，其中四碗為豬肉烹飪的菜餚，其餘四碗為豆腐、蔬菜、花生等葷素搭配的菜餚。高檔酒席有燕窩燒烤席、魚翅全席、海參全席等，還有四冷葷、四海碗、八小碗、四座碗、雙手碟、兩道席點等各種規格。滇味宴席通常分三等，一等宴席包括「四山珍」與「四海味」，烤乳豬及大拼盤各一。「四山珍」為紅燒象鼻、清燉鹿筋、紅燒熊掌與燕窩湯，「四海味」是魚翅、鮑魚、海參和瑤柱。二等宴席也是十個菜，分別有魚翅、海參、魷魚、龍蝦、汽鍋雞、清湯魚、虎皮鴿蛋、火腿玉蘭片、拼盤與八寶飯。三等宴席為海參、魷魚、魚肚、清湯鴿、紅燒魚、宮爆雞、油爆肚、煎乳餅、金鉤玉蘭片與八寶飯等。定購一二等宴席者，多為商賈、官場之人用於應酬。

一九四七年，昆明首家三七汽鍋雞店在福照街開張，店首懸掛「培養正氣」的匾額，推出後廣受各界歡迎。蒙自、建水一帶創製的過橋米線，自民國初年傳入昆明後即廣為流傳，至今雲南人仍以蒙自過橋米線為正宗。宜良縣烹製的燒鴨，必砌土坯燜爐，以松毛（松樹凋落的松針）暗燃烘烤，成品雖僅重半斤，但肉酥味美，骨白似玉，食者連同細骨一併嚼之，僅丟棄燒鴨的四大骨。「小刀燒鴨」為宜良人劉文所創，若烤鴨火候未到他定不揭蓋。一次蔣軍軍官仗勢拔槍，逼其揭蓋取火候未足之鴨，被劉文斷然拒絕。專售燒鴨的大型菜館，多首推昆明的「雙合園」。

民國時期，雲貴各地城鎮大量興起，催發了民間小吃的興盛。擺攤設點及挑擔走動者隨處可見。尋常百姓若思食肉類或油煎食品，則以光顧攤點、挑擔為實惠。攤點有居街簷下而售賣者，如立一單桌，賣滷雞、鹵豬肉、豬肝肚、鹵豆腐、鹵火腿等滷菜；或支一爐附一二桌凳，煎太師餅、眉毛酥、火燒、油餅、炸春捲而售；或置一油鍋，售油煎的包穀粑、新鮮豆米餅、洋芋餅、養粑與糯米麵粑；或以極小的開間設一豆花米線館，售豆花、羊血、熱醬、冷醬等米線或卷粉；若開設羊肉館子，除賣羊肉、羊雜碎、羊蹄筋等外，亦兼售羊肉燒賣、羊肉米線與羊肉麵；或設一米線館，所售食物除過橋米線外，還有以扒雞、扒肉、爨肉、鱔魚、炸醬、腸旺、脆臊等為澆頭的小鍋米線。又有挑擔走動兜售者，如售燒豬肉、叉燒肉、炸風腸、牛肉切片、水晶湯圓、索粉、掛麵、康郎魚、臭豆腐、鹽豆腐、包豆腐、芽豆、稀豆粉、豆腐腦、太平糕、米酥糕、麻花、米花糖、煮荸薺、燜豌豆、栗子和毛豆，乃至丁丁糖、蘭花糖、醃蘿蔔、醃橄欖、沙鈴果、火把果、米飯果、山櫻桃、山檳榔、蓮藕、菱角、楊梅、軟棗等糖果與時鮮果品，品種繁複，難以計數。

❷．雲貴地區民間飲食習俗

雲南城鎮的居民喜食甜點。糕餅店所售甜點多達百餘種，百姓日常能吃到的甜糕類有芙蓉、薩其瑪、泡料雞蛋、重油雞蛋、夾沙雞蛋、重油綠豆、泡料綠豆、桃片、雲片、雪片、玉帶糕、砂仁糕、松子糕、白果糕、米酥糕及水晶糕、白糖軟糕等。酥餅類有核桃酥、杏仁酥、金錢酥、棋子酥、淡鹽酥、蛋黃酥、燕窩酥等。常食糕餅類有洗沙餅、白糖餅、椒鹽餅、麻鹽餅、山楂餅、棗泥餅與梅甘餅等。還有不少雜色糕點，如豬油麻花、炸食、回餅、麻餅、茯苓烘片、蘭花根、烏梅糖、山楂糕、薑糖果及各種餅乾。

雲南人嗜甜的原因是多方面的。首先，雲南盛產各種亞熱帶、熱帶的水果，養蜂、食用蜂蜜也十分常見，這是雲南人形成嗜甜習慣的首要條件。其次，晚清至民國時期，昆明等城市流行極甜的雞蛋糕、月餅、果脯等食品，其風格與形制和廣東等東南地區的並無二致，說明是受到這些地區口味的影響。其三，一些雲南人認為甜味可解鹹或解油膩，因此有餐後必食八寶飯一類甜食的習慣。

雲貴地區的百姓在節慶期間的飲食頗為講究。雲南人過中秋節的主要內容是拜月，賞月反在其次。拜月所用糕餅極為講究，大月餅重二三斤，其巨大冠蓋諸省，有白餅與紅餅兩種，多麥串、蕎包心、麥包心等餡。用「四兩坨」製餡的月餅多至十餘種，有洗沙、白糖、火腿、椒鹽、麻仁、棗泥、梅乾、水晶、山楂、玫瑰、黑芝麻等餡。拜月時必設案於庭前，之後燃點香燭，擺放裹繪嫦娥、蟾兔月宮紙的大元寶一對，陳大月餅於案，旁置蓮藕、西瓜、石榴、梨、板栗、核桃、毛豆等瓜果，又置「朝陽餅」與「四兩坨」於其旁。拜月既畢，又祭供諸神及祖先。拜畢幼者向長者拜賀，講究禮節者還至親友處走拜。晚間賞月之後，昆明人相約至城中五華山萬壽亭，遮蔽雙眼盲摸玉柱，借此運動以助消食，為當地特有的風俗。

雲南人過春節很有特色，曾有詩云：「門換新聯戶換米，還春餌鈌備香廚。華堂草舍春都到，碧綠松毛迎地鋪。」該詩所說乃為清代昆明人過春節的情景，民國時期亦如此。屆時每家必備新米春餌鈌，以翠綠松毛鋪地列坐其上。雲南人除夕守歲喜食餌鈌，官渡一帶農家必燃兩爐栗炭火，一爐烤餌鈌，一爐煮皂角；皂角清香四溢，餌鈌焦黃香甜。大年初一仍炒食餌鈌，將餌鈌切片或絲，配以火腿絲、醃菜、豌豆尖、油辣椒及甜鹹醬油，以旺火豬油炒之，闔家老幼人手一碗，持箸相笑緩緩食之。大年初二始串門，待客走親戚仍少不了帶餌鈌，可見雲南人對餌鈌之鍾愛。另外，每年臘月，雲南人家多釀甜白酒，新年客至，必奉上甜白酒煮雞蛋，以滿碗為敬。

據羅養儒《雲南掌故》：五月五日端陽節，雲南人包角黍而食。又掛菖蒲、艾葉於門楣，並聚飲雄黃酒。與內地不同的是，雲南人除食粽子外，還陳列包子、花捲、雞蛋糕、芙蓉糕、燒餅、雞蛋、鴨蛋、發芽豆、煮蒜諸物於桌，老少圍桌閒談，任意而啖，食畢還追加一碗羊肉麵或爨肉米線。如此食法，如同胃中開了五穀道場，內容不可謂不豐富。但雲南人自有妙法：食前以開水送下一包平胃散，可保過節平安無虞。

雲南諸族擅長釀酒，他們稱以糧食為原料釀成的低度原汁酒為「辣白酒」，這一類酒在各地知名者，有彝族的辣白酒、納西族的窨酒、哈尼族的紫米酒、普米族與納西族的酥理瑪酒、藏族的青稞酒和苗族的米酒等。釀造優質低度的原汁酒，關鍵在於有上好的酒麴。在少數民族中，最早流行口嚼米為酒麴以釀酒，居住在怒江峽谷的傈僳族，流行以龍膽草製酒麴，其法是將龍膽草舂碎捏成團，在甑子中蒸後置竹筐發酵而成。彝族地區供製酒麴的植物，還有黃芩、柴胡、茜草、一把香、蘭

▸圖10-5　雲南納西族釀造的名酒「窨酒」

勾、土瓜、草烏等12種，製作酒麴的方法與傈僳族相同。

雲貴地區的少數民族很早便知以藥物入酒，製成保健或治病的藥酒。著名者如雲南的文山三七酒、哀牢山出產的茯苓酒，滇西北製作的蟲草酒與滇東北的天麻酒等。一些地方的藥酒還講究藥物配伍和口感，如雲南老少皆知的楊林肥酒，以黨參、拐棗、陳皮、桂圓、大棗等十餘味中藥配製，並加入適量的蜂蜜、蔗糖等調味。楊林肥酒產自嵩明縣楊林，有清亮綿甜、健胃潤脾等特點，首創於光緒六年（西元1880年），清末以來享譽西南諸省，一九二二年在巴黎名優酒展覽會獲得銀獎。

雲南男子嗜煙。據《雲南掌故》載，雲南各地多產煙葉，男子十有八九嗜煙，尤以鄉間男子為甚。鄉間百姓待客，無不以煙茶為先。雲南早期的煙葉以產自彌勒十八寨與巍山縣樂秋的品質最佳，其次為永勝縣、丘北、嵩明等處所產。民國時雲南人從美國引入優良品種「大金元」，改良後在各地廣為種植，此後雲南所產優質卷煙，大都以改良大金元為原料，其特點是葉大肥厚，香味醇和。一九二二年，雲南亞細亞公司以改良大金元為原料，生產出為紀念一九一一年「重九」起義而取名的卷煙「大重九」，頗受省內外煙民歡迎。民間則喜吸「刀煙」。方法是以木榨壓煙成捆，再以推鉋加工為細煙絲，製竹筒為煙袋吸之。因竹筒須灌水過濾煙味，又稱

◂圖10-6 雲南的優質煙葉（《雲南民族・經濟卷》，人民出版社）

「水煙」。水煙煙絲的主要產地是通海、江川、玉溪、蒙自與澄江。據說抗戰時滇軍調至北方，每人背一布袋，內裝吸水煙的竹筒，當地百姓不明就裡，乃相遞傳告：滇軍實力了得，每人配發一門小鋼炮！

❸・廣西城鎮特色食品及民間飲食習俗

民國時期，廣西各地城鎮的飲食製作較前代更為發達，尤其擅長製作有地方特點的食品，如米粉。米粉的形狀大致有圓粉、扁粉兩種，但烹煮的方法與調料各地不同。知名者有鮮肉米粉、豬雜米粉、桂林米粉、柳州螺螄米粉、南寧老友米粉、玉林牛乾巴米粉等。米粉價廉易消化，同時可摻入各種海鮮、肉類、蔬菜與調料，既可充分利用各地豐富多樣的物產，又適宜熱天食用，故廣西人樂此不疲。其中最具盛名者為「桂林米粉」，做法是將鹵好的豬肉、牛肉、馬肉等油炸切片，與酥脆的黃豆或花生米以及蔥花、熟油等做澆頭，淋上以多種藥材及香料熬製的滷汁，頓時香氣四溢，令人食慾大開。桂林米粉的內行食法，是將酸豆角、酸菜、辣椒等配料與米粉拌勻，先食米粉，隨後取飲一勺骨頭湯，如此往復食之，據說如此吃法方識米粉的滷汁香濃與湯鮮味美。

「馬肉米粉」與「馬蹄糕」，可稱桂林飲食一絕。馬肉米粉的做法是將馬骨與馬肉熬湯至極濃，以蓋碗茶大小之碗，裝入燙好的少量米粉，上鋪熟馬肉與臘馬肉數片，撒上香菜、澆上熱湯。食法是先吃馬肉米粉，再喝兩口熱湯，咀嚼馬肉之際，又端上了第二碗。因味道甜美，常人食至二三十碗亦屬稀鬆平常。馬肉米粉以「又益軒」製作最佳。該店創辦於一九二三年，所烹米粉以陶製小碗盛之，每碗僅裝二錢，米粉燙熱後鋪上馬肉、馬血腸與板腸，澆上馬骨濃湯，再放香油、芫荽、胡椒與花生，食畢點碗結賬。二十世紀三〇年代，又益軒的馬肉米粉播名遠近，兩廣及東南亞老饕無人不知。俗語：「不食馬肉米粉，枉至桂林一趟。」「馬蹄糕」的做法是將米粉裝入狀如馬蹄的木模，以黃糖粉、馬蹄粉或芝麻粉做餡，以猛火蒸熟。食之有馬蹄的清香，又有馬肉的鮮美。多為攤擔現做現賣，食客多感方便而實惠。

民國時期，廣西各地的漢族過春節喜食米餅。其製作方法如下：炒香糯米舂為細粉，以白紙或布墊底，鋪米粉於上，待米粉回潮拌以白糖和芝麻，再以刻有花紋圖案的木模壓製為小餅，上籠蒸熟，取出置竹搭烤乾。昭平等地還製作以薏米為原料的米餅。

若論廣西地區的肉食，以「郎棒」最具特色。據劉錫蕃《嶺表記蠻》，其做法是以豬肉或豬內臟為原料，剁碎拌入豬血、花生、胡椒、鹽、蔥薑等作料，灌入豬小腸，以繩線繫其兩端，中部亦以繩線束為段。郎棒製成可長期保存，隨食隨煮，亦可以炭火烤食。一些少數民族食肉不慣烹飪，而喜焙烤之法。方法是塗鹽於肉以樹葉裹之，置炭火旁焙烤，肉熟後以手撕食。

廣西各地流行製作灌血腸與釀豆腐。「灌血腸」的製法為，取新鮮豬血灌於豬腸，勿入鹽免其凝結，成品潔白柔韌，食之甘甜爽口。又稱具有當地風味的灌腸為「活血」。方法是在冬月蒸米飯，去米湯後澆以新鮮畜血，或雜切茴香灌於腸中，擠滿使之充實。以每一屈曲為節，束其兩端，再入湯煮之。既熟寸斷而食，或留之逾宿刀切為片，澆沃油於熱釜，焙之使具酥味，頗為香美。「釀豆腐」的做法是：以雜香菜、蔥豉剁肉為餡，以豆腐揉爛如醬，若欲令之滑韌，則破一雞蛋調入，若欲餡鮮甜，亦加海蝦或鹹魚。再置豆腐於手掌作小窠，納餡於其中，裹而摶之使圓，亦澆沃油於熱釜，反覆焙之使兩面焦黃，乃起鍋上桌。食時加湯或他菜煮之，亦有

◂圖10-7　少數民族吹響震山號

不焙焦黃直入沸湯或蒸籠者，更為鮮嫩可口。灌血腸多作於春秋社日及清明節，釀豆腐則四時皆有，多製作以待客。古人說：「春韭秋菘，得此兼味興趣亦復不淺。」

廣西各地喜製糕粽。逢時令節慶，廣西居民所食餅餤、糕粽、粉餌之類，多為本家自製，皆由婦女操辦。粽子大者數斤，小者一二兩，有三角粽、枕頭粽、牛角粽、羊角粽、涼粽、肉粽等諸多品種。端午節之粽有淡、鹹兩味。製作方法是以稻稈燒灰，濾水遍澆糯米，再裹以竹葉，做不等角的四角形或扁長形，大者以黃茅裹束其兩端，狀銳似橄欖。以煮熟後其米融化者為佳，切片蘸蜜而食。「涼粽」為將糯米以鹼水浸泡製成，色淡黃透明，味甜清涼。上思等地有春節必包主粽的習俗。視家庭成員多寡決定主粽的大小，多以五花肉為餡。通常一隻主粽即夠全家食用，寄寓全家團圓美滿之意。

每逢節慶，廣西各地居民聚會休息，同時準備豐盛的酒餚。據民國《思樂縣志》：正月各家須做海味、臘肉、綠豆粽、糖餅、沙糕、年糕、油團、米花、白斬雞等食品，家中必備煙茶、檳榔、糕餅、果品以款客。除夕為一年中大節，各地流行包年粽、做年糕的習俗。殺雞以大閹雞為佳，富裕者宰殺豬羊。除夕夜煮飯必多，餘飯留至次日，寓「年年有餘」，取其吉利之意。凡節日烹飪的菜餚，皆寓含深意，如烹魚望年年有餘，食蒜含穩操勝算，吃蔥願聰明伶俐，摘芹指勤勞持家，製年糕謂年高壽長，食粉絲寓延綿長久，做湯圓盼日子甜美，等等不一。

據民國《來賓縣志》，二月春社日，各村推兩家或四家為首，備辦牲酒及香燭公祭。祭畢主辦者宰肉均分，餘肉就社中烹之，眾人席地團坐，「飲啖乃散」。民國《同正縣志》，清明節則喜食五色飯，以及豬仔粽、牛角粽與駝背粽。是日各村婦女往田間採摘嫩的白頭翁菜，舂糯米為餈粑以食；或至野外池塘撈取螺蚌煮食，稱為「明眼」。民國《融縣志》，一些地方以生萵苣裹蔬肉嚼食，又稱「包生」，有古人寒食的遺意。

民國《龍津縣志》記，四月初八浴佛節，各家做五色糯米飯，並揉金銀花入糯米製餈粑，親友互相饋送。端午節食粽子、角黍，宰殺雞鴨魚，一些地區喜做魚生與米粉。食新節流行品嚐新穀，一些地方改稱「牛魂節」或「農家節」，是日必殺雞煮黍飯，在牛欄及田畔祭祀。事畢以芭蕉葉或蓮葉飼牛，俗稱「酬勞」。中元節亦稱「鬼節」，主要祭祀祖先與鬼。供祖有常供與大供之分，「大供」須供雞鴨、豬肉、餈粑、糯米飯、米粉、水果與酒等，鴨為必供之物。人們認為鴨善鳧水，能接送祖先魄魂渡江過海，據《來賓縣志》記：「各地喜製卷粉與銅盤糕。」中秋節必食團圓飯，團圓飯有雞、鴨、魚、酒及果品，今桂南、桂西南一帶居民喜食魚生。至晚各家供月餅拜月，同時環坐賞月，飲酒品茶至深夜。重陽節流行祭祖，遍食拌以綠豆或烏欖、被稱為「豆飯」的糯米飯。賓陽、陽朔、環江等地喜釀甜酒。凡冬至日流行煮湯圓祭祖，食湯圓以驅寒。

冬至所食湯圓，亦有湯和餡，分甜鹹兩種口味，甜者用糖皆黃砂糖，少用白砂糖。其餡取落花生或芝麻焙之令香，以手和摶製成。鹹者須加鹽，其餡取豆腐焙乾碎雜，切香菜或和肉屑為之。另有形如湯圓的「馬踏滾」，雜以粳糯諸米，餡以芝麻糖製成，入湯煮熟，再以黃豆焙香磨粉，遍撒其外，餽贈客人多用之。

民國時期的廣西農村各地，一日三餐通常食粥。粥多以包穀、木薯、蕎麥磨粉混合煮成，間或搭配紅薯或芋頭；逢年過節乃煮食大米乾飯。中等之家一日之餐，多為兩稀一乾，即早中餐食粥，晚餐為大米乾飯。富裕家庭則稀乾悉便。在大新、扶綏等地，有吃隔夜粥的習俗，即圖省事早上吃隔夜之粥，以免耽誤幹活計。靖西等地的壯族，夏季喜食艾草粥，認為有溫氣血、祛寒濕及增食慾的功效。烹飪方法為洗淨嫩鮮艾葉，與米水同煮。一些地方還喜食肉末粥，認為冬日食之可以驅寒。百色、河池等地居民喜食南瓜飯。做法是：自老南瓜頂部切開，挖棄瓜瓤，將浸泡軟漲的糯米與臘肉條置瓜內，加水拌勻上蓋，置南瓜於灶，以文火烤瓜皮至焦黃，再撥炭燼圍南瓜四周，熟透即食。或將老黃南瓜削皮切片，煮爛搗為瓜泥，撒糯包穀粉拌勻，以文火煮熟，食之味頗清甜。其食法既取材於當地，同時又簡便易行，因此在各地廣為流行。

第三節　西藏地區的生產與食俗

民國時期的西藏，在社會政治制度和經濟制度上，與前代相比並沒有實質上的變化，西藏人民仍然處於等級森嚴的封建農奴制的統治之下。但隨著全中國社會的變革和經濟文化的發展，西藏地區的飲食文化面貌也發生了一些改變。如糧食和菜蔬生產規模進一步擴大，藏餐烹飪和食法的進步，以及西餐和漢餐的引進等，促使西藏地區飲食文化進入新的發展時期。

一、注重鹽糧生產

❶・糧食、果蔬生產的發展

民國時期，西藏社會仍以自給自足的自然經濟為主，以農為主、農牧結合。在農業生產上，耕作仍採用二牛抬槓為主的傳統技術。為避免地力消耗過度，從清代開始，藏民在用地的同時就已經很注意養地，形成較合理的農業生產結構和土地利用結構。一般除較好的土地很少休耕外，一般耕地通常隔一兩年休耕一次。農牧民還通過輪種的方式來保持地力。據英國人貝爾（Charles Bell）的《西藏人民的生活》

記載，二十世紀二〇年代，西藏地區下等土地的輪耕已有固定的管理制度。但是由於農業技術原始落後，加之自然災害不斷，糧食產量仍很低。青稞仍是主要的農作物，也有小麥、豌豆、土豆、蕎麥、油菜、圓根等。家庭副業包括牲畜飼養、紡織、榨油、釀酒和提煉酥油。畜牧業在西藏仍占有重要地位。但仍靠天養畜，按傳統經驗牧放，游牧方式主要有游牧、半定居游牧和定居游牧三種。放牧的牲畜有犛牛、綿羊、山羊和馬。

民國時期，西藏在糧食生產上有所擴大：除大麥外亦種小麥和玉米，稻米只有極少數地方生產。常種的蔬菜有蘿蔔、紅蘿蔔、豌豆等，在有些地區新種了白薯，還有野生蔬菜如蔥頭、龍鬚草、水芹菜等，常食用的菌類有十餘種。此外，乾、鮮果品堪稱豐盛，常見的品種有栗、桃、杏梅、核桃、石榴、蘋果、楊梅和莓子。

西藏種茶業也有所發展。由於內地茶葉供不應求，而印茶價格較貴，且不適合藏民長期以來養成的口味，十三世達賴喇嘛努力發展與內地的關係，派人至內地學習種茶技術在西藏試種茶樹。一九二三年委派孜仲帕東群孜在山南的隆子縣甲玉種植茶樹。經過三年多的實驗終於試種成功，乃取名「強巴甲日」茶，這是西藏歷史上的一次創舉，為西藏種茶業的發展提供了有益的借鑑。[1]

❷ ·「鹽糧交換」

民國時期，西藏的社會經濟十分落後。當時除拉薩、日喀則、昌都等地有較大的市鎮並有專事經商者，擺攤設點賣些零碎東西外，縣以下的地方特別是廣大農牧區，都沒有固定的商業點，大宗的商品交換靠一年一度的「鹽糧交換」進行。直至改革開放前都是如此。「鹽糧交換」在西藏社會經濟生活中占有重要地位。

藏北牧區有不少蘊藏量大的天然鹽湖，每年六月牧草返青後，牧民趕著馱牛或馱羊至鹽湖馱鹽，秋夏季趕馱畜馱上食鹽和部分畜產品，經過一兩個月的晝行夜

1 蘇發祥：《論民國時期西藏地方的社會與經濟》，《中央民族大學學報》，1999年第5期。

◂圖10-8　盛水具——銅水缸（《西藏民俗》，五洲傳播出版社）

宿，於九月或十月到達農區，此時農作物大都收割完畢，農民便以糧食換取牧民帶來的食鹽和畜產品，這種交換便是歷史上著名的「鹽糧交換」。交換方式多為以物易物，富裕農民多是一次換足一年人畜所需的食鹽，牧民則換回一年所需的糧食。據統計，牧區每年參加鹽糧交換出動的勞動力有一萬多人，馱畜十多萬頭，馱往農區的食鹽以及換回的糧食，各約有1000萬斤。[1]鹽糧交換屬於不等價交換，但是這種不等價交換是在自願的、協商的基礎上進行的。從全區情況看，一般要持續一兩個月，然後再等來年進行新的交換。

「鹽糧交換」使西藏南北農牧區建立了遠距離的商品供求關係。首先，這一方法解決了農區食鹽的來源問題。農區的各種茶中都要加鹽，牲畜也需喂少量鹽巴以有利於消化和長膘，用鹽量大。據調查，一個五口之家一年人畜需要食鹽120至160斤。鹽糧交換，使農區得到必須的食鹽和部分畜產品。其次是增加了牧民的收入，並解決了糧食來源的問題。西藏的純牧區氣候高寒，不能種植糧食，特別是藏北牧區春夏之間的糧食來源，向來是個突出問題，鹽糧交換是牧民獲得口糧的主要渠道。三是鹽糧交換在一定程度上活躍了農牧區的經濟。通過鹽糧交換，牧民不僅換回糧食，還從農區換回一些牧業生產和生活用品，如帳篷桿、酥油桶、馱鞍、鐵

1　安新國：《西藏的鹽糧交換》，《西藏研究》，1992年第3期。

鍬、筐子、酥油茶桶、木碗、辣椒、氆氌、藏毯、衣物等，解決了農牧民生活的一些實際困難，有益於農牧業生產的發展。四是邊境地區的鹽糧交換，加強了與鄰國的友好往來和聯繫。同時，與西藏毗鄰的尼泊爾、錫金等地和當地的拉達克人，長期消費西藏的食鹽。因此，鹽糧交換，使對方得到食鹽、活畜和畜產品，也使西藏人民得到一些短缺商品，如染料、棉織品、辣椒、木碗、竹器、藥材、水果與糧食等商品。[1]

❸．飲食器具的發展

民主改革以前，拉薩一般家庭的炊具很少有鋁、鐵、鋼和銀製品，多用陶罐、陶壺和陶火爐用以燒茶、熬「圖巴」（粥、麵條之類）。水瓢一般為銅質。盛水用陶水缸。盛酥油茶的壺，有陶壺、銅壺、鋁壺、銀壺和金壺。金壺唯有達賴、班禪和貴族才擁有。食具主要是木製的碗和羊皮糌粑袋，均用於揉糌粑。

藏族酒具有壺、杯和碗。仁玉縣生產的綠玉酒壺、酒杯和酒碗，晶瑩剔透，最受藏族人喜愛。江西景德鎮生產的小龍碗，上繪「吉祥八寶圖」圖案或「六字真言」，也是藏族珍愛的酒具。貴族、土司家的酒具十分講究，多為金銀鑲嵌綠松石、珊瑚珠，工藝精湛。

隨著社會經濟的進步，這一時期的藏陶得以發展。藏陶多為泥質陶，掛釉陶有紫紅、棕紅、深綠三種。器物造型別緻，多為大腹、短頸、敞口、高足，形體敦厚飽滿，紋樣多為迴紋、繩紋、波紋、月牙紋、蓮瓣紋及龍紋淺浮雕，並在器物的角、把、嘴、蓋上進行刻、劃、貼塑、嵌瓷等裝飾，極富民族特色。常見的西藏陶器，有各種風格的酥油茶壺和青稞酒壺，背水、煮食和貯水的罐，此外還有火爐、釀酒罈及煨香爐、酥油燈、獸形香插等器物。西藏各地有陶器專賣點，拉薩沖賽康的東北角是專門交易陶器的場地。西藏地方政府還在墨竹工卡縣設立製陶作坊，但由於製陶者的社會地位低下，製陶作坊不甚景氣。

1　安新國：《西藏的鹽糧交換》，《西藏研究》，1992年第3期。

二、飲食等級差別顯著與藏地食俗

民國時期的西藏仍處於封建農奴制社會階段，等級制度森嚴，平民、農奴、貴族的生活差異極大，表現出十分鮮明的飲食層次性。其中以上層貴族階層的飲食文化最為豐富。

❶·平民的飲食習俗

牧區的牧民多數以肉類為主，日常生活習慣早上吃「粑角」，即在碗裡放上糌粑、酥油、奶渣沖上茶水，用舌頭舔食；中午吃「粑」和肉，粑，即是將糌粑、酥油、奶渣加入茶水，拌勻即可食；晚上吃「圖巴」，即用麵粉或糌粑做成粥加入奶渣等。夏天是牧區奶製品最多的季節，主要以酸奶為主，糌粑相對吃得少些。入秋後牛羊肥壯，藏歷十月為冬宰時季，此後常吃肉，直至次年春天。肉一般大塊煮食，稱「手抓肉」，也有生吃凍牛肉的飲食習俗。一般肉有生食、風乾食等方法。生食者用藏刀切割新鮮的生肉，並用刀尖挑進嘴裡。而風乾肉是青藏高原特殊的儲存方式，有整隻保存的，也有切成肉條掛在風雪裡吹乾保存的。可讓肉經年不壞，具有獨特的高原風味。

農區藏民一般每日兩餐或三餐，他們習慣把青稞或豌豆磨成粉，做成主食糌粑，稱青稞糌粑為「乃糌」、豌豆糌粑為「珍糌」，也有小麥糌粑「珠糌」。製作方法是：將青稞或豌豆過水澄淨晾乾，上鍋炒開花過篩，然後磨成粉即成（農區尚細，牧區尚粗，城裡富裕人家必除麩皮）。食用時先在木碗或瓷碗裡注入適量酥油茶或清茶（酥油可加可不加），富裕人家再加些奶渣粉和砂糖；然後將適量糌粑倒入碗內，左手執碗，右手在碗裡左右前後上下翻攪，以能攥成團方便取食為度，或用小皮袋揉捏出小塊而食。

同時，藏民也吃湯食或其他食物。湯是西藏的佳餚。有的是以麵條切成薄方形與碎肉同煮，名「西藏湯」。還有一種名「麵粉湯」，是以肉塊製成，煮時復加小塊麵粉，使其形如餃子。富人另有佳餚，有一種以米製成的食物，製作時要注入牛油及乾酪汁，並和以葡萄及糖。拉薩人愛食糕餅及餅乾，並以內地糖果為上品，尤其是在宴會上多備。

❷．農奴的飲食習俗

「差巴」和「堆窮」是西藏農奴階級的主要組成部分。作為社會的最底層，人身依附於農奴主，他們沒有土地，沒有牲畜，缺乏生存的基本條件，吃不飽、穿不暖是他們的日常飲食狀態。「差巴」頓頓都是白水、清茶拌糌粑，只有在大寺廟支差時，才能喝僧人剩下倒在桶裡的涼酥油茶，一個月能吃上一次肉。莊園農奴「堆窮」的飲食每天也都是白水拌糌粑，或在糌粑裡放入一些豌豆，很少吃肉、喝酥油茶。

作為家奴的「朗生」，沒有絲毫人身權利和生產資料，每天吃「圖巴朗松」，即由水、糌粑、鹽熬成的稀粥，粥中既無肉油，也無青菜。此外每月最多吃一次麵食。在自家做飯很少吃到麵，而米飯和肉只有在每年的藏歷新年才能吃到。飲料以茶和酒為主，分配方法是給女「朗生」每天供應兩壺清茶，有時是用清油打的茶；給男「朗生」每天上午供應一壺清油茶，下午供一壺劣質酒。酥油茶每月最多能供一次。

❸．農奴主的飲食習俗

民國時期的西藏主要由地方封建政府、貴族、寺院即俗稱「三大領主」統治。他們被法定為西藏社會的高等階級。占有西藏全部的土地、山林，以及各種生產資料。所以其飲食生活極其奢侈，講究排場。

（1）地方政府官員的飲食生活　民國時期，布達拉宮及西藏「噶廈」（政府行政機構）一般都由僧侶和貴族任命，他們的宴客菜譜，反映著流傳於舊時貴族世家中的飲食習俗。貴族社交經常宴請，且比排場。貴族舉辦「林卡」的主要內容是宴請賓客，維繫感情，顯示其財富與氣度。每年全體「仲戈」（俗官）都有一次例行的林卡聚會，稱為「仲吉」，意為「俗官們的舒服節日」。同樣，全體僧官也在「孜仲林卡」（僧官園林）舉行同樣性質的活動，地方政府要進行大型的林卡野宴，稱為「噶廈托珠」，四位「噶倫」（噶廈主管官）輪流做東，比花錢，也比酒宴的氣勢。管理宗教事務的機構「譯倉」（秘書處）也有小型飲宴活動，稱為「譯倉珠吉」，四位「仲譯青波」（秘書長）輪流擔任主持人。所有的貴族世家都在各自的園林中大宴賓客。

宴請當天，「強佐」（管家）和「涅巴」（管理員）把需要的食物準備好。豐盛可口的菜餚是貴族家庭讚美和追求的宴席食品。豐盛的宴客菜餚有一定的規格，講究「嘎西抵西」（4碗4碟）、「嘎初碟西」（6碗4碟）、「嘎珠抵珠」（6碗6碟），最為隆重的是「嘎傑碟初」（8碗6碟）。碗裝湯菜，碟裝炒菜，一人一席分餐制，視貴族的等級和宴請對象的不同而設置。「嘎初碟西」是六個固定大小的瓷碗用來盛放熱菜；四個固定大小的碟子用來盛放涼菜。規格最高的「嘎傑碟初」即八個瓷碗和六個碟子，也分別是熱菜與涼菜。食譜除海鮮、炸羊腸、血腸外，生牛肉也是常見的上等菜。羊腸必選用白色的，洗淨後灌入由「夏廓唐傑」「者布」、辣椒等作料混合的麵粉糊糊，煮熟後切片油炸。此外，由駐藏大臣引入，被藏族稱為「漢食十八道」的「滿漢全席」，也是上層貴族宴客的常用菜品。

官員們設宴是互訪聚會的主要內容，宴請有時是連請午餐和晚餐。所以，兩餐間的遊戲和飲品便成為當天消磨時間的重要需求。西藏貴族家庭較注重飲品，與其他的藏族人一樣喜好飲用酥油茶。此外，還備有甜茶。甜茶是由紅茶、牛奶、白糖加水製成的飲品，據說是從英國傳來的。青稞酒也是必不可少的飲料，在宴請時飲用會使人興奮、活躍氣氛。還會有一些不知名的外國紅酒，通常僅是點綴。客套在吃飯過程中表現得極其明顯，因此貴族社會中流傳這麼一句話：「做客的那一天是最餓的一天，穿新服的那一天是最冷的一天。」主人供應的食物雖然豐富多彩，但由於是應酬性禮節，客人們絕不會大吃大喝。

（2）貴族的飲食生活　貴族家庭吃飯是有講究的。老爺們的桌子是主桌，夫人們的桌子其次，少爺、小姐的桌子類推，兒童一般在另一間房子。無論是男人還是女人，老人還是青年，只要其身分為貴族，在他們吃飯時便有專人伺候。當老爺、太太、少爺、小姐等入座後，僕人們一一給他們端上主食。除饅頭、包子、餅子等不帶湯的麵食外，主食都被盛在各自的瓷碗裡。用來盛飯的瓷碗稱為「族噶」（立碗），大的被稱為「頗噶」（男杯），小的被稱為「莫噶」（女杯）。當主子吃飯時，旁邊會有一些僕人站立準備隨時服務。

貴族家庭幾乎都有廚師，尤其是那些高等級的家庭更是如此，而擁有具備留學經歷的家庭廚師是貴族身分和地位的體現。由於大部分西藏本土廚師不會烹飪奢侈食品，一些大貴族就將私人廚師派往尼泊爾或印度學習，他們同時還要學做西餐。雖然並不是所有的貴族家庭都能向貴族擦絨一樣擁有廚藝高的廚師，但這並不影響設宴的飲食，因為貴族家庭相互間可以借用廚師。西藏人愛吃生牛肉，除生肉醬「夏卜欽」外，另有一種將鮮牛肉冰凍後切成薄片蘸芥末的吃法。貴族的家庭廚師有一套製作「芥末」的辦法：將藏式土蘿蔔皮切碎，用紗布包著擰汁，這種汁味辛辣，類似芥末。

（3）寺院上層僧侶的飲食生活　寺院上層僧侶的飲食生活以宗教首領達賴最為典型，其飲食最為講究，可謂求精求細。嘎瑪曲央在《達賴喇嘛的膳食機構》一文中說：過去布達拉宮有十八個僧俗人員專門負責達賴的日常飲食。糌粑必須是上等青稞做的，由正副細馬（糌事官）押運到一個叫「夏欽角」的炒房中炒熟並脫皮（普通人吃的糌粑不脫皮），然後送往位於拉薩北郊娘熱鄉的「甲瑪曲固」磨製。這種糌粑又白又細，炒製的火候把控得最好，不僅溢出青稞粉那種暖烘烘的香味，口感也最佳。為供應做酸奶米飯的酸奶，和各種儀式上使用的酸奶，正副佐莫爾（侍奶官）在布達拉宮下的雪村大院裡養了三十頭奶牛。正副細卓巴（侍肉官）負責去河壩林和哲蚌寺下面的唐巴兩處屠宰場，取專為達賴喇嘛準備的上等牛羊肉。正副喬蘇巴（侍水官）負責達賴喇嘛的日常用水，這些水取自拉薩藥王山下的聖泉水。此外還有專門負責茶點、麵食、材料管理的官員。

❹．年節食俗

每逢年節，藏族人民的飲食最為豐富。當然，這些食品只有貴族階層和較富裕的平民家庭才有條件享用，而貧苦百姓的節日飲食只是比平時稍微豐富一點。

正月一日藏歷年，各家要做一種用麥穗、炒麥花、糌粑、酥油等做成的「卓索切瑪」，這是一種表示吉祥的供品。還有用人參果與大米做成的甜味蕨麻飯；用青稞啤酒、紅糖、奶渣、酥油熬成的湯食；味覺酸甜苦香的「衮登」；將人參果放在酥油溶液中加糖拌成的酥油蕨麻；用麥片煮肉末的粥「卓突」；用雞蛋、酥油、牛奶和麵，中間夾蜜糖，做成彩色相間的油炸食品「普魯」；還有肉包子、酥油茶、酒以及各種水果。

農曆三月十五日，藏民認為是布穀鳥從喜馬拉雅山南邊的門達旺返回西藏的日子，這天各家很早起床，帶上香草香樹、茶酒點心，到附近的樹林去迎接布穀鳥，祈求賜給財富和好運。是日絕不能懶睡，懶睡則意味著將終年臥病不起。在所有歡迎布穀鳥的儀式中，最為隆重的首推在山南澤當附近恰薩林卡舉行的儀式。主持儀式的是西藏地方政府派來的「僧官」或「俗官」，位居四品或五品。是日林卡里鋪上紅色氈毯，氈毯上擺著藏桌，桌上供滿酸奶、「卡色」（油炸餜）、「卓瑪折斯」（人參果米飯）、「朝蘇切瑪」（裝滿糌粑、麥粒並插有彩色青稞穗的吉祥斗），還有兩盞黃銅的酥油燈，這是專門供奉布穀鳥的燈。當布穀鳥抵達林卡的時候，林卡處處燃起吉祥松煙，僧俗官員和百姓要向它們跪拜，請它們品嚐青稞酒、酥油茶和各種供品，求它們保佑雨水充沛、莊稼豐收。

最浪漫、最悠閒的飲酒日子則要數夏季五月間的「逛林卡」。藏族群眾有逛林卡的習慣，不僅流行於拉薩，而且流行於日喀則和昌都等地。夏天的節假日，拉薩風和日麗，樹茂草盛百花初放。人們扶老攜幼，或情侶友朋三五成群，在挺拔的鑽天楊下，婆娑的古樹邊，綠草如茵的大地上或潺潺溪流旁，搭起一頂頂白色帳篷，一邊喝著新釀的青稞酒和酥油茶，一邊彈著六絃琴或拉著胡琴，或引吭放歌，或下棋、甩骰子，怡然自得，至夕陽西斜才心滿意足地回家。在藏東等地，原始森林茂密，草坪與樹林堪稱天然公園。城鄉居民在夏天或步行或趕馬車，行程一二日，帶上帳篷食品，來到天然公園野營，數日乃返。溫泉旁，更是郊遊勝地，常引得人們流連忘返。這就是富有藏族特色的逛林卡。有人稱為「郊宴」，或稱為「林卡節」。

藏歷七月的「雪頓節」期間，噶廈政府各機關放假五天，拉薩所有的大貴族、大活佛、地方政府的僧俗官員，都要早早來到羅布林卡，陪同達賴喇嘛看戲，出席地方政府舉行的酸奶宴會。大家身穿節日盛裝，佩戴名貴首飾，攜帶酸奶和各種吃喝物品，待看戲結束時食用。演出結束，相關官員代表達賴喇嘛給演員贈物，照例是成袋的青稞、糌粑，以及酥油、茶葉等。雪頓節期間，每日中午噶廈政府專設酸奶佳宴，宴請僧俗官吏同樂。酸奶的吃法五花八門，有甜辣口味食品、酸奶拌飯、炸酸奶包子、酸奶浸入水果切片等。

❺．蔬菜的種植、銷售與儲存

最講究食蔬菜者為西藏的上層人士，最早種植蔬菜的地區在首府拉薩。據學者調查，除老人認為文成公主入藏時就帶來蔬菜種子外，最早把蔬菜引進拉薩及日喀則、亞東、定日等地的，是駐藏大臣及駐邊清軍的家屬；凡是有軍隊駐紮的地方，大都有人種菜。據說英國人在江孜設立商務代辦處時，也專門僱人種菜。西藏和平解放前，栽種的蔬菜大多供少數人享用，種植面積也很小，品種比較單調，只有在拉薩才有較多的專以種植、銷售蔬菜為生的菜農。

民主改革前，拉薩大多數菜農所種蔬菜品種單一，只有蘿蔔、白菜、土豆等幾個產量較高、較易成活的家常菜種。但少數菜農及一些貴族家庭的蔬菜園裡，蔬菜品種卻多種多樣：有花菜、萵苣、韭菜、芹菜、大蒜、苤藍、菠菜等，種類與內地相差無幾。這些蔬菜品種與內地雖相差不大，但產量和質量遠遠不能與現今相比，種植技術也非常落後。菜農大都在冬天播下種子，蓋上土和一些樹葉，春天澆一次水，不久就會長出嫩苗，如菠菜、韭菜、小蘿蔔等。

菜農種的菜大都供出售，但買賣方式各有不同。富有家庭多自己開鋪子，自產自銷，偶爾也幫人代銷；有的菜店除賣蔬菜外，還兼賣餅子、蘋果、酥油和大米等；一些菜農由於土地少，就替其他菜農代賣蔬菜，逐漸演變為專以賣菜為生的「菜販子」。大多數菜農把蔬菜送到菜店，請其代銷，有時也在附近的街頭巷尾叫賣。買賣蔬菜不用秤，人們以籮筐、堆為計量單位，藏地的一克（7斤）酥油，值藏幣三角伍，而一筐菜，僅需藏幣一角即可買到。八廓街「夏宗康」（賣肉鋪）外面的「夏宗俄」，是當時最大、最集中的蔬菜買賣市場，不但拉薩全城的居民，就連外地的一些貴族也都來這裡買菜。大貴族一般是不去的，因為他們有自己的菜園，貴族菜園的菜再多也不會出售。下層老百姓買菜較少，他們只吃土豆和蘿蔔，通常不敢問津稀少珍貴的蔬菜。

菜農儲藏蔬菜有兩種方法，一是挖菜窖，二是做醃菜。一般在菜地或靠近牛角牆（用犛牛角壘成的牆）邊挖一個方形坑，用於冬季儲藏蔬菜。菜窖大約有半人高，1.5-2米長。不同的菜有不同的儲藏方法，如蘿蔔是切去葉子、根須，整齊碼放，一層蘿蔔一層土；蔥、芹菜、大白菜雖然也要蓋土，但必須露出一半的葉子。製作醃菜的一般是漢族、回族及其後裔，本地藏族較少仿照。藏族稱醃菜為「酸醃菜」，此詞是直接從漢語中借用的，反映出醃菜最早從內地傳入。製作方法與四川醃菜相似，先將青菜洗淨並曬幾天，然後放進罈子，再拌上鹽、花椒、辣椒。拉薩的醃菜罈子很獨特，不像內地的菜罈子，而是菜農自己或專請木匠做的，形狀類似「木桶」：將一些小木塊用油脂和其他一些原料相拚、黏合而成。這種罈子很大，最大的約有一人高，藏族叫「宋」，即「桶」。到冬天一些菜農便專營此項買賣，特別是藏歷年，藏族幾乎家家戶戶都要買些醃菜作為菜品。[1]

❻．茶飲品種豐富與自釀青稞酒

藏民愛茶至嗜。茶葉深受藏族人民喜好，茶葉自傳入西藏就深受藏族人民喜好，這與雪域高原的生態環境和飲食成分密切相關。由於西藏空氣乾燥，口易乾渴需大量飲茶。藏區又以肉類和青稞為主食，缺少蔬菜和水果，藏地民眾用以均衡食物性能的主要方式就是大量飲茶。茶滋養豐富，腥肉之食非飲茶難消；青稞之熱非飲茶不解。因此藏胞對茶至愛至嗜，他們說茶是「生命之源泉，天神所賜的甘露」，就像空氣、陽光、糧食一樣，終生不能相離。不分男女、老幼、僧俗或貴賤，無人

1　李濤：《說說拉薩舊日的菜園子》，《中國西藏》，1993年（秋季號40）。

不飲茶也無時不飲茶。他們一大早起床就開始喝茶，直到晚上歇息。在戶外勞作或遊玩一定攜帶茶壺，旅行中也隨身攜帶茶碗。

藏族飲用的茶多為大茶和磚茶。磚茶（一種加工後的茶，形狀似磚塊，故名）為長方體，重量不等，有的達兩公斤左右，其最大特點是宜長途運輸，便於攜帶。驗其優劣時，看其表面的粗細和薄厚堅硬程度，細而硬則為優質；其次看中間金色蕾花之多寡為定。

茶之烹法與漢人以開水泡茶不同，基本上是「煮茶」。煮茶時先在壺中加入冷水，投入適量茶葉燒開，然後用小火持溫。大部分藏人喝茶時要加入適量的鹽，稱為「清茶」，是最普通的一種。另外，還有幾種具藏民特點的茶飲。其中「酥油茶」最具代表性。據民國二十年（西元1931年）出版的《西藏風俗志》：「其製茶方法是把磚茶煎汁，放在徑六寸、高三尺許的筒狀器中，加適度食鹽和牛酪（奶油），有時再加少量牛乳，極力攪動以後，使三味混合再傾入茶壺，濃淡隨所欲。為保存適當溫度，先將茶壺移置於火盆之上，而後注入茶。」酥油茶中的油和水原本很難結合，但藏族人民創造性地用反覆攪製的方法令二者水乳交融，從而使青藏高原有了最佳飲品——酥油茶。若是在煮茶時加入草果、薑片、花椒等一起熬煮，可以治感冒，味道鮮美可口；有的將一種帶有藥味、形似柳葉細嫩的草葉炒成黃色，加入茶汁中久煮，俗稱「藎芥茶」，有治傷風頭痛的功效；還有的在茶汁中加入紅糖，對產婦有很好的保健作用。

二十世紀三〇至四〇年代，拉薩又興起飲一種由印度傳來的「甜茶」，原料是來自印度或雲南的紅茶，加鮮奶和糖煮成，味道甜爽滑膩。藏民認為茶味最美是加牛油，有如歐洲人喜愛將凝結的牛乳皮加入茶內。他們認為茶之香味在於用鹽，而不似歐人用糖。因各地產牛眾多，牛油為主要產物之一，故消耗的數量很大。

民國時期的西藏地區茶很少，且價格高，以上幾種茶飲主要是貴族階層享用的，多數人家只得上山挖「瓦梅朵」的根熬煮以代茶喝。一般人能喝清茶就不錯了，酥油茶更為上品，大部分人喝不上它。因此，喝茶受到數量限制，大人才能喝茶，小孩一般喝牛奶或白水。

藏民愛酒成風。青稞酒是藏族人民過節必備的飲料。酒為青稞製成。「青稞酒」多指未提煉的頭道酒，藏族稱之為「羌」。藏族群眾還用青稞釀造白酒，即「阿熱」。「羌」的製法較為簡單，先將青稞洗淨煮熟，撈出攤在潔淨的麻皮上，使其自然降溫，再加入酒麴攪拌，收入陶罐或木桶密封發酵，即為醪糟。兩三天后加入清水，再隔一兩天便成為可飲用的「羌」酒。這種酒度數低，分頭道、二道和三道。頭道約15-20度，三道不過5度左右。此酒色黃綠清淡，酒香甘酸，不易醉人。頭酒醇香，濃郁芳烈，二三道酒次之，四道酒味淡而度低。有人把頭酒裝進瓦罐或酒罈，放入冰糖嚴加密封，藏入地窖或埋在地下，數月或數年後取飲，醇香味美有如冰凍蜜酒。

「青稞白酒」釀造略微複雜，要將醪糟置於大陶罐，加少量水。罐中周遭斜插木棍兒作為支架，架上放青銅鍋，鍋身直徑略小於大陶罐，鍋沿與罐口齊平。鍋上架一鈍錘形鐺子，口徑又略大於陶罐，加入水。在罐沿與鐺間用草木灰泥封嚴。大陶罐下加溫火煮製，同時要不斷將鐺中升溫的熱水換掉，以保持其冷卻作用。大約煮七八個小時後開封取出青銅鍋，鍋中因蒸餾而產生的液體即為青稞白酒。青稞白酒度數可高達60-65度，酒香濃烈，味道純正，略帶青苗味。煮青稞酒是個細活，大都由婦女操作。

貧苦人家雖喜飲酒，但因缺糧，釀酒者寥寥，只是秋收或過藏歷年時象徵性地釀上五六升青稞酒，真正喝得起酒的人家不多。

❼．中西式餐飲結合的西藏飲食

這一時期，貴族階層飲食結構的西式、漢式合璧，揭示出漢藏飲食文化的關係。在西藏有一種說法：「漢食18種，藏食16種。」這種用數字歸類漢餐、藏餐說明一種飲食現象，也說明其飲食結構以及漢藏飲食文化的關係。民國《西藏志》中記述了當時的烹飪與食法有藏式和漢式兩種：藏式菜中的肉較多，製作時，先把犛牛和羊肉的肉塊（羊肉連骨），加鹽煮幹成為熟肉，等冷後用小刀切成小片，加入麥粉飯，然後用傳統食法用手抓著吃。就餐時，可隨時添入別樣的肉菜，除湯匙外不用筷子。藏式烹飪中的野菜和肉用菜籽油煎，然後注入適當的熱水，加鹽或醬油後再烹煮。藏式菜中的新鮮蔬菜較少，也沒有海鮮類菜，只有貴族家庭在用漢餐待客時才把一些蔬菜擺在桌面，諸如西紅柿、青辣椒、白菜、芹菜和蔥。純正的藏餐是西藏本土的菜種。牛羊肉是藏餐的主要內容，如烤羊肉、烤羊頭、灌羊腸、灌羊肺、蘿蔔燉羊肉塊、煮牛肉、煎牛肉、咖喱土豆牛肉、牛肉包子、清蒸牛舌、乾牛肉等，為了點綴桌面，還會增加一些蔬菜。即使這樣，也會在蔬菜中放許多牛肉。

此時上流社會的飲食風氣特點，是每天總要吃一次漢式菜，由此引發了使用餐具的變遷。漢式烹調一定要用漢式料理，但在舉行傳統宗教儀式時，就需使用西藏料理。有一段時間漢式料理盛行，吃米飯的風尚大起，所售米的價格竟為平常的兩倍。漢式菜中有許多水產類菜，如魚、蝦、乾海參等。食漢餐必須使用筷子，所以以前用手抓吃的習慣漸被放棄。人們常把筷子置於木鞘，鞘外有繪畫雕刻，或覆以蛙皮。又有小刀用以切肉；炊具也使用漢式鐵爐，將有中柱的漢式鐵爐加炭燒熱，用以保持肉菜的溫度。酒，也是漢式菜中必須的飲料。除本地自釀的麥酒和燒酒外，當時輸入的洋酒也日見其多，有白蘭地、威士忌、巴德溫（葡萄酒）、力可亞等。還有煙絲、鼻煙和紙煙，煙絲製作是先由印度輸入煙葉，再混合本地的藥草，用長煙管吸食；鼻煙是用煙粉混合藥草和香料，把少許煙粉放在指頭上再吸入鼻孔，優等品由內地輸入。至於說到藏式的漢餐，實際上是在川菜的基礎上藏化的品種了。綜述其上，可見西藏的飲食在烹飪與食法方面，民國時期已較之前豐富且有改進。

第十一章　中華人民共和國初期

第一節　四川地區的建國新貌

一九四九年，中華人民共和國宣告成立。此後幾年四川地區的糧食產量和水利建設都有可喜的發展。一九五三年開始，為解決食品供應困難，實行憑票供應的政策。但在二十世紀六〇年代前後，由於自然災害與「大躍進」，中國經濟進入了困難時期。直到改革開放後，經濟才開始迅速發展。

一、翻天覆地的社會變革

❶．水利建設促進農業大發展

新中國成立初期的五〇年代前半期，四川開展小型農田水利建設，恢復荒廢的塘堰，對年久失修的都江堰進行整修和擴建。一九五七年冬，在四川形成全民辦水利的局面，為水利建設打下了重要基礎。一九六三年，四川提出「以機電提灌為主，提蓄結合，綜合利用」的水利建設方針，對發展地方電力事業和農田水利灌溉起到積極作用。一九六七年以後，水利建設的重點又轉向蓄水工程，興修了一批中型工程，使四川的水利建設邁出新步伐，促進了農業的發展。

同時，這一時期在土地利用、肥料及防治病蟲害方面採取了一系列措施，為農業發展提供了有力支持。尤其是二十世紀五〇年代前期實行土地改革，四川的農業獲得迅速發展。一九四九至一九五八年，四川糧食總產量從一九四九年的1494.5萬噸增加到2245.5萬噸，平均每年遞增4.6%，農業總產值從36.2億元增加到64.21億元，按可比價格計算，增長79.4%，平均每年遞增6.7%。

自一九四九年後，四川在保證糧食總產量穩定增長方面取得明顯效果。水稻、小麥、玉米、薯類的產量，占全省糧食總產量90%以上。四川主要經濟作物油菜籽、花生、甘蔗、茶葉、水果等的生產，在全國占有重要地位。

但是，四川的畜牧業和漁業相對落後。一九四九年全省畜牧業產值不到5億元，占農業總產值的13%。一九五二年後逐步加強水產建設，一九五七年全省水產品產量達1.6萬噸。二十世紀五〇年代後期及六〇年代，小型水利工程增多，水庫、塘堰可養殖水域擴大，又興建了一批國營的水產場站，漁業生產有所發展。一九六五年水產品產量達2.2萬噸。

❷·政策失誤導致糧食緊缺、生活困難

一九五七年開始農業合作化運動，對農業的指導方針出現失誤。先是「一刀切」「一鍋煮」，在一年之內實現高級農業合作化，以後發動「大躍進」和「人民公社」化運動，大刮「三高」（高指標、高徵購、高積累）、「五風」（官僚主義、強迫命令、瞎指揮、浮誇風、共產風），嚴重挫傷了農民的生產積極性；加上三年嚴重自然災害的影響，農業生產大幅下降，農民生活陷入饑荒。一九五八年至一九六一年，全省農業總產值由64.21億元減至42.39億元，下降34%；糧食總產量由2245.5萬噸減至1155萬噸，下降48.6%。

「大躍進」運動讓幾億中國人過上集體公社的生活，大家一起幹活，一起吃飯，「大鍋飯」成為時代特色。一九五九年至一九六一年的全國大饑荒，再次讓四川人在「吃」上飽受煎熬，在糧食緊缺的年月，四川城市居民每人每月定量供應糧食9.5-11.5公斤，農村大多數地方人均每天的口糧只有約0.25公斤，生活極其困難。

「文化大革命」（1966-1976年）給四川農業經濟造成嚴重破壞。農業生產徘徊不前，10年間四川糧食總產量僅增長15%，平均每年僅增長1.4%，農業總產值97.43億元，按可比價格計算，10年僅增長3%，平均每年僅增長0.3%。由於人口增長失控，19年淨增2000萬人，一九七六年全省農民人均口糧下降為246公斤，比一九六六年減少19公斤，低於一九四九年的水平。

「大躍進」及自然災害使經濟嚴重失調，物質生活極為匱乏，糧食短缺，蔬菜、副食品等價格昂貴，為解決供應困難，實行了憑票供應的政策。對城市人口的食糧採取「計劃供應」「定量供給」，分發糧票，憑票買糧。以至百姓有言：「科級

幹部八級工，不如十斤蘿蔔一捆蔥。」《四川省志・民俗志》載當時的民謠：「煙票酒票茶葉票，豆瓣豆粉也要票。切麵兩斤糖二兩，火柴三盒慢慢燒。肥皂一月買半塊，豬肉粉條各一票。三兩黃花一張票，一兩木耳五張票。豆腐乳，一張票，點心糖果也要票。嬰兒另發白糖票，產婦專配紅糖票。」

❸・簡樸之風盛行，餐飲私營企業實現國營化

在以「階級鬥爭為綱」的社會背景下，講究吃喝被視為資產階級生活方式，樸素的飲食之風在城市居民飲食生活中發展起來。在新中國成立初期，一些城市仍勉強維持西式餐飲，到了二十世紀五〇年代中期後，國民對西餐的否定情緒逐漸滋長，西式飲食戛然而止，西餐和西餐館僅存留於城市居民的記憶中。一些有名氣的中式大飯店也順應樸素之風進行改革，由原本以名貴菜餚為特色的飯店轉為提供大眾菜、大鍋菜的飯館。

一九五六年，商業部決定成立「中國飲食業公司」，召開全國飲食工作會議，確定對飲食業進行改造，對私營企業進行公私合營，較大的私人飲食店成為公私合營的企業與合作店，私人餐館僅留少數。老字號店鋪名的招牌多摘去，出現具有時代特徵的餐館名，如人民飯館、紅旗酒店、大眾餐廳等。一九六六年「文化大革命」期間，又多以衛東、紅衛、先鋒、東風、東進、東方紅等命名。

❹・川酒、川茶有所發展

新中國成立後，四川名酒產地紛紛建立起國營酒廠。一九五一年，在老號「福升全」的舊址上成立了成都酒廠。一九五三年，年逾六旬的鄧子均將秘傳數年的陳氏釀酒秘方獻給了人民政府，一九五七年，宜賓酒廠正式命名為「宜賓五糧液酒廠」。同年，國營郎酒廠成立。其他酒廠也相繼由個體經營性質轉變為國家經營性質。

國營酒廠的建立，標誌著釀酒業邁上新的台階，由獨家經營的糟坊生產方式逐步轉變為大規模的工業生產，生產力得到很大提高。成都酒廠在原全興酒的基礎上生產出新一代「全興大曲」。新成立的綿竹酒廠釀造出超越原綿竹大麴酒的

新型酒——「混料軒」，一九五八年正式命名為「劍南春」，從而誕生了新一代名酒。五糧液酒廠成立後，在原配方和工藝方面又進行深入研究，取得了重大進展，一九六三年獲得了國家名酒廠稱號。

新中國成立後的五屆酒類評比中，川酒無可爭議地位居第一。一九五二年第一屆全國共評出四大名酒，川酒占其一，即瀘州老窖特麴；一九六三年第二屆評出八大名酒，川酒占其三，即五糧液、瀘州老窖特麴、全興大麴；一九七九年第三屆評出八大名酒，川酒占其三，即五糧液、劍南春、瀘州老窖特麴；一九八三至一九八五年第四屆評出十三大名酒，川酒占其五，即五糧液、劍南春、瀘州老窖特麴、全興大麴、古藺郎酒；一九八九年第五屆評出十七大名酒，四川占其六，即五糧液、劍南春、瀘州老窖特麴、全興大麴、古藺郎酒、沱牌麴酒，被譽為川酒的「六朵金花」。「瀘州老窖」在全國五次評酒中連獲金牌，被稱為「金牌不倒五連冠」，成為專家評選的中國濃香型白酒的典型代表，與另一位「金牌不倒五連冠」的醬香型「茅台酒」，長期雙星並峙，飲譽中外。以「六朵金花」為代表的四川名酒，在中國酒類生產和酒文化發展史上占有重要地位，顯示了川酒業發展的雄厚基礎和廣闊前景。

新中國成立後，巴蜀茶葉生產逐步得到恢復，茶葉專家深入到名茶區，總結歷代精工製作的名茶經驗，在蒙頂山、青城山、峨眉山等地試製多種名茶。經審定，蒙頂山的甘露、石花、萬春銀葉、玉葉長青，峨眉山的峨眉蕊子、竹葉青，青城山的雪芽和巴山銀芽、永川秀芽等被列於巴蜀名茶。黨和國家把邊茶貿易視為民族團結的紐帶而大力發展，既積極組織邊茶生產和銷售，又在藏區大力推廣茶樹種植，解決了邊疆群眾對茶葉的需求，鞏固了各民族平等、團結、互助的新型民族關係。

二、飲食生活新氣象

❶・川人飲食習俗

日常飲食習俗。新中國成立初期，民眾生活有所改善，飲食生活比較穩定。川人一般是一日三餐。勞動人家早上6-7點吃早飯，中午12點左右吃午飯，晚上6-7點吃晚飯。城鎮居民也有一日二餐的，上午9-10點吃早飯，下午4-5點吃晚飯，中間添點小零食或小吃謂「打尖」。壩區主食以大米為主，丘陵地區以玉米、紅苕為主，山區以玉米、洋芋為主。另有豌豆、胡豆、紅豆等雜糧。肉食以豬肉為主，也吃牛、羊、雞、鴨、鵝、兔、魚、黃鱔、泥鰍、團魚等，昆蟲類的主要有蠶蛹、田螺，但這類食品一般自食，不請客、不入席。食物上也有禁忌，如不食病死的家禽、家畜，認為於健康不利。但也有些禁忌屬於迷信，如兒童忌吃豬蹄叉，認為將來訂婚會發生變故；忌吃豬血，認為吃了以後說話會臉紅等。隨著科技知識的普及，一些禁忌已被打破。

節日和季節飲食習俗。四川民間的節日習俗豐富多彩，具有本土特色。其中春節是最隆重的歲令節日。一般在臘月上中旬便開始置辦年貨，為過年作各種準備。臘月下旬，農村開始「殺年豬」，拉開了過年的序幕。在城鎮，臘月下旬開始裝香腸。城鄉均於臘月二十八前後用石磨推湯圓。除夕夜全家團聚，祭祖，吃「團年飯」，喝「團年酒」。「團年飯」不能吃完，要剩下大量飯菜留在次年的初二至十四吃，意即飯菜從上年吃到下年，表示年年有餘，象徵富有與吉利。下半夜，參加守歲者要喝「守歲酒」。正月初一，早晨吃湯圓，其數講究四（四季發財）、六（六六順）、八（八面威風）、十二（月月紅），以求吉祥如意。中午吃麵，麵條要長，寓意長壽。十五這天，晚上吃湯圓，鬧元宵，新年就算過完了。這種習俗，從清代至二十世紀七〇年代末基本沿襲，其中保留了一些封建禁忌。如一些農村三十晚和初一忌吃「蒸菜」，因「蒸」與「爭」諧音，家人易吵架而影響家庭和諧；忌請醫吃藥，家裡有病人也要停藥，並在除夕夜將藥罐摔到河中沖走，以示除舊除病；等等。

正月二十日前後（各地具體時間略有差別），農家要喝「春酒」，此後即開始著手春耕準備的曬田、犁田等。三月，川人有自製毛豆腐（豆腐乳坯塊）之俗。屆時，城鎮街邊、鄉村屋外到處都是裝滿裝曬毛豆腐的竹簸箕，堪為一景。春分，農家有吃「菜卷子」之俗，現在川西部分地區尚保留。清明，掃墓祭祖，家族聚餐。農村有吃「艾蒿饃饃」之俗，現在川西部分地區尚保留。三四月插秧期間，農家要喝豐盛的「插秧酒」。端午節，川人有吃粽子、鹽蛋、喝雄黃酒之俗，此為紀念屈原和殺毒闢邪。七月初七是傳統的乞巧節，傳說這天還是土地菩薩的生日，要殺雞敬之，同時也是辦會（川俗）聚餐的日子。七月十五為傳統鬼節，全家團聚敬祖、吃席。八月十五中秋節，吃水果、麻餅，有團圓之意，外出者也多趕回家與家人團聚。九月，城鄉各戶都有自製醪糟酒的習俗，除供家人食用外，還以此待客。九月有兩個食俗，一是九月九重陽節也要吃醪糟酒；二是有「斬辣椒」之俗。每家各戶都要買大量鮮海椒加工製成辣椒醬，川人習稱「豆瓣」，供一年做菜和食用。十月初一有吃餈粑之俗。冬至，川人認為此日是一年中嚴寒的開始，應吃一些補熱食品，多選狗肉和羊肉，故有「冬至吃狗（羊）」之說。四川的漢族人平時很少吃狗肉和羊肉，羊肉湯鋪平時冷落，但一到冬季便會賓客盈門，生意火爆。臘月初八，吃「臘八飯」。臘月二十三，祭灶。祭灶後吃祭品「刀頭」（通常為一塊豬肉），俗稱「吃刀頭」；此外，還吃麻糖。

❷．飯館以經濟實惠為特色

二十世紀五〇年代初期，由於居民收入不高，飯館都以經濟實惠為特色。成都的「邱佛子」飯鋪較有名。邱佛子由木匠邱某創辦，他注意使菜品隨季節變化而變化，又因其味美可口而受到歡迎。這一時期，「豆花館」是川味十足的飯館，與普通飯鋪一樣賣飯，但其主菜是豆花，兼賣少量酒菜，便宜實惠。成都有名的豆花館有「小竹林」「譚豆花」，重慶有「白家館」「高豆花」等，這種經濟實惠的餐館，符合當時工資水平尚低的四川市民的需要。據說常以豆花為佐飯菜者，唯有四川。

在以票證購物的二十世紀六、七〇年代，各地基本上都是清一色的國營飯店，顧客先付錢買票，然後自己去排隊取菜取飯。顧客若一個人單獨到館子吃飯，通常排隊便耗去不少時間。

❸ · 廚師的社會地位提高與技藝創新

新中國成立前，廚師的社會地位低下，被稱為「伙伕」「廚子」「廚役」等。一九五七年，中國飲食業公司提出《關於培養廚師的意見》，建議將從事烹飪服務者改稱為「廚師」或「烹飪師」，這調動了他們的積極性。中國飲食業公司組織編寫《中國名菜譜》，將老一代名廚精絕的烹飪技藝整理成書，以便更多的業內人士學習、繼承、研究和創新。

這一時期，川菜名師們創新出不少新菜品。如名廚藍光鑑（西元1884-1962年）創新的「叉燒雞」「炒野雞紅」等；廖青廷（西元1902-1968年）素以烹技精湛著稱，創新出「醋溜雞」「半湯魚」「黃豆芽燉雞」等；謝海泉（西元1886-1969年）擅長烘烤、煨燉，創新出「燒酥方」「罈子肉」「翡翠蝦仁」等；孔道生（西元1900-1985年）取各家之長，創新出「八寶鍋珍」「豬耳片」「烤奶豬」「叉燒背柳」等；張松雲（西元1900-1982年）擅長山珍海味與家常風味菜餚，創製出「南邊鴨子」「酸辣海參」「家常魚麵」「口蘑舌掌」等。這些菜品，承前啟後，融會創新，在新中國川菜發展史上占有一席之地。

❹ · 集體食堂的飲食生活

在新中國成立初期的計劃經濟體制下，四川省與全國一樣，一切生活都由國家統一安排，飲食生活也不例外。於是，出現了史無前例的特殊景象。以成都東郊青龍鄉十陵鎮太平村為例，這是四川乃至中國農村在這段特殊時期農村飲食生活的一個縮影。

太平村在當時的大形勢下，於一九五八年八月成立人民公社。改變了過去按勞計酬，分糧到戶，各家種菜，各戶自食的傳統飲食生活；為節約做飯時間，實行「集體做飯，自行備菜，集中吃飯，出工勞動計出勤而不計酬」的農村「小夥食團」

制度，這是農村人祖輩有史以來，第一次吃集體食堂。

不久，大煉鋼鐵開始，拆掉「小夥食團」，成立以300人左右為一個食堂的「大夥食團」。從此，各家各戶不准開火，男女老少一日三餐都到大夥食團吃飯。每個大夥食團都修有一個高大寬敞的草房作為公共食堂，食堂內都打一排大灶，安幾口大「毛邊鍋」，建一個大磨坊，用於磨玉米、小麥、紅苕和藕粉等供大家食用。人們在公共食堂吃飯，一年四季，無論天晴下雨，酷暑嚴寒，食堂總是天未亮就開飯，人們也必須早早地手提油燈照明到食堂吃早飯，否則，既趕不上吃飯又趕不上出工，中午就會被扣飯。由於公共食堂成為社員每天的集散地，連長安排工作和開會，總是利用飯前時間安排工作、表揚批評，完畢後食堂才開飯。每晚加班大煉鋼鐵，伙食團的伙食也必須跟上，每天組織一個班的人挖紅苕供應夜餐。

這種形式的飲食生活很快就出現了問題。一是燃料問題。大夥食團開始還有錢買煤燒飯，到一九五九年中期，燒煤成了問題，斷薪之際，便拆農民住房的梁架用作燒柴，這些拆房戶被安排到房屋較寬敞的人家擠住。但拆房屋當柴燒不是長久之計，也解決不了根本問題，於是，各食堂都組織人專門砍樹做燒柴。砍樹從大到小，至一九六一年六月一日，所有大柏樹、青岡樹、野禾樹、紅豆樹、皂角樹、肥珠樹等砍伐殆盡，特別令人惋惜的是幾株生長上百年的雙人環抱的大紅豆樹、柏樹、皂角樹，無一倖免。

二是糧食計劃問題。一九五九年六月以前，各大夥食團還吃白米乾飯、紅苕乾飯、洋芋乾飯。到六月，完成國家小麥徵購任務後，所剩不多，各大食堂開始供應麵皮稀飯、洋芋稀飯、菜稀飯。到這年秋天后，穀子也剩下不多了，只好吃菜稀飯、菜糊糊、紅蘿蔔糊糊、米粉糊糊、麥粉糊糊和包穀粉糊糊，油葷和豬肉均露不上邊。在食堂吃飯的人，不論大小，每頓都只有一碗稀飯或糊糊。一九五九年至一九六一年，三年春節都是在大夥食團度過的。一九五九年過第一個大團圓「年」時，有蒸夾沙肉、蒸酢肉、回鍋肉等十幾個菜，年宴很豐盛，人們在大夥食團過了一個高興的年。但到了後兩個春節時，整個年宴都是「紅苕素席宴」。飢餓嚴重地威脅著人們，不少人得了水腫病。身處飢餓的人們，在大豌豆、胡豆、小麥等農作物尚未成熟時，便偷偷摘來生吃。人們甚至採集野菜，如嫩野紅花草、喂兔子的嫩草充飢，或將樹葉曬乾磨成粉煮食。為了食物，人們的情義也淡薄了。這種情況一直持續到一九六一年。

一九六一年六月一日，「大夥食團」終於解散。大夥食團解散後，在完成了國家小麥徵購任務後，剩餘下來的小麥和洋芋，按人頭分配到戶。從此恢復各家各戶自己開火。雖然各戶糧食相當少，難處很多，但大家從內心感到高興。為了儘快恢復生產，各隊採取了將土地分到戶、人，實行包產部分作為口糧，不足部分年終再補的辦法，十分有效。對土地包產的莊稼，種、管得好的多收，口糧自然要多些。其效果到一九六二年六月即見分曉，這時剛好是公共食堂下戶一週年，市場上的糧食價格就從剛下戶時大米賣6元1斤、小麥賣4-5元1斤，降低了50%左右。

到一九六三年秋天，「小四清」開始反對「三自一包、四大自由」時，各項糧食生產已得到全面恢復。這時土地收歸生產隊集中管理，各家各戶又開始重新飼養雞、鴨、鵝、兔、豬、羊等家禽家畜。各生產隊則開始大量發展耕牛。家家戶戶基本過著不缺糧食的平靜而安穩的生活。

❺・知識青年的飲食生活

在「文化大革命」時期，規模宏大的知識青年上山下鄉，成為一種帶有鮮明時代烙印的運動。在這段厚重歷史的蹉跎歲月中，知識青年也發明了獨特的「食文化」。知青們大多年幼離家，對農活生疏，往往入不敷出，食不果腹。知青們盡展才智，不僅擷取各種野菜作為桌上蔬菜，還逮山雞，捉河魚，抓田鱔，煮樹蟲，炸竹蛆等，既解決了日常生活中的油腥之需，還開闢了農村新食源，豐富了百姓的家庭烹飪。當上山下鄉運動結束，知青們回到城市在餐館謀取職業時，就把這些山茅野菜、野物別味的「菜譜」搬到了餐飲桌上，不僅凝為一種精神情結，也作為一種商業手段運用到飲食行業之中，成為知青的獨特文化之一。一時，知青飯館異軍突起，成為城市餐飲業的一道風景。再後，這些「山珍海味」成為城市餐館中時髦的「綠色食品」。

▸圖11-1　清朝同治年間的茶碗（周爾泰提供）

❻．茶館流風遺韻猶存

茶館是時代的縮影。二十世紀中葉後，四川成都茶館經過「公私合營」「社會主義改造」後，一度全歸「公有」，茶館數較以前有了較大壓縮，但茶客依然不少。這裡僅就前文未作介紹的四川茶館的物件構成及特色作一補充。

茶椅、茶凳。成都茶館的顯著特點之一，是其坐具——竹椅的地域文化特色，它是本土民眾對生態利用的結晶。巴蜀地區是我國最早種竹，並利用其為生產、生活服務的地區之一。這種竹質座椅，多用本土特產斑竹和「硬頭黃」製作，輕便靈活，高矮適度。坐墊部分用篾條編成，富有彈性，柔軟舒適。還有扶手和靠背，或正坐，或斜倚，均平穩貼身，瀟灑舒適；若閉目養神，也不虞摔跌。至今成都部分老茶館仍在沿用，矮桌、竹椅成為四川茶館的特色之一。

茶具。四川人喝茶還十分注重茶具的選配，這是領享品茗情趣不可缺少的一環。茶具主要有二：一是茶壺，二是茶碗。在成都，有名的大茶館講究用紫銅茶壺「摻茶」（四川話，即「斟茶」）。川人認為用鐵壺或鋁壺燒出的水味道不佳，只有用銅壺燒出的水才純真甜美，用以泡茶，才能品出各種茶的本味。壺有兩種：一種是短嘴壺，一種是長嘴壺。過去，成都茶館多是矮茶桌，故多用短嘴壺；而鄉鎮和川東地區多是高桌、長板凳，故多用長嘴壺。

成都茶館的茶碗基本上為傳統的「三件頭」：茶碗、茶蓋和茶船，三位一體，

◂圖11-2　成都茶館的摻茶技藝

相得益彰，極為實用，俗稱「蓋碗茶」。茶碗、茶蓋多為瓷製，而茶船多為金屬製成。有名的大茶館則用景瓷蓋碗、錫杯托，倍顯精美。其優點有三：一是茶碗造型上大下小，沖茶時茶葉容易充分翻捲、攪均，很快泡出茶味；二是茶蓋既可視茶葉浸泡程度控制水溫，又可用其攪動茶葉，調勻茶味，刮去飄浮的茶末和泡沫，飲時還可阻擋浮葉入口，便於看茶色、聞茶香、品茶味；三是茶船穩托碗底，便於端放，且可避免燙手之虞。因此，有人說，是否是成都茶客，只須看他擺弄茶蓋的手法便能一目了然。

蓋碗茶茶具十分考究，由於茶在人生禮儀中也占有舉足輕重的地位，為了滿足禮儀之需，匠人特在茶碗上繪製不同的圖案，如為老人祝壽，特製了胭脂「福壽雙全」茶碗；為婚嫁送禮，特製了景泰藍「金玉滿堂」茶碗；還有臨摹的行草篆隸、山水風景、仕女美人、花鳥魚蟲、歷史人物等，十分令人喜愛。

茶倌。茶館內專司泡茶和續水者，北方稱「茶博士」，四川則稱「堂倌」「幺師」「師傅」。成都茶館摻茶師傅的絕藝，曾被拍成電視片《中國一絕》。拍攝的是成都摻茶師傅方忠鈺老人的表演。他在二十世紀五〇年代時，雙手連碗帶蓋能摞15副，高度足有60多釐米，他不僅兩手可以同時提壺摻水，當茶客離座，還能雙手各端一隻茶碗，拇指扣住碗蓋，把剩下的茶水倒得片葉不漏，堪稱絕活。較著名的還有吳聯春、吳登方父子。吳聯春是四川仁壽縣人，是成都有名的摻茶大師。吳登方在繼承父業的基礎上，又獨闢蹊徑創新了一套茶藝絕技，被稱為「中國茶道霸王」。吳登方原是少城公園「鶴鳴茶園」的摻茶師傅，其摻茶技藝讓人拍案叫絕。若有七八個茶客圍著一張桌子坐定，「茶倌」應聲而至。他左手提著鋥亮的紫銅長嘴茶壺，右手五指分開，夾著七八個茶碗、茶蓋和「茶船」，未近茶桌，便左手一揚，「唰唰唰」連聲響後，七八隻茶船滿桌開花，分別放於各位茶客面前，緊接著一溜鮮開水就在茶客頭上被「甩」了出去，如魔術師手中的線繩一樣，茶客們不禁本能地向後一仰，此時，紫銅壺如赤龍吐水般在茶桌上畫了一個圓，待水將滿時，忽地一收一提，待茶客們回過神來，一圈茶碗，碗碗鮮水滿盈，絲毫不多，滴水不溢；立即，他又搶前一步，小拇指一挑，一個個茶蓋跳起來，穩穩地扣上碗口，依然是滴水不溢，桌上滴水不灑。這一整套動作如行雲流水，一環扣一環乾淨利索，一氣呵成，令人眼花繚亂，目不暇接，可謂四川摻茶技藝之最。[1]

第二節　雲貴桂地區在曲折中發展

中華人民共和國成立初期的三十年，受國家政策的影響，雲貴桂地區的社會經濟發展和飲食文化狀況與全國其他地區相一致。但在民族平等、民族自治政策的指

1　李英：《舊成都的茶館》，《成都晚報》，2002年4月7日。

導下，這一時期少數民族的飲食生活得到較大改變。

一、在曲折和困難中求發展的三十年

一九四九年十二月九日，國民政府雲南省主席盧漢在昆明宣佈起義，雲南隨即和平解放。廣西與貴州也先後解放，雲貴桂三省區進入新的歷史發展時期。在新中國成立初期，雲貴桂地區的社會發展狀況大致可以分為以下幾個歷史階段：一九五〇至一九五七年的前八年為繼續發展的時期；一九五八至一九六〇年為三年困難時期；一九六一至一九六五年為五年恢復時期；一九六六至一九七六年是十年「文化大革命」的動亂時期；以及一九七七至一九七八年的撥亂反正時期。總的來說，新中國成立的前三十年，是在探索社會主義國家建設的曲折和困難中求發展的歷史階段。

從一九五二年起，雲貴桂地區進行了多種形式的土地改革，解決了農民的土地問題，調動了廣大農民的勞動積極性，促進了農業生產的發展。次年中央政府決定在全國實行糧食統購統銷。一九五三年開始對對農業、手工業和資本主義工商業進行社會主義改造，並開始實行第一個「五年計劃」。這一階段，國民經濟取得輝煌的成就。

自一九五七年年底，開始了農業、工業和商業的「大躍進」，並於一九五八年開展「人民公社」化運動。雖然取得一些重要成果，但經濟發展遭受了重大挫折，主要表現在市場供應緊張，人民生活水平下降。

從一九六〇年開始，全國貫徹中央提出以調整為中心的八字方針，即「調整、鞏固、充實、提高」，糾正了前期工作中出現的錯誤，國民經濟得到恢復與發展。至一九六三年，中央決定再用三年時間進一步調整，全面恢復和發展國民經濟。遂在食品生產和供應方面取得了一定成效，如雲南省的糧食產量連年增加，一舉扭轉了減產局面；大牲畜的上市量明顯增加，並呈現穩定增長的勢頭；市場供應初步好轉，各地「羊湯鍋」得以興旺。為活躍經濟，有些原先規定派購的菜牛、水果與核

▸圖11-3　雲南傣族集市

桃等，也退出派購的範圍，允許自由上市買賣。各地市場日趨活躍，商品供應的形勢明顯改觀，商品價格也逐漸回落。

至一九六五年，雲南省較圓滿地完成國民經濟調整的任務。當年全省工農業總產值達37.36億元，為一九五七年的134.6%。一九六四年的糧食總產量達60.7億公斤，超過雲南歷史上最高年份。一九六五年農林牧副漁業總產值達18.9億元，為一九五七年的114%，生豬、大牲畜數量均超過歷史上的最高年份。全省市場繁榮，物價穩定，商品供應充足。從一九六四年九月起，在全省平價敞開供應豬肉，除糧食和棉布以外，其餘數十種憑票供應的商品完全敞開供應。一九六四年與一九六五年，成為人們記憶中新中國成立後飲食供應情況較好的年份。[1]

一九六六年為執行第三個五年計劃的頭一年。是年「文化大革命」席捲而來，在全國造成了廣泛而嚴重的破壞。同時，國民經濟在動亂中曲折發展。到「文化大革命」末期的一九七五年與一九六五年相比，雲南省的社會經濟仍有發展，糧食產量由586萬噸增至798萬噸，烤煙由4.7萬噸增至9.7萬噸，甘蔗由107.3萬噸增至133.3萬噸，茶葉由0.9萬噸增至1.4萬噸。儘管有所增長，但十年間的這種增幅，顯然是受到十年動亂的明顯影響。

1　當代雲南編輯委員會：《當代雲南簡史》，當代中國出版社，2004年，第236頁。

廣西、貴州兩省區的情況，與雲南省大體類似。

總而言之，中華人民共和國的成立，消除了阻礙中國社會發展的桎梏，為廣大人民生活水平的提高開闢了道路。新中國成立後的前三十年，在經濟建設和社會發展方面，在中華民族的歷史發展長河中仍取得有目共睹的偉大成就，使得全國尤其是社會中下層人民的生活水平有了明顯提高，在全國範圍基本上解決了溫飽的問題，這為以後飲食文化的發展奠定了堅實的基礎。

二、傳統飲食文化的嬗變

新中國成立後的前三十年，雲貴桂地區的飲食習俗與飲食文化特點，也與社會發展歷程的幾個階段相對應。

大體上說來，這一時期，雲貴桂地區的人民生活水平明顯提高，一些傳統飲食產品得到整理和繼承，飲食產品的產量和消費需求大幅度增長。但是一系列的政治運動嚴重影響了我國正常的經濟發展與社會生活，導致追求所謂社會生活的「革命化」，講究飲食文化被社會輿論視為非健康生活方式而受到批判，一些地方回到以溫飽為滿足的狀態，生活方式的同一化與簡單化流行。人們普遍諱言飲食文化，更

◂圖11-4 雲南新平「花腰傣」族婦女用竹筒酒杯斟酒敬酒

勿論追求飲食的精細化與科學化了。

但是飲和食畢竟是深入到民眾骨髓裡的文化，人們對美好食品的追求是與生俱來的，是千百年來不曾改變的，因此，雲貴桂地區一些優秀的飲食文化仍得以繼承和發展，一些優秀傳統食品仍得以流傳。如米線與米粉，雲貴桂地區歷來盛產粳米且品種眾多，煮飯甜美潔淨，以之製作米線有得天獨厚的條件，米線與米粉便很快流傳開來。新中國成立後，雲貴桂諸省的米線或米粉，製作與烹飪的方法各有千秋，食者的喜好亦各不相同。如雲南米線種類繁多，最為著名的是過橋米線，依澆頭（人稱「蓋帽」）的差異，便可分為不同品種，如有豆花米線、雞絲米線、燜肉米線、扒肉米線、脆哨米線、鱔魚米線等。貴州知名的米線首推花溪牛肉米線，其米線注重牛肉湯的原汁原味。廣西風行米粉，多以肉、海鮮為澆頭，形式品種多樣。

雲貴桂地區的居民喜食米線和米粉，除文化傳統和口味喜好等方面的原因外，還有方便及保健等方面的原由。米線與米粉為中國式的方便食品，自不待言；在加工過程中米線、米粉多少經過膨化處理，此類食品亦少含脂肪且易消化，自然為民眾所青睞。

新中國成立後，雲南地區的傳統菜餚知名並得以傳承的有：

「青蛙抱玉柱」。即炒青蠶豆和嫩蒜薹，其菜餚將青蠶豆米形容為青蛙，又把蒜薹喻為玉柱，形象生動可愛。

釀雪梨。為白族地區傳統的筵席名菜。做法是取當地潔白似雪的雪梨削去皮，從梨把下切為蓋，挖去梨核。以糯米飯、松仁、熟蓮子、火腿、卷心菜以及冰糖、大棗、桂圓肉等與柿餅共備為餡，將梨下鍋略炸，取出濾油加餡，上蓋置籠蒸透。食之細嫩鮮甜，芳香味郁。

石屏豆腐。豆腐為常見的食品，雲南各地均產，但以雲南石屏縣所產的豆腐最為有名。其質地細膩滋嫩，味道鮮美獨特。雲南十八怪之一「豆腐拴著賣」，即指石屏豆腐，謂其地所產豆腐凝塊韌實，買賣時可拴以稻草往來交易，而無須擔心破碎。據說宣威倘塘鎮所產豆腐亦甚皮實，也有將豆腐拴於線上出售的傳統，一線可拴十塊豆腐。石屏與倘塘的豆腐遠近聞名，而難以仿製，油炸、拌炒、煮湯俱宜，以之製作豆腐乾、豆腐皮和臭豆腐，地方風味尤佳。

此外，還有「大理砂鍋魚」「都督燒賣」等，都是深受人們喜愛的傳統飲食，其共有的特點是源遠流長，具有鮮明的地方特色，體現出雲桂貴地區飲食文化的特點，且具有頑強的生命力。在物質嚴重匱乏的時期，這些精美的食品可能見不到了。而一旦社會經濟稍有恢復，這些飲食產品又重新出現在人們的餐桌上。同時應指出，還有不少優秀的傳統飲食，在接踵而至的政治運動中被掃蕩殆盡，一些甚至失傳，誠為可惜。

二十世紀五、六〇年代，全國的個體經營（包括餐飲業）實行了公私合營。一方面，增強了企業的經濟實力和管理能力；另一方面，不同程度地削弱了經營特色，對飲食產品的多樣性及傳統產品的傳承產生了不好的影響。那一時期，在雲南昆明形成了一批知名的飯店餐廳。這些飯店餐廳及其烹飪的名菜是：

東風餐廳。由經營傳統汽鍋雞的「培養正氣」飯店發展而來。一九五六年公私合營後，經營規模得以擴大，又創製了汽鍋鴨、汽鍋鴿、汽鍋魚、汽鍋排骨等新品種，同時配入紅參、銀耳、枸杞、杜仲等知名藥材，具有藥膳的功用，深受百姓喜愛。知名菜餚還有煎炸牛乾巴、老派仔雞、金錢腰花、水波蛋、桃花肉等。

護國飯店。前身為著名的「海棠春」酒樓，擅長烹製滇味菜餚。一九五四年創辦國營公共食堂，為全省首家國營飯店。彙集滇味各方名師，充分發揮滇菜用料廣泛、鮮美、時新與品種多變的特點。看家菜主要是過橋米線、鵪鶉全席、酥紅豆，以及用肚頭、海味製作的滇味名菜。

興和園。為著名的清真牛肉菜館，迄今已有近百年的歷史。以烹製牛肉聞名，知名菜餚有壯牛肉冷片、清湯牛雜碎、紅燒牛肉、壯牛湯肉等。

德鑫園。二十世紀三〇年代在羊市口開館，以專營過橋米線出名。一九七二年在原址拆除重建。所經營的過橋米線系列在省內外享有盛譽。國內外的遊客與海外僑胞也經常慕名而來。

北京飯店。創辦於一九五四年。除注重滇味菜餚外，還聘請上海、山東等地的名廚主廚，擅長烹飪各式山珍海味，尤其講究做湯。知名菜餚有扒魚翅、熊掌扒猴頭、醋椒魚、南燒四寶、蔥燒雞米鹿筋、明珠扒雙菜、異味鴛鴦魚等。

第三節　西藏的民主改革與特色民族文化

一九五九年，西藏的民主改革運動，揭開了西藏歷史上嶄新的一頁，持續數百年的封建農奴制被摧毀，西藏人民真正成為社會的主人。藏民族內部之間消除了森嚴的等級之分，百萬農奴成了自由人。但飲食文化的地域影響和傳統風俗因素的影響仍然存在，影響著人們的飲食結構。這一時期的農區和牧區，居民的飲食主要是糌粑、青茶、青稞酒、甜茶、牛羊肉類。城鎮居民逐漸接受外來飲食文化的影響，開始吃大米和麵食，但仍然是以藏民族傳統飲食為主。

一、農畜業的發展和日常傳統飲食

❶．農牧副業的發展

民主改革后土地所有制發生變化，大量農奴獲得土地、牲畜、房屋和生產工具，農民的生產積極性被充分調動起來，生產水平較前有了極大提高。尤其是人民公社時期，政府大力改良土質、修建排灌系統、合理使用肥料。積極推廣農作物新品種，使藏地的農業有了巨大的進步，在發展原有農作物的基礎上，又增加了許多新品種，如冬小麥、白土豆、各種白菜和蔥蒜等，其中冬小麥較原來的春小麥平均每畝多產100多斤，因而取代了春小麥。

在畜種方面，西藏本地的黃牛和豬雞體型都較小，黃牛產奶量少，雞的產蛋量低，政府幫助群眾進行畜禽種改良。改良後的豬體型大，好飼養，又不失當地豬肉的味道。改良後的雞體變大，產蛋量增多。

農牧經濟生產的發展，使西藏地區人們的飲食結構發生了諸多變化。二十世紀五〇年代以後，變化最典型的是大米大量進入西藏地區，並逐漸成為西藏人民的第二主食，從而改變了當地人的飲食結構。特別是青藏公路通車和縣城建立後，對牧民的生活影響很大，不少牧民第一次吃上大米和水果。此後，牧民的食品消費結構也發生變化，但糌粑的消費結構大致如前。例如，安多牧民在民主改革前人均消費糌粑27.82斤，民主改革後，人均消費72.32斤；人民公社時期，人均為83.68斤；改革開放後，人均消費糌粑87.69斤。自從有了麵粉、大米後，糌粑的消費逐漸減少。而麵粉、大米的消費從人民公社時期的人均98.68斤，增長到改革開放後的人均234.45斤。[1]其次，蔬菜品種也大量引進。由於拉薩地處海拔3700多米的高原，特殊的氣候條件決定了原本蔬菜品種極少，蔬菜的引進，使得當地藏民十分受益。

❷・日常飲食

主食。這一時期西藏地區傳統的食品主要是糌粑、肉和奶製品，但牧區和農區又略有區別。牧民的主要食品是奶類、肉類、酥油茶和糌粑、麵食。牧民的食譜大致是：早餐有酥油、糌粑和茶；午餐是燒餅加酥油、酸奶、酥油茶，有時食肉；晚餐「圖巴」（稀狀，可放肉、茶之類），有時煮米飯或備酸奶。牧區群眾飲食單調，一般不食蔬菜，冬季以肉類為主，夏天食用大量的酸奶和鮮奶，輔以少量糌粑。

農區通常一日三餐，農忙時增至四五餐，一般由主婦掌勺分發食物。據調查，經濟狀況屬中等農戶的一日三餐是，早餐主食饃饃或糌粑，有時喝「秋裡」（放肉），吃糌粑時拌辣椒水（有時拌肉）、炒菜（一般為白菜、土豆或蘑菇）與酥油茶；午餐為饃饃或糌粑、辣椒水、炒菜（約2天一次）、包子（肉餡或菜餡）和酥油茶；晚餐是糌粑、饃饃、粥（大米粥或玉米、麵粉粥，粥內放奶渣）、辣椒水，有時炒菜、飲酥油茶。除早餐外，午餐、晚餐時一些人家還飲青稞酒。酥油茶已成為生活最平常的飲料。[2]

1　中國藏學研究中心社會經濟研究所編：《西藏家庭四十年變遷》，中國藏學出版社，1996年，第89頁。

2　中國藏學研究中心社會經濟研究所編：《西藏家庭四十年變遷》，中國藏學出版社，1996年，第274頁。

蔬菜。農區蔬菜主要有圓根、白菜、蘿蔔和土豆，有少數菜農賣菜。春天的野菜也常採來熬湯，或者曬乾冬季食用。牧民將土豆和蘿蔔等根莖類菜當作他們的蔬菜，而視綠葉類蔬菜為「草」，食用不多。因為在藏族牧人的眼裡，帶葉的蔬菜與牧草是等同之物，在一些低窪的草場上，到處生長著野蔥、野蒜、野韭、野菠菜和一種嫩葉可食的蕁麻，與遍地牧草爭榮競秀，也是牲畜覓食的草，並非可食的蔬菜。

肉食。以牛羊肉為主。牧人通常選擇膘肥、年老的公畜，以及長期不懷胎、經常流產或產仔成活率低下的母畜宰殺。宰殺牲畜多在初冬進行，此時牛羊正肥，有利於在高原的寒冬冰凍保存。通常在入冬後宰殺的牛羊多切成條塊，撒鹽掛通風處風乾。冬季製作風乾肉既可防腐，又可使肉中的血水凍附，可保持風乾肉的新鮮色味，在次年的二三月即可取來食用。另外還用窖倉保存，每戶牧民在冬季牧場上，用石塊、草皮或牛糞在帳篷附近壘砌一兩個儲倉，藏語稱為「沙貢」，「沙」是肉，「貢」是倉的意思。倉的四壁砌得十分嚴實，大約有一人多高，宛如一座碉堡。婦女和孩子們把收拾好的肉塊搬入倉中垛好，將大塊牛羊肉和一些裝著內臟、脂肪的牛羊肚存封在內，隨吃隨取。這樣，牧民在來年春夏解凍時均能吃到接近新鮮的肉食。

酥油。酥油是藏民每日不可缺少的食品。酥油是從牛奶、羊奶中提煉出來的黃油。一般來說，一頭母牛每天可產四五斤奶，而每百斤奶可提取五六斤酥油。因係土法提煉，內含水分雜質較多，營養也更豐富。藏民喜食產於夏秋兩季的犛牛酥油，其色澤金黃，口感極好。冬季的則呈淡黃色。羊酥油為白色，光澤、營養價值均不及牛酥油，口感也遜於牛酥油。酥油有多種吃法，主要用於打酥油茶，也可放在糌粑裡調和食用。此外，酥油也是製作許多藏式食品的重要原料，逢年過節的節日食品都離不開酥油。

牛奶及奶製品。牛奶和奶製品是藏民生活中不可或缺的食品，主要有鮮奶、酸奶、酥油、奶餅等。鮮奶可直接食用，亦可做奶茶。方法是熬好清茶，在茶中倒入適量鮮奶即成。牧區和半農半牧區多飲奶茶。鮮奶經加工除提煉酥油，還可製成酸奶、奶餅和奶渣等。牧民除食用大量牛奶還食用羊奶。其中酸奶有兩種，一種是沒有提煉過酥油的奶子經發酵製成，藏語稱「俄雪」，味帶甜不酸；另一種是用已提煉過酥油的奶發酵，藏語叫「達雪」，味酸。大宗酸奶為後一種。酸奶狀似豆花，可直接飲用或放糖飲用，有時蘸饃饃吃。因其營養更豐富也較易消化，很適合老人和小孩。奶渣是牛奶提煉酥油後剩下的物質，經燒煮，水分蒸發後剩下的就是奶渣。奶渣可做成奶餅和奶塊。奶品是藏族重要的食品，家居或外出均喜攜帶，大人常把奶渣給小孩當零食。

飲料。藏族主要的飲料有茶、奶和酒。日常飲食中較常用的茶有清茶、酥油茶等。此外，還有其他種類的茶，例如用牛奶煮的奶茶；用牛奶、紅茶、白糖熬的甜茶；不加輔料的「黑馬茶」。藏民認為「茶無鹽，水一般」，所以大部分藏區喝茶時要加入適量的鹽。清茶係用磚茶熬煮加入適量的鹽而成，加酥油打製的即為酥油茶。酥油茶是藏民每天不可或缺的飲料，早上都要喝幾杯酥油茶才去工作。到藏民家中做客，都會招待以酥油茶。茶味的濃淡、酥油的多少及鹹淡，因人而異。酥油茶宜熱飲，不宜冷喝，否則傷腸胃。製好後的酥油茶都要倒入陶製或金屬的茶壺，用文火保溫（但不能燒開），可整天飲用。體力勞動者尤其是男性，喜茶味濃重，而老人、兒童和女性則飲味道清香的酥油茶。

藏族人喜歡青稞酒，它是藏族人民的又一重要的傳統飲料。青稞酒有兩種，一種是呈黃色的「羌」，另一種是無色低度經過蒸餾而成的「博熱」（藏酒），多為冷飲。青稞「羌」酒的度數較低，藏族男女老少都喜歡喝，是喜慶節日必備的飲料。藏族人民在過節前都要釀製大量青稞酒，從藏歷四月到八月，幾乎所有的節日都要攜帶青稞酒，到綠茵茵的草地上，搭起各色帳篷，一邊喝青稞酒，一邊彈六絃琴盡情歌舞，顯示出藏族酒文化的魅力。

二、特色鮮明的民族飲食

❶．農區的特色飲食

在廣大農區，隨著生活水平的提高，食物料材的增多，藏族人民智慧地利用各種條件提高烹飪技術，製作出風格多樣的傳統特色食品。體現了藏族飲食文化的進步。以下是幾種代表性食品。

「麻森」，是一種風味小吃，製作時將糌粑、酥油、碎奶渣、紅糖放入盆內，再加入適量涼開水，攪拌後盛入一方形小木盒，盡量塞滿壓實。食時倒出切片即可。此風味小吃製作簡單，香甜可口，常作為待客的佳品。

「夏寨」，為食用米飯時的最佳菜餚。味美色深，調料芳香可口。製作時將土豆煮成八成熟，濾乾去皮切成小塊。將蔥段放入油鍋內稍煎取出搗爛，盛入小碟。用涼水將咖喱粉拌成糊狀倒入油鍋，做成油咖喱。把羊肉剁成塊用酥油烹炒，再放入鍋內加水悶煮，以後加入土豆、油咖喱、鹽巴、生薑、茴香、丁香、胡椒、藏蔻等調料攪拌，煮熟即成。吃時撒上蔥泥。

「蘿蔔蘿果」，製作時將羊肉剁塊，放入鍋中加鹽煮熟，把蘿蔔去皮洗淨切成圓塊，在另鍋內稍煮濾乾投入羊肉鍋，放上生薑、鹽巴、花椒，攪拌後略加烹煮，撒入蔥花即成。蘿蔔蘿果食之肉嫩，味道鮮美。

「煺」，為藏語音譯，也稱「奶渣糕」。製作時將酥油、碎奶渣、紅糖混合攪拌均勻，加入少量涼開水糅合，放在木板上切成塊即可。此糕製作方便，味道香甜，油而不膩。

「帕雜莫古」，原為僧人食品，以後被引進世俗社會，成為藏族的風味小吃。製作時在碗中打兩個雞蛋，加適量水、鹽、野生香草粉，以之混合麵粉，並加溫水捏成小圓麵疙瘩，放進沸水鍋煮熟撈出，放進另一加熱的酥油鍋，再加適量的紅糖和碎奶渣（有的加白糖、五香粉、辣椒油等），慢慢攪拌均勻即成。此品顏色微紅，味酸甜，滑溜油膩，馨香滿口，為藏族節假日所必備。

「衰登」，是藏語音譯，意為「酒羹」。製作時將青稞酒倒進鍋內，加紅糖、碎奶渣、人參果及糌粑，慢慢攪成糊狀，用文火熬一小時即可食用。

「曲瑞」，是藏族民間的傳統食品。製作方法是將鮮羊肉塊、麵粉、乾辣椒、鹽及搗碎的乾奶酪，摻涼開水用文火煮約兩小時，再加入另一鍋與八成熟的適量麥片和青稞片攪拌均勻，再用文火稍煮即可。曲瑞營養豐富，味道鮮美香甜，是農區在春季食用糌粑的最好伴菜，也是老人和小孩最喜愛吃的食品。

「波突」，即糌粑粥。製作時將牛羊骨放在石臼內砸碎，加鹽、薑粉、野香草粉及少許辣椒粉，與白蘿蔔絲熬湯，湯開後放入糌粑粉攪拌，以不糊鍋為度，少時便熟。西藏冬季氣候嚴寒，藏族群眾常以「波突」作為晚餐。

巴拉餅，「巴拉」即藏語的「餅」，漢族在「巴拉」後又加一「餅」字。通常巴拉餅專指由四川巴塘傳入西藏各地的大鍋盔。做法是用雞蛋、蘇打、糖和麵，至出現蜂窩狀孔，擀為直徑約30釐米、厚近2釐米的大圓餅，置餅鐺以溫火烤烙，待大餅漲至約10釐米厚、雙面呈焦黃色時取出，稍涼切成三角塊。其性鬆脆，味道香甜，久放不硬，是適於旅遊攜帶的佳品。

「布魯」，為年節食品。用牛奶、麵粉、雞蛋、酥油調成糊狀物，發酵後像點豆腐一樣往熱油鍋裡倒，繞成多圈油炸，熟後即成。

「粑羌」，為外出放牧時的零食。用糌粑和酒麴製成，味甜而鬆軟。

「哲羌」，是用大米做成的乾醪糟，鬆軟不黏，味道甘酸。

「久瑪」，即血灌腸。製作時將新鮮牛羊血加入糌粑和鹽、野蔥等作料（有的加入大米或肉塊），攪拌均勻後灌入洗淨的牛羊腸，用細繩紮緊，放進鍋裡煮熟即可食用。「久瑪」營養豐富，味道香糯可口，保存期長，食用方便，外出耕種、放牧或走親訪友均可隨身攜帶。

有些食品只在藏地有，是為西藏區域性的特色食品:

林芝烤豬肉，為林芝地區特產。此地盛產個頭小的瘦肉型藏豬，宰殺後將豬肉帶皮割成兩指寬長條，撒上鹽及作料，成串掛於屋頂，經屋內自然炊烤，肉條漸成燻肉。食用時摘下肉串，皮朝下在木頭火上燒烤，肉皮焦時肉即熟。熟肉如醬黃色扒雞，嫩澤溜滑，其味鮮美可口，多與糌粑、酥油茶同食。群眾稱這種吃法為「粑支」。逢年過節，林芝人還用烤豬肉作下酒菜。

「薩干察門」，是一種奶製品，簡稱「薩干」，流行於藏東南察隅地區。這裡氣候溫和，樹種繁多。當地盛產一種「拐樹」，這種樹質地柔韌，取其枝剝皮，截成略長於擠奶桶高度的細稈10至15根，洗淨置於擠奶桶。倒入鮮奶，奶中精華黏附於細稈，拐樹枝的周圍便逐漸結出一層奶糕。將奶糕捋下置器皿中即「薩干」，其色乳白透黃，其質細嫩柔韌，極鮮嫩，其味甘甜，食之清香滿口，但不可久放。將其取出加入肉、蔥、薑、蒜和辣椒等，用水煮則成「薩干」肉；鍋內加酥油，熱後放入薩干、少許糖或鹽，即成「薩干」湯，有補血益氣的功效。將「薩干」煮熟撈出晾涼，加入辣椒、香菜、野蔥、酸奶即成涼拌「薩干」。「薩干」也可與肉末拌餡做包子。

風乾牛肉，是藏族喜愛的生食牛肉。每年在秋高氣爽時製作（有的地區選在冬至），屆時將鮮牛肉割條穿串，撒上食鹽、花椒粉、辣椒粉和薑粉，掛在陰涼通風處，風乾後即成，味道麻脆酥甘，酸香滿口。風乾牛肉是藏曆新年裡最具高規格的宴客零食。由於西藏高寒，不易感染病菌，食品不易霉爛，去水保鮮，肉味鮮美，故至今生食風乾牛肉之風長盛不衰。其中，拉薩製作的風乾肉與牧區不同，它極為精細，因為主要是做零食，一般僅選取瘦犛牛肉，洗淨用刀劃拉成細條，稍作醃製後掛在梳下陰涼處，讓冬天的乾風吹乾水分，然後放在竹簸籮裡隨時備食。風乾的肉乾細長如一支箭矢，隨手一掰，斷口處會揚起細細的碎末。

❷．牧區的特色肉食及食肉習俗

在西藏牧區，留存著在畜牧經濟形態下的特殊肉製食品及其食俗，它們有別於農區或半農半牧區，形成了特色鮮明，別具風味的飲食習俗。牧區的知名小吃有手抓羊肉、灌腸和風乾肉。

手抓肉。在牧區，大塊肉要用手抓著吃，此種食肉方式稱之為「手抓」。據傳統習俗，吃肉不能用嘴啃骨頭，只能用刀進行削割，於是吃手抓肉時要一手抓肉，一手執刀，一塊塊地把肉片削下來吃。如果是塊無骨的肉，便用上下牙咬住一端，用刀順著嘴皮把肉割斷，大口大口地去咀嚼。初次目睹這種吃肉方式的他族客人往往為之瞠目，擔心他們會割破嘴唇。其實，這種擔心是不必要的，在藏區，就連五六歲的孩子們也能用這種方式吃肉。牧人吃肉一絲不苟，把骨頭刮得乾乾淨淨，刀鋒刃在嘴邊割、挖、剔、削，運用自如。

牧人用來款待客人的肉食是胸叉和肋條肉。藏族俗語說：「羊吃胸叉，牛吃肋巴。」羊胸叉肉肥而不膩，牛肋巴肉細嫩且香，都是手抓肉中的上品，給客人吃這種肥瘦相間的肉，表達了主人的盛情。牧人製作肉食只有一種方法：白煮，不用調味品。有的地方煮肉時放入少許鹽，大多數地方不放鹽。煮肉講究火候，以鮮嫩為好。通常是將帶骨的大塊肉投入鍋中，用旺火煮開幾個滾，主婦就用一根削尖的木棍把肉挑出來，放在一個大盆中供家人進食。這種半熟的開鍋肉，肉中見血，但吃起來不膩，耐嚼，且越嚼滋味越香。

灌腸。不論什麼季節，每個帳房只要有肉吃，就一定會有灌腸，肉和灌腸是搭配著吃的。灌腸可分為四類：一是肉腸，腸內裝進肥瘦相間的肉丁；二是麵腸，腸內裝進小麥麵和油；三是肝腸，腸內裝進搗碎的肝，煮肝腸時下鍋幾滾即出，吃時會柔韌可口；四是血腸，腸中灌進牛羊血和炒麵，有時夾有少量油丁，血腸藏語稱為「久瑪」，只煮一兩開，當腸內的血進入半凝固狀態時，就要及時出鍋。確切地

◀圖11-5　煮奶（陳立明提供）

說，血腸不是吃而是喝的，只要一仰脖子，一腸熱血就會稀里呼嚕地順流而下。它味道鮮美，營養豐富，既可滋補強身，又能一飽口福，是具有草原風味的珍饈。

風乾肉。冬季，牧人把剔骨後的牛羊肉割成條，掛在帳桿上冷凍陰乾，待肉裡的水分消失後，製成的乾肉就能儲存了。這種乾肉十分酥脆，可以一點一點地掰著生食，不用蒸煮加工即可入口細嚼，藏語稱這種肉為「夏崗布」。風乾肉是每個帳房必做的，它是牧人夏季外出活動的常備食品，也是饋送親友的禮物。在藏族牧區，絕對不許把肉直接放在火上烤，因為烤肉的油會滴入火中得罪火神，對此，牧人非常謹慎。

具有民族特色的待客習俗。在牧區做客，若是主婦奉上一塊連著臀尖的羊尾，則是表達對客人的敬重。藏族人崇尚白色，如在元旦用加了牛奶的水洗臉，可望一年好運；貴客臨門，送上潔白的「哈達」，表示良好的祝願；新娘出嫁必乘白馬，如遇大雪，則被認為是美滿幸福的徵兆；白色的羊毛被視為吉祥之物等等。若在羊尾梢下留一綹白毛，是祝客人大吉大利之意。藏族視白色同高尚、純潔、光明、善良、真誠，究其飲食文化的原由，即白雲、雪峰下的土地，哺育了羊群，以及賴以生存的奶汁，打動了藏族群眾的心靈。所以，逐漸視白色為神靈的化身，護佑著他們的生活。

牛的肩胛骨肉細嫩爽滑，藏話稱為「索可巴」，是肉食中的美味，通常留給牙口不好的老人吃，倘若某個小夥子在他女友家裡吃到了「索可巴」，他一定會喜形於色。因為，這是姑娘的父母在用無聲的語言告訴他：他已獲得長者的歡心，同意把閨女嫁給他了。在牧區，還有一種饒有趣味的待客習俗：小夥子第一次到女友家做客，姑娘的母親要請他吃羊脖子，以此來考察他是否是個會吃肉的真正牧人。經受考驗的小夥子都能顯示出其食肉的「造詣」，他會把那環環相扣的頸骨不慌不忙地一一卸開，把每塊骨上的肉用腰刀刮得一絲不剩，就像這些骨頭上從來沒有長過肉一樣，以此通過考驗而進入下一步婚姻程序。

古老的分食方式。藏族牧人進食肉和腸，由帳房主婦按人分配，包括客人在內，每人面前都有自己的一份。藏區傳統的用餐方式是分餐制，在一個家裡，家庭成員各人使用自己的餐具，吃自己該吃的那一份食物，就是丈夫和妻子也分開吃飯，絕不在一個盤子裡扒拉。就藏族人的觀念來說，鍋裡的食物是公有之物，放在某個人面前時才能歸他個人所有。這種由主婦分食的習俗，正體現了家庭成員平均分配、共同消費的一種古老原則。

作為客人，若是分配給你的肉食不夠，最好不要伸手再要，因為後面還有帶湯的麵條；若是分配給你的手抓肉吃不完，那麼在下次進餐時，會出現在你的面前，因為已經屬於你的食物就永遠屬於你，別人無權再支配。哪怕你是座上客，你的「剩飯」也必須由你自己來處理。[1]

隨著社會的發展，牧區的飲食習俗也在不斷地發生變化，但在許多偏遠的地方，食肉習俗還都保持著自古以來的傳統。

❸・藥食兩用的天然香料

藏民用餐講究原汁原味，願意從天然原料中尋找美味。西藏本土的天然香料長在山野，品種多樣，最具代表性的首推林芝和日喀則地區。採摘香料的季節一般為五月到十月。西藏過去無香料市場，至香料成熟季節，各家廚師或主婦都去原野採摘，除了當季使用的新鮮香料，通常還要儲備足一年所需的香料乾草和粉末。

藏茴香，是本土香料中較常見的一種。它適地而生，隨處可見，全株可用作食用香料且可入藥，因此在西藏地區特別是半農區半牧區廣泛使用。春天藏茴香還是嫩芽，人們可採回去當菜吃，五月到十月開小白花的野茴香成片生長，九月即可採摘其葉子「者布」和果實「廓聶」。葉子多用於烹飪土豆，一般人家煮土豆、炸土豆會放一點提味。若碾製或手搓成細末的「者布」撒於油炸土豆，吃後可助解膩，有點類似蒿草的清香，又能增加食慾。「廓聶」形似孜然，但較孜然圓實飽滿，且顆粒更小，味道也不如孜然刺激。通常的用法是拌入辣椒醬蘸肉吃。食「廓聶」還

1　仇保燕：《藏族牧人的吃肉習俗》，《中國西藏》，2007年第3期。

對眼睛有益處，是一種天然的草藥。

「果巴日果」是一種野蒜。藏族不喜食蒜，但喜食「果巴日果」。這種野蒜長得像韭菜而蒜頭小，蒜味也不如內地大蒜濃烈，有淡淡的香氣，能促進食慾、開鬱豁悶，也有解毒的功效。藏民常用這種野蒜包餃子，是藏餐中不可缺少的天然調味品。

「榆保」是榆樹皮，能治瘡、消炎和清熱。榆樹嫩皮如桂皮，含在口中無味有黏液，可替代蛋清使用，在雞蛋還是奢侈食品的時期，藏胞經常用這種黏液攪拌藏麵，吃起來頗爽口。

「加斗」指形似蒿草的藏茵陳，為八珍藏藥之一。但藏茵陳與中藥茵陳不同，中藥茵陳屬菊科植物茵陳的乾燥幼苗，而藏茵陳是龍膽科植物印度獐牙菜的全草。藏茵陳生長在海拔3500米以上地區，在西藏，藏茵陳還是比較常見的保健茶葉，類似於內地的野菊花、甘草等，能清肝利膽、抗衰防癌。藏茵陳的嫩芽嫩莖葉可炒食，也可作為調味香料。煮湯時加入藏茵陳碎葉有特別的香氣，因其香氣濃烈不宜多放。

❹．民族特色鮮明的飲食器具

在長期的歷史發展過程中，藏族人民發揮自己的聰明才智，創造出了豐富多彩的飲食器具文化。在西藏寒冷的氣候和高海拔的特殊生態環境下，藏族的飲食器具獨具特色的地域性器具文化，即使生活在同一區域的藏民，由於所處地區地理環境的差異，也形成了各自不同的器具類型。如昌都和林芝地區屬於林區，飲食用具多為木製；那曲等草原地區，以狩獵為主，多以動物皮或內臟製作；河谷地帶的農區，多燒製陶器等。隨著生產力的發展，金屬器具開始出現。在經濟文化交流中，各種器具各地互通，逐漸失去地域性特徵的飲食器具，遂開始以適用性的特性出現在人們的生活中，有些則作為身分的標識被製作出來，如金、銀、玉石等成為權力和財富的標誌。飲食器具被人們賦予新的文化象徵。

這一時期，陶器以其易得實用，成為大多數藏族家庭日常生活中的炊具和用

◂圖11-6　藏族的木碗、竹盒

具。此外，木器還有金屬器的應用也很廣泛。現介紹幾種常用的飲食器具。

酥油桶。用來提煉酥油和打酥油茶，是藏族最基本的日常用具之一。一般有木質和竹質兩種，但因竹質易裂，所以以木質為多。做酥油桶的材料有講究，最好的桶是紅樺木做的，其次是核桃木、紅松木。酥油桶大小不等，是因為功能不同。生產性的酥油桶牧區經常使用，藏語叫「雪董」，這種桶較大，高約1.3米，口徑近0.33米。家庭日用的酥油茶桶，藏族叫「甲董」，較「雪董」小，高1米左右，直徑約16釐米。還有適宜出門攜帶的酥油茶桶，很小，只有30多釐米高。不論是「雪董」還是「甲董」，一般都是兩個組成部分。一部分是桶筒，一部分是攪拌器，叫作「甲羅」。

茶壺。一般將打好的酥油茶、清茶等茶放在茶壺裡，以便盛入各自的杯中。其設計一般是敞口，細頸，圓腹。容量大，易保溫。有陶壺、銅壺、鉛壺、銀壺甚至金壺。金壺是農奴制時期達賴等上層人士使用的。陶壺為群眾百姓所喜愛，其價格低廉，保溫性亦好。打好的酥油茶倒進陶壺，放在煨燒碎屑牛糞的火缽上再蓋一塊棉布，既不易冷卻，又不開沸，隨時都可飲用。酥油茶不宜明火加熱，若煮沸則油茶分離，口感不佳。

茶碗。藏民飲茶日多，茶碗成為重要的生活伴侶，其人各一碗絕不混淆。茶碗種類很多，有木碗、瓷碗、銀碗、銀嵌木碗和玉碗等。百姓普遍使用木碗，一般給客人奉茶都使用瓷碗。據廖東凡《西藏風情戀》所述，木碗是藏族人隨身的物品。稍有條件的家庭都是一人一碗，父子不共碗，母女不共碗，兄弟不共碗，夫妻不共碗。他們形象地把木碗比作愛人，形影不離地帶在身邊。藏族群眾上山砍柴，下地勞動，都把木碗揣在懷裡，隨時用來喝茶、揉糌粑。要是外出做客，用自己懷裡的木碗讓主人倒茶或揉糌粑，也不會被認為失禮和可笑。人死之後，親友用其生前的木碗斟滿茶酒供祭。

寺院的僧尼使用的都是木碗。這與僧人出世、無慾的教義有關。木碗既是時刻不離身的餐具，又是識別所在寺院的標誌，如拉薩的哲蚌寺、色拉寺、甘丹寺喇嘛們的木碗就各有不同。

木碗一般用樺木、成巴樹、雜木雕琢而成。按照木質材料、產地和工藝的不同，木碗也有等級差別。最好的木碗稱「察牙」，多產於藏南地區，都是用整塊的樹根或樹瘤車製，因此十分名貴。木質有天然形成的花紋，色澤鮮豔。由於根瘤的木質不同，年代遠近有別，花紋又分磷火紋、豬鬃紋、貓頭鷹眼紋等。如果變形或塌陷會自行恢復，且木質有解毒功能。藏民得之往往愛不釋手。據說一個上等「察牙」木碗，可頂10頭犛牛之價，一個中等「察牙」木碗，也是兩三隻綿羊之值。

藏族人在自身發展的過程中，創造和發展出適合自己的進食器，逐漸形成了具有民族特色的進食器具。如刀、筷和勺等。藏胞吃肉喜用刀，刀有長短、大小不等的宰肉刀、吃肉刀；筷分像牙筷、檀香木筷、竹筷、銀筷；勺有銅勺、鐵勺或合成鋁勺。作為盛食器的盤則有金盤、銀盤、銅盤、陶瓷盤與木盤等。

❺．獨具特色的茶文化

藏族與茶結下了不解之緣，把茶視同糧食、水、空氣一樣重要，可謂家家有茶，人人飲茶。平常一個成年藏民每日約飲茶30碗，有的牧區一個牧民一天要喝幾十碗乃至上百碗茶也不足為奇。

他們認為茶能帶來健康和快樂，也是擁有財富的象徵。在一首民歌中有這樣的唱詞：「男女老幼聚集在帳篷，帳篷有茶更幸福。」他們把茶和幸福連在一起，認同有了茶就有了歡樂。而一些老人將年邁體衰的原因歸結為茶沒喝足，有的則認為七八十歲的老人之所以長壽，即因天天喝茶的結果。此外，藏族人民還賦予茶許多的社會功能和吉祥美好的象徵意義。

藏族人常用酥油茶待客，喝酥油茶有一套相應的茶飲禮節。客人至，主人會熱情邀請來客在羊毛墊或藏式方桌邊坐下，主婦拿過一隻木碗（或瓷碗、茶杯）放在客人面前，茶碗要潔淨，不能有缺口、裂紋或是舊碗，以雙手敬放。接著主婦提起酥油茶壺（壺底必須低於桌面），輕輕晃數次，斟茶時要右手提壺，左手掌心向上，茶水不能濺出碗外，更不能發出「噹噹啷啷」的響聲。斟滿酥油茶後雙手端碗躬身獻給客人，講究先長後幼，先賓後主。剛斟上的酥油茶，客人接茶後不能急匆匆地張口就飲，而是應先和主人聊天，待主人再提起酥油茶壺站到客人面前時，客人便可端碗。喝茶前，要用無名指蘸少許茶，向空中彈灑三次，以示祭享神祇，然後才開始飲茶。飲者先在酥油碗裡輕輕地吹一圈，將浮在茶面的油花吹開，然後呷上一口，並讚美道：「這酥油茶打得真好，油和茶分不開。」客人把碗放回桌上，主人再給添滿。稍後，主婦恭立一側，或在幾位客人中輪轉，隨喝隨添，使茶碗保持盈滿狀態。喝茶應輕輕啜飲，若發出聲響，則被視為缺少教養。客人若無告辭之意，但不想再喝，待主人把碗添滿，就此擺放，等到告辭前一次喝完，但碗裡要留點漂油花的茶底，表示茶永遠喝不完，財富充足。而且，到藏胞家做客，不能喝一碗就走，一般以飲三碗為吉利，只喝一碗視為不吉利，藏諺道：「一碗成仇！」「是仇人也不要只倒一杯茶。」說明忌諱客人只喝一杯茶。飲三碗才符合藏族的習慣及禮貌。

茶還是吉祥物，是美好事物的象徵。在寺院，茶通常被當作聖物，與經書、珠寶一道，裝進每一尊新塑的佛像體內，經活佛加持開光，這尊佛像才有靈氣。給寺院供奉時更離不開茶。在民間，茶也是餽贈親友的佳品。訂婚時帶上茶，表示感情不移，生活美滿；結婚禮物也是以送茶葉為上品。新娘經過的路上，鄉親鄰里在門口擺上茶葉和鹽巴，迎親者邊走邊收，這不但是一種禮物，也是一種祝福。有些地區的新娘子初踏婆家門首先要進廚房熬茶，請父母親友品飲。藏民真誠地相信，來自漢地的茶與來自藏地的鹽巴，在酥油筒內相聚，融合成芳香可口的酥油茶，是世界上最圓滿的結合，是姻緣會聚的佳果。用茶贈人，會帶來吉祥歡樂；用茶敬神，會召喚來神佛護佑。他們還把茶葉和鹽，喻為青年男女之間堅貞不渝的愛情，關於這方面的故事、傳說和歌謠，不勝枚舉。[1]

❻．豐富有趣的酒文化

在漫長的歷史發展過程中，經文化的交流與融合，藏族逐漸形成以青稞酒為主要載體的酒文化。它不僅能增加藏族人民抵禦惡劣氣候的能力，更是逢年過節、婚喪嫁娶、送往迎來不可或缺的飲品，給生活增添風采和樂趣，由此形成了豐富有趣的酒文化。

酒是吉祥健康、喜慶歡樂的象徵。藏族大多地方都要在年初一早上喝八寶青稞酒「滾典」，即青稞酒內加紅糖、酥油、奶渣和磨碎的青稞，以預祝全家新年吉祥與健康；或大年初一天剛亮，家庭主婦就把「滾典」端到家中每個人的床前，喝了再起床，以示新年伊始就豐衣足食，步步吉祥。在節日裡，飲酒給歡聚的人們帶來無窮樂趣。藏族善歌舞，最豪放的飲酒是在跳鍋莊的時候。村寨的青年男女圍成一圈，圈中設小桌，放上幾壇青稞酒；男女兩隊輪流領唱，翩翩起舞，並不時去圈中喝上一碗酒。於是酒助舞興，歌借酒力，通宵達旦，儘興方休。對藏族人而言，酒是喜慶的飲料，絕無消愁解悶的用途。

酒是和睦親友的橋樑。每當貴賓、親戚、朋友來訪，全家都排列門前，向來客敬獻哈達和青稞酒，這是最誠摯尊貴的禮節。按習俗，主人要給客人敬三杯酒。為客人敬酒時，主人先斟滿一碗（或杯），捧獻於客前，一些地區還要在酒壺嘴上和酒杯沿上抹一小塊酥油，以示吉祥。客人不能端起酒杯即喝，必須先用無名指在酒

1　廖東凡：《西藏風情戀》，內蒙古人民出版社，1999年，第245頁。

杯中點三下彈向空中，以示祭天、祭地和祭祖先。而後輕輕呷一口，主人給添滿，再喝一口，再添滿，至第四次倒滿時，就得一飲而盡。如果客人不會喝酒，可用無名指蘸一點酒彈三下，主人見後，也就不再勸酒。如果客人酒量小，喝上一口就讓主人添酒，這樣連喝兩口，再添滿杯後一飲而盡。雖然你喝得不多，主人也是高興的。這是約定俗成的規矩。如果客人既不彈酒，也不喝酒，則是失禮的表現，主人會不高興，認為客人不懂禮貌，或是客人瞧不起自己。如果客人酒醉，主人絕不會譏笑，反而認為是坦誠的表現。即使有了糾紛也要請酒當「和事佬」，如理虧認錯，就給對方送一罈酒以賠禮道歉。藏族人民熱情好客、和睦親友的風尚，在這些酒俗中得以充分展現。

酒禮遵循了藏族傳統的敬天尊老的倫理規範。每釀新酒，必先以「新酒」敬神，然後依循「長幼有序」的古訓首先向家中的長者敬酒，其後家人才能暢飲。在節日婚慶或眾多人聚會場合，飲酒一般也是先向德高望重的長者敬獻，然後按順時針方向依次敬酒。敬酒者一般應雙手捧酒杯舉過頭頂，敬獻給受酒者，特別對長者更是如此。而受酒者先雙手接過酒杯，繼而用左手托杯，再用右手的無名指輕輕蘸上杯中的酒，向空中彈一下，如此反覆三次，口中還要輕聲念「扎西德勒平松措」等吉祥的祝詞，然後再飲。彈酒三次是對天、地、神的敬奉和對佛法僧三寶的祈祝。在彈酒敬神後，受酒者飲酒時不能一飲而盡，講究「三口一杯」，即先喝一口，斟滿；再喝一口，再斟滿；喝了第三口，再斟滿才全部幹盡。滴酒不剩者，才是最有誠意的。

酒是歌的孿生兄弟。有酒就有歌，酒歌成為藏族酒文化的一部分。聚會飲酒時，歌是必不可少的。唱酒歌是藏族飲酒一大特點。酒宴上向他人敬酒時，敬酒人一般要唱酒歌。屆時男主人和女主人都會端起酒杯，邊跳舞邊唱敬酒歌，給客人敬酒。若不唱，受酒者可以拒絕飲用。主人要在歌中唱出這杯酒的來歷與意義，如：「端在手上的這杯酒很不尋常，它是用潔淨的甘露雨和吸收了日月精華的五穀釀造成的，是長壽之酒，修法之酒，安樂之酒。貴人喝了這杯酒，心量寬廣如天大；膽小的人喝了這杯酒，走路無伴心不怕；英雄好漢喝了這杯酒，戰場勇猛把敵殺。用這杯酒供奉天神、寧神和龍神，三神也會高興。唱快樂歌曲需要這杯酒，跳狂歡舞需要這杯酒，尊貴的客人請乾這杯酒，歡歡樂樂不要走。」這時，客人感謝主人的盛情，都會高興地把這碗酒一飲而盡。若主人已唱酒歌，客人不喝，主人就一直唱下去、跳下去。盛大宴會上有專門敬酒的女郎，藏語稱為「沖雄瑪」，她們身著最華貴的服飾，唱著迷人的酒歌，輪番勸飲。主人唱勸酒歌時，歌聲一落，客人要一飲而盡，直至一醉方休。酒歌歌詞簡樸卻飽含深情，表現了人們對歡聚的祈盼與珍視，表達了人們對無病無災美好生活的嚮往與祝福。唱酒歌時，身子要伴著節奏舞蹈，杯中的酒卻絕不許灑出。客人有時也要唱酒歌回敬，此唱彼和，氣氛十分熱鬧，把宴會推向高潮。

有趣的罰酒習俗。在西藏許多地區還流行罰酒的習俗，通常分「角羌」「過羌」「替羌」等形式。所謂「角羌」，意為快酒，即在敬酒者尚未唱完酒歌之前，飲酒人就提前將杯中酒飲乾，杯中無酒被認為是不禮貌的，故而要罰酒一杯。所謂「過羌」意為慢酒，即在敬酒人唱完歌后，飲酒人還未飲完杯中之酒，被視為反應遲鈍，也要罰酒。「替羌」意為滴酒，即在敬酒者唱完酒歌時，飲酒人也正好將杯中酒飲掉，但在杯底還剩有少許酒，哪怕是幾滴，也要罰酒。人們認為杯中剩酒，是對敬酒者不尊重或無誠意，故要給予懲罰。不會飲酒的人，可以申明理由，一般不會強迫飲酒，而藏民很少有不會飲酒之人。有時，敬酒者唱的酒歌極其出色，飲酒人可以接過酒杯，反過來向敬酒者獻酒，這杯酒則稱為「勒羌」，意為獎勵的酒，表示對敬酒者歌唱的讚賞，要求敬酒者飲下這杯獎勵酒，會得到在座者熱烈地贊同。飲酒接近尾聲時，若將酒器中的酒倒在酒杯中，正好滿了，則認為是大吉大利的徵兆。有的則將酒器中最後能滴出的幾滴酒倒入手中，抹到自己的頭頂上，以期帶來福分與吉祥。

酒具共用，親同手足。藏族講究飲食衛生，平時就餐各人有自己的專碗，絕不混用。但聚會飲酒時，酒具卻是大家共用的，能在一起飲酒者，被視為一家人，親同手足，因此飲酒時不能分用酒具，否則被視為見外或小瞧別人。

飲酒有節制，愛酒不酗酒。藏族人民篤信佛教，但這並不妨礙他們熱愛生活，追求幸福。適度的飲酒並不影響他們對佛教的敬奉。因此，佛教在藏族社會的傳播過程中，不能不對藏族人民傳統的飲酒習慣表示某種認同。這種把世俗與宗教人員相區別的態度和對酒的功用的肯定，反映了藏傳佛教對酒及酒文化的現實主義態度。[1]但佛教思想的長期影響，又使藏族養成了「飲酒有節制」的傳統，他們普遍愛飲酒，但絕不酗酒，平時不隨便飲酒，儘管在喜慶歡樂的時候飲得酣暢淋漓，因青稞酒性平和，酒醉之人也少有酗酒者。

藏族的酒文化是在滿足雪域高原人們物質與精神的需求中誕生、形成、發展的，它也必然會隨著藏族人民物質生活和文化需求的提高而不斷發展。

三、日常飲食禮俗與禁忌

❶．日常飲食禮俗

日常飲食禮俗體現了藏族豐富的飲食文化內涵和功用。

▲圖11-7　野外的石鍋灶（《西藏民俗》，五洲傳播出版社）

1　任新建：《中華食苑》第三集，中國社會科學出版社，1996年。

▸圖11-8　藏歷新年擺放的「切瑪」（《西藏民俗》，五洲傳播出版社）

首先是尊老愛幼，家庭觀念強。家中釀了好酒，頭道酒「羌批」（新酒）敬獻神靈後，首先由老人品嚐。每年收割新糧做成的食品也由老人首先嘗新。日常家庭就餐先為長者盛食，然後一家老小圍聚火塘旁進餐，暖意氤氳，其樂融融。煮奶茶也是全家人集體活動的一部分，鐵爐擺在客廳中央，全家圍坐、嬉笑和暢談，奶茶香味縈繞四周，家庭氛圍十分溫暖。

進餐講究禮貌與衛生。吃飯時，講究食不滿口，咬不出聲，喝不作響，揀食不能越盤。用餐時禁止大聲喧鬧。有來賓時，不能搶主賓席，坐姿要正。吃肉時不僅要分餐，還要固定餐具。每個人都有隨身攜帶的碗筷和刀具，刀鞘上有專門的孔用來插筷子。割肉時刀刃要向內，吃肉遞刀時不能將刀刃對向客人，這是不禮貌的行為。吃完肉，每個人還需用舌頭將碗筷舔乾淨，表示這個人做什麼事情都有始有終，並且注意衛生。

提倡節儉。藏族人認為凡烹飪之物，無論是大自然賜予的或是人工培育的，均消耗了人的勞動，來之不易。凡能食之物都要善於利用，一滴血、一粒米、一片菜葉，也要盡量加工為食，否則就被看作是暴殄天物，罪莫大焉。平時居家過日子也講究節儉，不能有絲毫浪費。如牧民吃肉時，必須要吃得乾乾淨淨。除了講究節儉外，他們還認為吃肉乾淨，做事也會徹底。

殷勤好客，熱情禮貌。若有賓朋登門，藏民定會傾其所有，拿出好酒好茶好菜盛情款待。他們認為講究飲食是為了尊客敬友，而不僅僅是為了滿足食慾，藏諺云：「把錦衣美服留給自己，把珍饈佳餚獻給別人」，「投石於河是問渡之方，獻美食於人是尊客之道」，足以表達這份誠懇。青藏高原人煙稀少，村落一旦來了客人，便全村皆知，爭相供給飲食，杯盤羅列，輪番飲酒，歌舞達旦，必使客人酒醉飯飽，心暢意樂方休，充分表現了藏族人民待客的赤誠之心。招待尊貴客人的飲食要比平時豐盛，如邀請活佛、僧人、盟友、世交和親戚，在「粑角」中加放酥油或吃「糌崗」，即由拌勻的糌粑、奶渣、酥油和兌糕製作而成。主客邊吃邊喝酥油茶，最佳佐餐為酸奶，還有放入人參果和白糖的蒸米飯、酸奶米飯、酥油米飯、肉米飯、肉餡包子等主食。在端飯、敬茶、斟酒、敬酒時都要用雙手捧給對方，而且不能用有裂縫的、破口的碗、杯、碟或勺。飲食用的碗和茶具禁忌扣放，因為只有死人的碗和杯才如此放置。

祭天敬神。糌粑是宗教儀式中不可缺少之物。在宗教節日裡藏民要拋撒糌粑，以示祝福；在舉行盛大「煨桑」（煨桑是一種用松柏枝焚燒的靄靄煙霧以祭天地諸神的儀式）時，人們不但要往火裡灑點水，也要投入糌粑，糌粑在宗教中的魅力是其他民族少見的。藏族搬家要專門舉行灶神搬家儀式，往燒著牛糞的陶罐裡灑些茶葉和酥油，頓時縷縷青煙升起，主人端著陶罐對廚房的灶神訴說搬遷的理由，並請求灶神一起進入新房。這時新居的廚房早已打掃得乾淨，鍋台壁上已畫好像徵灶神的蠍子像，有些人還鑲上紅白石子，畫上海螺，寫上吉祥祝福語。節日裡也有專門敬灶神儀式。

婚姻締結的過程中也充分展示了飲食禮儀，以及約定俗成的飲食意義。

當男女青年戀愛時，小夥子若在女朋友家吃了牲畜肩胛骨處的肉，即表示女方已默許他們的婚事。因為平常肩胛骨處的肉，是給牙齒不好的老人吃的。訂婚日女方要向男方的執事人等獻「切瑪」（裝有糌粑、麥粒並插著青稞穗和雞冠花的吉祥方斗），敬茶酒。在結婚儀式的頭一天，女方也要舉行敬「切瑪」喝酒等告別儀式。姑娘出嫁時，女方一家人手拿羊腿，站在高樓上高喊：「不要把我家的福氣帶走呀！」這裡的羊腿代表財富即福氣。之後馬隊出門起程。男方的家人要向迎親隊伍敬三次酒。婚禮的第一天黎明前，男方請畫師在門上用糌粑或麵粉畫「雍仲」圖案「卍」字，象徵新婚夫妻的愛情堅固不摧、永恆常在。

婚禮中，食品代表著特殊的禮儀與含義。新郎新娘的坐墊前置茶几，上面擺有「卓瑪哲賽」（以人參果、大米飯和酥油製成，盛得尖尖的，上撒白糖，新娘新郎各一碗，置於碗托上）、酥油茶和酒杯。先送上「索孜乾索」，即乾牛肉、乾糌粑，新郎新娘各吃一點，意味著糧食和家畜的豐收；再捧上「圖巴擦未」即無鹽麵條，象徵福壽延綿，新郎新娘各吃半碗。再吃「卓瑪折賽」（人參果飯），表示相親相愛，倆人各抓幾粒，撒向四方，以祭奠神、龍和神祇。宴客則以燉牛羊肉、糌粑、酥油茶為主。待客人吃飽再獻上青稞酒。親朋中的僧人不飲酒，但此時須用右手無名指在酒杯內蘸三下，向空中彈三次，以示禮儀。當天晚上，人們在新婚夫婦臥鋪的卡墊下用青稞粒撒成「卍」字形，表示吉祥與喜慶。次日客人前來參加婚宴。婚宴上忌以「帕雜莫古」「巴突」（類似貓耳朵樣的麵塊）以及湯食饗客，以避凶趨吉。因為前者原是僧人食品，後者為受苦人的食品。此後，賓客送禮，獻上哈達和禮品，酒女捧著青稞酒和「朝蘇切瑪」，各人在斗內抓少許糌粑撒向四方，以示祈福。第三天，主人請親朋鄰里參加大宴。下午舉行「卓桑」（在庭院或門前燃香），以示婚禮圓滿結束。

❷．飲食禁忌

藏民對鍋灶非常敬畏，無論是農區還是牧區、城鎮還是鄉村，藏家的灶台都打掃得乾乾淨淨，鍋碗瓢盆擦拭得一塵不染，因為這是灶神之居處，不可怠慢。對火塘也有敬畏之情，認為火塘中有灶神。即藏族人家的灶壁上畫著白色的蠍子，藏語稱之「第巴然亞」，被視為龍女的化身。所以，火塘要保持乾淨；嚴禁跨越火灶，忌往火灶裡吐痰；忌用腳蹬踩灶台或坐在灶台上；忌直接在火上烤肉等等。即使野外用火，也要保持對灶神的敬畏，不能有絲毫馬虎。

由於藏族群眾普遍信仰藏傳佛教，飲食文化受宗教影響很深，因而產生了一些

◂圖11-9　鍋台壁上用白色糌粑或白土繪成的象徵灶神的蠍子圖（《西藏民俗》，五洲傳播出版社）

宗教性的飲食禁忌。他們在重大宗教節日或吉日忌葷。藏傳佛教認為藏歷每月八日、十五日、三十日為吉祥日。每逢吉日或重大宗教節日時，許多人在一日三餐中不沾血吃葷，而專做素食。對大蒜也多有禁忌。大蒜作為調味品平時亦食用，但若要去轉經拜佛、朝拜神聖之地時，則絕對不可食蒜，忌諱食蒜後的口臭玷污和熏髒了聖潔之地。吃蒜的當天不能去佛堂廟宇，三天之後才能解禁；或說吃大蒜之後，七天內不宜參拜廟宇、寺院和其他聖潔的地方。因為清除大蒜的氣味是需要時間的。藏區有句諺語：「即便佛堂著火，也不要叫食蒜人幫忙。」一些信仰虔誠的群眾幾乎不食蒜。

在食肉方面，一般人只吃偶蹄類牲畜的肉，如牛羊肉，而絕不吃奇蹄類牲畜的肉，如馬、驢、騾與狗之肉。凡是盛過驢、馬、狗之肉的鍋和碗則不再使用，認為吃這些動物的肉太髒，有罪孽，死後不能升天。有的人也不吃雞、鴨、鵝、豬、狗、兔、水獺等禽畜類的肉及卵。即使是牛羊肉，也不能吃當天宰殺的鮮肉，必須一天後才能食用。當天宰殺的肉稱為「寧夏」（意為「日肉」），人們認為牲畜雖已宰殺，但其靈魂尚存，一天後靈魂才會離開軀體。

大部分地區的藏民不吃魚和飛禽肉。他們有愛護鳥獸魚蟲的優良傳統，認為魚等水生動物是龍神的寵物，且它們在水中吃苔泥，無損於人，吃它們的肉是有罪的，會給人帶來意想不到的災難。部分地區遇到買魚、做魚時，則稱魚為「球蘿蔔」，即「水蘿蔔」之意。對鳥類、山雞等飛禽藏民從不捕食，尤其如「拉恰貢姆」這樣的雪山雞，他們視之為神鳥，忌諱捕獵。

四、年節飲食習俗

節日文化是一個民族物質文明和精神文明最集中的體現。藏族的年節大體可以分為民俗節日與宗教節日兩類。民俗節日是藏族全民歡慶的日子，而宗教節日則是因藏傳佛教信仰而過的節日。在民俗節日習俗中，具有農耕文化色彩的農區與牧區略有不同，它們表現出各自不同的特點，顯示出各具特色的文化內涵。在眾多飲食中，青稞酒和酥油茶是藏族飲食文化的重要內容，更是節日中必不可少的飲料，伴酒、茶而歌舞，為節日文化增添了喜慶氣氛，成為許多節日活動的必不可少的組成部分。

▶圖11-10 門上的「雍仲」和日月是藏族人最崇拜的符號（《西藏民俗》，五洲傳播出版社）

❶．民俗節日

民俗節日中，藏歷年是藏族一年中最重要的節日，相當於漢族的春節。藏族人民根據藏歷推算出具體節日日期，藏歷以冬、春、夏、秋為序，全年354日。西元一〇二七年，佛教密宗傳入西藏，因此，當年被認定為藏歷元年，藏歷由此開始推算。一般從十二月中旬就開始做過節的各種準備。各家各戶用桶或盤浸泡青稞，用酥油、白麵和糖炸「卡賽」，並釀造青稞酒。除夕的晚飯前，還要在門上畫像徵吉祥的「卍」字符，有的還在房樑上畫有許多白粉點，表示糧食滿倉。藏歷臘月二十九，拉薩家家戶戶都要吃一種特殊的年飯——「古突索」，這是用牛羊肉、蘿蔔、麵糰（麵疙瘩）及其他作料做成的一種帶湯食品。麵疙瘩中含有九樣東西：麥粒、杏乾、羊毛、辣椒、瓷片、內向捻線團、外向捻線團、豌豆、木炭。各物都有一定意義，並與被食者的性格或運氣相聯繫，誰吃到了什麼，馬上向掌勺的女主人報告。比如，吃出羊毛者，說明他心地善良；吃出辣椒者，表明他性格潑辣；木炭表示心黑，豌豆表示圓滑，杏乾表示健康，瓷片表示純潔等等。這既是一種娛樂，又是一種占卜。用歡笑寄託人們對新年的美好祝願，最後總是在歡笑中結束。人們求吉祈福的心理還表現在其他方面。過藏歷年時，家家都要在藏式櫃上擺一個叫「朝索切瑪」的吉祥木斗，斗裡放滿象徵豐衣足食的青稞、糌粑和人參果等，上面插著青稞穗、麥穗和一種叫「孜卓」的繪有太陽、月亮、星星圖案的彩花板，其上點綴一小塊酥油，象徵過去一年的好收成，預祝新的一年風調雨順，六畜興旺，五穀豐登。幾乎家家都用酥油雕塑一個稱作「魯郭」的羊頭，因為在藏語裡羊頭和牛頭諧音，擺羊頭、吃羊頭被視為非常吉利的象徵。

初一早晨，全家換上新衣服，按輩分排位坐定，長者先從「切瑪」中取少許糌粑向空中彈三彈，放一點在嘴裡，再用無名指蘸少許酒向空中彈三下，或三口或三杯或一口一杯喝了敬酒，祝以「扎西德勒」等語，每人依次抓一點入口，長輩再順次祝「扎西德勒」，晚輩回賀。祝畢，即表示新年儀式結束。之後，全家吃麥片粥和酥油煮的人參果，互敬青稞酒。從初二開始，鄰居、親戚好友相互拜年。有客至，主人便端過「朝索切瑪」，客人用拇指和食指抓起一點糌粑，向空中連彈三次，再抓一點放

▸圖11-11 過望果節的林芝農民（《西藏民俗》，五洲傳播出版社）

進嘴裡，然後說一句「扎西德勒」，表示祝福。在牧區，許多人還在新年這天將五彩布條繫於羊身，並向羊的身上灑奶茶，以祝願牲畜興旺。

而在工布地區，即西藏的林芝縣和米林縣，藏民的生活生產方式、風俗習慣都有自己的特點，這個地區的藏胞不在藏曆正月初一過年，而在藏曆十月初一過年，表現出不同地域的年節飲食文化特色。藏曆九月三十日晚，家家戶戶都要「趕鬼」，不讓他們擾亂新年活動。此後，請狗吃飯。他們把過年的食物，端端正正地擺在木盤裡，或者放在長長的木板上，有糌粑團、餅乾、牛羊豬肉、桃子、核桃、酥油、奶渣、人參果、酥油茶、青稞酒等（茶和酒裝在核桃殼內）。準備畢，主人把狗喚來，很禮貌地說：「舒服的狗，快樂的狗，請進餐吧！」如此三次，狗開始動嘴了。工布藏胞認為，狗吃什麼，不吃什麼，都是神的指使，因此全家誠惶誠恐，注視著狗的每一個動作：吃了糌粑或餅乾，預示糧食豐產；吃了酥油或奶渣，預示牧業興旺。但這時狗千萬別吃肉，這預示著死人或鬧瘟疫。奇怪的是，這天晚上狗是極少吃肉的。狗吃飽了，人再吃團年飯。全家圍在火塘四周，烤著暖融融的青岡柴火，喝著青稞酒、酥油茶，吃一種特殊的食品「結達」。這是用酥油、牛奶調和麵粉做成的麵疙瘩，戳在尖尖的木棍上，伸進火裡烤，烤熟一個吃一個，味道特別好，特別香。請狗吃飯的風俗反映出在半農半牧生產地區，人們對狗的尊敬和愛護。從文化人類學的視角看，人們對狗的尊敬，是因為狗是牧人必不可少的幫手，是保護牲畜的有功之臣，牧民對狗充滿了感謝之情，出於對相依為命的動物夥伴的感激，故而在過年之時用特殊的飲食習俗作為一種表達方式。

「望果節」是藏族農耕生產的節日。「望」即「農田」，「果」意為轉圈、巡遊，合起來的意思是「巡遊田野」。這是西藏農業區最大的節日。望果節無固定日期，一般在秋收前夕舉行，主要是對土地神表達農民的感激之情，並祝願莊稼豐收。一般在七月，當青稞和小麥成熟即將開鐮之際，以村落為單位，全體鄉民穿起節日盛裝，背著青稞酒、酥油茶，拎著飯菜盒子，繞本村莊稼地轉圈遊行。走在隊伍最前面的引路者要舉著幡旗、背著經書、捧著藏香，接著是苯教苯巴舉著「達達」和羊腿領隊，意為收地氣，求豐收。村民手執青稞穗和麥穗在田間繞轉，繼而將麥穗及青稞穗插在穀倉或神龕上，祈禱全年有個好收成。隨後是體育活動，最後是群眾性歌舞。結束時，在地頭、田邊、林卡、河畔進行野餐。

除了藏歷新年和望果節，藏族民間還有許多民俗節日，大多用餐宴的形式表示。最熱鬧的就是每年一度的八月（各地時間略有差異）「雅吉」，意為夏樂，或稱「賽馬節」，有時村落或部落也組織聯歡會和野餐，熱鬧非凡。還有藏歷五月十五日的「世界公桑」（即到神山煨桑、掛各種顏色的經幡等）等祭山活動，祭山結束後，藏民們會歡聚共餐。

在農牧區，重要的節日還有：每年春天第一次聽到布穀鳥叫聲稱「恰扎」（意為「鳥鳴」）節；第一次聽到春雷聲稱「珠恰瑪庫」（意為「雷鳴酥油宴」）以示吉祥，牧民還要在羊圈周圍擺上冰塊，預祝新年風調雨順，牛羊肥壯，六畜興旺，吉祥如意；家中牛羊第一次產犢或生羔時要食美餐，稱「卓達」；剪羊毛的時節有「羊毛宴」等。還有「察白朗吉」（意為馱鹽者的歡聚），安多牧民男子每年春、夏、秋三季去鹽湖馱鹽，回家後同一馱隊的歡聚一起共享快樂。牧民經商出遠門時，要舉行商人祭灶神的儀式，之後，親鄰好友宴請共歡，稱「餞行酥油宴」。牧民家庭中不同畜群各有較固定的放牧人，這些牧人日常在野外放牧，也結交了一些同自己一樣的牧人，他們也有自己的歡聚方式，稱之「卓他」（意為歡聚）。

每逢各種節日時各家都會舉行規模不一的家庭宴會，但不管是大型的聯歡會，還是很小的家宴，都充滿了歡樂氣氛，表現出農牧民的一種生活態度，這種習俗通過一種神聖的儀式代代相傳。如此諸多的禮儀行為，自然豐富了牧民的食譜。其中，藏北牧區「素食葷膩」的飲食結構被認為是藏餐中最具營養和獨特風味的系統之一，若從當代營養學的觀點來看，基本達到了營養平衡。諸如穀類中的青稞、小麥、豌豆，富有營養的肉、酥油、奶渣，飲料中的茶、酒、奶，甜食中的蔗糖、蜂蜜、奶製品，野生的人參果、黃蘑菇等都是牧民們的生活必需品，他們按食品的顏色將食品分類為「白食」和「紅食」。白食是以酸奶和奶酪為主的奶製品，而紅食是以牛羊肉為主的肉製品，製作上有煮、燉、燒、炒、生等烹調技藝。

❷．宗教節日

宗教節日是藏族節日文化的重要組成部分。藏族信仰藏傳佛教，幾乎月月有節，其節日食俗也伴隨著宗教活動而展開。宗教節日依據傳統的宗教祭祀，形成相對固定的時間與地點、活動方式，具有全民性、傳統性。主要有慶祝釋迦佛戰勝「外道」的大昭寺傳昭節（正月十五元宵節）；舊時拜見達賴的三月八日「傑朵節」

▸圖11-12　在羅布林卡郊遊野餐（《西藏民俗》，五洲傳播出版社）

（八祭節）；慶祝釋迦牟尼降生成道涅槃的四月十五日「薩嘎達瓦節」；以及五月一日至十五日的「瞻部林吉桑節」（又稱「煙祭節」「林卡節」）、八月一日的「恰休節」和九月二十二日的「拉波推欽節」。其中，還有與飲食有關的節日，如七月初的「雪頓節」是奉獻酸奶的節日。「雪」意為酸奶，「頓」意為宴會，合起來的意思是「酸奶宴」。「雪頓節」吃酸奶的習俗由來已久。每年藏歷七月天氣轉暖，百蟲驚蟄而出土活動，為避免傷害他們，不違佛祖「不殺生」的戒律，格魯派規定，這月的十五日到三十日，喇嘛們在寺院閉門修練，直到解禁。而此時，正是藏區牧草豐茂，盛產牛奶的季節，人們將牛奶製成酸奶，既潔淨，又營養，以此供奉喇嘛活佛。節日中，百姓還常以乳酪飲客齋僧，因此常譯名為「酪宴節」。「酪宴節」後來演變為以藏戲會演為主的節日，所以此節又被稱為「藏戲節」。在拉薩，每年從七月一日始，由各地藏戲團在哲蚌寺演出藏戲，初二至初四，移在羅布林卡舉行。節日裡，藏族群眾穿盛裝、提乳酪、備酒食、觀看藏戲大會演。在雪頓節上，當劇目更換與情節銜接之際，觀眾便到林卡樹林中的幽靜之處去野餐，暢飲酥油茶、青稞酒和吃各種美味食品。

年節飲食是藏族先民對大自然的親和與認同，體現了其保護生態、保護野生動物資源的傳統，他們很早就形成了與自然和諧相處的「天人合一」的生態觀；節日中家人團聚，拜會友鄰，以豐盛食物待客，互祝吉祥如意，起著加強親族關係和維繫、調節社會關係的作用；基於農耕文化的農事食品祭祀、祈盼豐收的願望，表達出他們對美好生活的追求；基於畜牧文化的特色年節食品娛樂，則透視著藏族人民嚮往喜慶吉祥、歡樂美滿、熱愛生命的主題；而節日食俗中所表現出的信仰習俗，感恩祖先，敬娛佛祖，尊奉喇嘛，揭示出藏族人民的宗教觀與倫理觀。

第十二章　改革開放以後

第一節　四川地區的迅猛發展

二十世紀七〇年代末，中國實行改革開放政策，四川的社會經濟此後逐步完成了由計劃經濟向社會主義市場經濟的轉變，經濟得到長足發展。一九九三年，城市居民擺脫了計劃經濟統銷統購的束縛，取消了糧票及各種票證，糧油、副食品敞開供應，飲食文化全面發展，預示著一個嶄新的「飲食時代」的到來。

一、四川美食迅跑，川菜走出國門

❶．經濟體制改革促進農業經濟大發展

一九七六年後四川推行了農村經濟體制改革試點，推動了農業生產的發展。一九七八年，四川實行了家庭聯產承包責任制和擴大企業承包自主權試點，拉開了農業改革和企業改革的序幕。此後，農業出現了持續增長的大好勢頭。由於實行了家庭聯產承包責任制，調整了農村產業結構，農村的商品經濟有了較大發展。在中央提出的「決不放鬆糧食生產，積極開展多種經營」的方針指導下，四川從一九七九年開始，採取了鼓勵發展經濟作物、林業、畜牧業和鄉鎮企業的一系列政策。

在糧食生產方面，自二十世紀七〇年代後期始，全面推廣雜交水稻，使全省水稻生產有了突破性的發展。二十世紀八〇年代後，開始改進耕作制度和栽培技術，旱地三熟制在丘陵地區基本上普及，並推廣了地膜保溫育秧等新技術。一九九八年，在耕地面積並未擴大的情況下，通過改進農業生產技術，全省主要糧食產量達3519.7萬噸，為一九五二年的2.5倍以上。

在發展經濟作物方面，四川省總結推廣了糧菜套作、四邊植桑、小麥鑲金邊（油菜）、玉米紅苕鑲紅邊（高粱）等耕作制度；在山區推廣改造利用冬閒地的技術。這些都對合理利用土地，推動生產發展發揮了重要作用。進入二十世紀八〇年

代後，由於一些高效低毒新品種農藥的引進和使用，對防治水稻等作物的病害起到積極作用。一九九八年，四川農林牧漁業增加值為941.2億元，糧食生產總產量達3626.3萬噸，增長2.5倍，成為全國第三產糧大省。

一九七八年以來，根據適應市場需求的原則，四川農村經濟逐漸擺脫單一的產業結構，開始走上了農林牧副漁協調發展、農工商綜合經營的健康發展道路。一九七九年後加強了漁業工作，使水產事業得到較快發展。一九九八年，水產品產值達31.45億元，為一九五二年的61倍以上；產量達42.3萬噸，為一九五二年的42倍以上。四川畜牧業也獲得迅速發展，成為農村經濟的一大支柱產業。一九九八年畜牧業產值達554.15億元，為一九五二年的188.9倍以上。

❷．餐飲經濟迅猛發展

改革開放以來，伴隨經濟的發展，飲食市場空前繁榮。二十世紀九〇年代以後，四川飲食文化進入多元發展時期。隨著生活的不斷改善，百姓食品消費的場所與形式都發生了變化，飲食消費領域不斷擴展，飲食市場呈現繁榮局面，充分體現在如下方面。

飲食消費水平大大提高。人們開始講究「吃」，餐桌上的菜樣逐漸豐富，以往逢年過節才端上餐桌的「紅燒肉」已在餐桌上增多，過去聞所未聞的三文魚和鱸魚，也成為常見的美食。街上的飯館增多，傳統的菜系在沉寂許久後也得到復甦，人們對飲食多樣化的要求促進了餐飲業的繁榮發展，西餐廳開始重返各大都市。

餐館酒樓數量繁多，個性鮮明。改革開放後，四川餐飲業陸續恢復了一些傳統名號，並出現了一大批帶「洋」味的名字。此後，又受南方影響，一些飯店酒樓習慣以「城」來命名，如「三味飲食城」「石頭城火鍋」等。如今，「公館菜」「菜根香」「漁莊」「豆花莊」「火鍋店」「農家樂」「泡菜香」「名小吃」「鄉風味」「好味道」「皇城老媽火鍋」等各具特色的餐飲店鋪，遍布成都市與農村。隨著經濟發展和人民生活水平的提高，消費觀念也在改變，人們求新求變要求日重，對傳統川菜不再滿足。入川餐館也迅速增多，一批新的川菜館相繼出現，如「巴國布衣」「鄉老坎」

分別以具有川東民風民俗和川西民間家常風味亮相成都。此外，粵派海鮮酒樓、美國肯德基、麥當勞，韓國燒烤、日本料理等紛紛進入四川大中城市，為人們帶來了異域的飲食風情。

規模效應，連街成片。進入二十一世紀後，四川餐飲更加繁榮，店鋪林立，連街成片。其中以成都餐飲為最。成都有三萬多家酒樓、餐館，遍布大街小巷。由西往東呈扇形排列：沙西線、羊西線美食一條街及府南新區火鍋一條街、草堂餐飲娛樂圈、武侯祠大街、雙楠美食區、玉林—中華園美食區、科華路—領事館路美食街、人民南路南延線休閒餐飲一條街等。外地人到成都美食街走一走，便能體會「吃在四川，味在成都」的含義。

人們飲食習慣逐漸轉變。繁忙的工作和生活節奏，使人們的飲食方式和習慣逐漸轉變。富裕起來的民眾也有了在外就餐的條件，便捷、高效的外送服務逐漸進入百姓生活，外出就餐亦成為日常社交、談生意或聯絡感情的一種方式。

特級廚師層出不窮。改革開放後，餐飲界人才輩出，尤其是一九八五年四川烹飪高等專科學校成立，培養了一批又一批品質優良、技能合格、綜合素質良好的從事烹飪和餐飲管理的應用型人才，成為中國西部乃至全國餐飲人才培養的重要基地。一九八六至一九九〇年，四川省及成都市、重慶市有關部門授予的特級烹調師、麵點師和宴會設計師，人數多達數百人，促進了川菜的發展。

川菜產業化。川菜產業化使川菜成為四川經濟新的增長點。它客觀上要求農工商綜合經營，或農業、餐飲業、商業一體化，有效地帶動農業產業化，創造了更多的勞動就業機會，而且為省外和國外培養、輸送了大批合格的川菜烹飪人才，進一步促進川菜走向全國、走向世界，推動四川經濟的快速發展。僅以實現了規模化經營的「譚魚頭」一家餐飲業為例。目前，它在全國有80餘家連鎖店，每月主要原輔料的消耗為：辣椒麵60噸、食用油150噸、苕粉30噸、火鍋底料60噸、泡酸菜和泡蘿蔔60噸，每年消耗四川的原料達1萬噸、在全國消耗的魚達3萬噸，向省外輸出了2萬人次的四川勞務人員，年營業額達4億元以上。由此可見，實現川菜產業化具有重大而深遠的意義。[1]

❸．四川美食走出國門

改革開放後，隨著市場經濟的發展，深得民心的風味小吃展銷活動頻繁，尤其是「美食節」和國際性節日不斷舉辦，成為市民們嚮往趨擁之處，也成為外國人瞭解四川文化的一個窗口。其中，成都的小吃還進軍北京、廣州、昆明等地，甚至遠涉異國他鄉。成都小吃所特有的文化現象，亦為世人所公認。凡此種種，成都贏得了「多味烹飪王國」的美稱，這是美食民風民俗長期延續積累、凝聚演繹而成的碩果。

二十世紀末期，川菜走向世界，名揚五洲，在外國人中享有「吃在中國，味在四川」的美譽。其中以一九七九年在美國紐約市「榮樂園」川菜館開業為起點，主廚為曾國華、劉建成師傅等10名廚師，供應近百種川菜，成為紐約的中型高級中國餐館。他們根據美國人的喜好，用四川的烹飪方法，創製出美國口味的川菜，很快吸引了世界當地食客，前往就餐者有國家元首、政府部長、各國駐聯合國代表及美國各階層人士，獲得很高的評價，引起了轟動效應。而位於紐約曼哈頓的榮樂園川菜館，被美國雜誌評為全美最好的100家菜館之一，榮樂園居紐約10家之首。為祖國爭得了榮譽。[2]

❹．從「酒文化」到「文化酒」

巴蜀酒文化歷史悠遠厚重，歷數千年長盛不衰、綿延不絕，具有深厚的人文背景和廣闊的市場需求，使川酒不僅具有「物」的屬性，更躍升出個性鮮明的文化屬性，成為物質和精神相統一的凝練體。隨著時間的推移，改革開放後的四川名酒更上層樓，蓬勃發展。如瀘州老窖以「醇香濃郁、清洌甘爽、回味悠長、飲後尤香」而馳名中外，全國五次評酒中連獲金牌，成為中國濃香型白酒的典型代表。又如，

1　杜莉編著：《川菜文化概論》，四川大學出版社，2003年，第128-132頁。

2　車輻：《川菜雜談》，重慶出版社，1990年。

五糧液是中國白酒的又一名牌產品，其酒液清澈透明，酒質醇厚甘美。在多次名酒評定會上，酒家對其評價是：「取五穀之菁英，蘊積而成精液，其噴香、醇厚、味甜、乾淨之特質，可謂巧奪天工，調諸味於一體。」五糧液集團在二十世紀八〇年代初的生產能力只有3000多噸，到二〇〇三年擴展到40餘萬噸。四川名酒，顯示了川酒業發展的雄厚基礎，展現出川酒深厚的歷史文化內涵。

二十世紀後，酒文化發展的一個重要特質，就是既強調酒的文化屬性，同時也強調文化屬性的物化作用，從而孕育出了一批「文化酒」，這是二十世紀九〇年代以後才出現的一種新的發展趨勢，是一種精彩的文化現象。這種「文化酒」就其文化屬性來說，既包含著悠久的歷史淵源，又具有鮮明的時代特徵，就其物質屬性來說，既包含獨特的傳統釀造工藝，又融合了先進的現代科學技術，使酒品名稱既充滿文化韻致，又體現出企業文化的豐厚底蘊，具有獨樹一幟的品牌文化核心理念及其人文精神。[1]在這種環境下，四川除了傳統名酒外，還創新生產了文君酒、夢酒、十二金釵酒等一大批部優、省優名酒和中國古典文化名酒，川地每年生產的白酒數量占全國白酒總量的1/5。可以說，川酒為四川經濟發展帶來了無限的生機。

❺．川茶發展前景廣闊

二十世紀八〇年代改革開放後四川茶業得到長足發展，欣欣向榮。主要表現在：

茶葉種植面積增大，產量、產值逐年增長。隨著改革開放的進程，四川省加大了茶產業政策的扶持力度。一九九九至二〇〇四年六年間，全省茶園面積增加了72.72%，達到13.98萬公頃，居全國第四位，茶葉總產量達到8.6萬噸，居全國第六位。二〇〇六年，四川茶園面積達到13.92萬公頃，居全國第四，產量全國第五，茶葉總產值12億元。二〇〇七年，四川省茶園面積增加到16.78萬公頃，居全國第三位，產量、產值居第四位，發展速度很快。

1　楊志琴、龔雄兵：《創新觀念，直面競爭，做中國文化酒的引領者——「酒鬼」酒文化經營發展戰略再綻新姿》，《人民日報》，2001年10月11日。

開發新名茶與發揚老名茶。二十世紀八〇年代以後，經濟發展，人民生活水平提高，對茶及高檔茶需求量越來越大。茶葉和名優茶消費增加。從八〇年代中後期開始，各產茶區一方面恢復和擴大了歷史名茶的生產，同時又雨後春筍般地創造了一大批新名茶。如通江縣二十世紀九〇年代以來先後開發了「天崗銀芽」「天崗雲霧」「羅村茗眉」「佛龍香茗」「翰林茶」「漢城銀毫」「龍虎銀芽」等十多種歷史名茶和創新名茶；二〇〇五年，巴中市的「雲頂綠芽」「雲頂茗蘭」「光霧茗峰」等躋身國家名茶行列。傳統名茶也得到發展。二〇〇六年十一月，四川省評選出「竹葉青、敘府龍芽、龍都香茗、仙芝竹尖、綠昌茗雀舌、花秋御竹、佛泉今生相依、巴山雀舌、芝龍洪河茶、蒙山甘露」為「四川省十大名茶」。

改革開放後，邊茶的總需求量一直維持在2萬多噸。進入二十一世紀，隨著邊茶多種功效的日益凸顯，邊茶被越來越多的內地消費者所接受並喜愛，其市場需求量也迅速上升，二〇〇七年邊茶的消費量已達到6.45萬噸。

二十一世紀的茶產業綜合利用的前景廣闊。除了茶飲料、茶食品受到廣大民眾喜愛外，茶產業生態功能強，茶樹是多年灌木性常綠品種，既是生產茶園，又是生態觀光林，近年已作為觀光旅遊的發展項目之一。發展茶產業既能綠化山川，又能促進茶農增收，達到生態效益和經濟效益的有機統一。

二、繁花似錦的四川飲食文化

❶．川菜烹飪中外兼收，推陳出新

川菜烹飪是四川飲食文化的核心部分。改革開放後是四川飲食文化的繁榮創新時期，主要表現在烹飪技法的中外兼收和菜品的創新。

川菜對國內其他地區的食材、烹飪、調味方法積極吸收、借鑑。改革開放後，擅長製作海鮮菜餚的粵菜大舉入川，沿海地區的生猛海鮮也源源不斷地湧入四川，為原來缺少海鮮的川菜用料開拓了新的領域。川廚便以各種海鮮製作菜品，使川菜菜品更加豐富。如用龍蝦製作「酥皮龍蝦」「茄汁龍蝦等」；用扇貝製作「扇貝冬瓜」「五彩鮮貝」等。廚師還根據川人喜麻辣味厚重的特點，對海鮮採取不同的烹調方法，創製出許多麻辣海鮮新菜品，如「辣螃蟹」「香辣魷魚卷」「魚香基圍蝦」等，有的成為著名菜品而走出四川，在全國沿海地區受到普遍歡迎。此外，如廣東地區的煲湯與川菜的調味方法相結合，製作出家常海鮮煲、烏雞煲、兔肉煲、麻婆豆腐煲等菜餚，其中「烏雞煲」成為四川許多餐館的冬季必備菜品。又如，西北地區的串烤法被川菜借鑑，製作出系列串烤菜品，如烤兔肉串、烤魚肉串、烤魷魚串等。再如，山東地區和廣東地區的「脆漿法」，是用脆漿（麵糊）進行油炸的一種方法，四川廚師常用於製作炸烹菜式、果類菜品以及傳統的生炸椒鹽類菜式、拔絲菜式等，或創製出新品種如「孜然牛柳」「脆皮琵琶」等；或改善了傳統菜品的風味與品質，如「香檸脆皮雞」，用脆漿炸後外形更加飽滿圓滑、質地外脆內嫩。[1]

改革開放後，中西交流日益繁榮，引進了許多優質烹飪原料。如植物性的原料有蘆筍、蘆薈、西蘭花、玉米筍、櫻桃番茄等，被川廚烹飪成「清炒蘆筍」「白油蘆筍」等菜餚；動物性的原料主要有牛蛙、鴕鳥等。四川廚師繼承了先輩善於借鑑的精神，積極變革西洋菜。例如在對外來原料的引進上，川廚即用引進的原料替代原有的原料使菜餚變新。如用牛蛙替代牛肉等乾煸菜式的傳統原料，製作「乾煸牛蛙」；以鴕鳥肉替代豬肉，製作「魚香鴕鳥絲」；西芹、西蘭花、生菜等也被廣泛使用於菜餚。還有，日本鐵板燒法被川廚運用，製作出「鐵板海蟹」「鐵板鱔段」「鐵板腰花」等新式菜餚。

❷．百菜百味，創新加快

川菜「一菜一格，百菜百味」的特色已為餐飲界公認。發展至今，味的區分更加豐富多變。以辣椒為例，成都菜就有以下10餘種複合味道：紅油味、醬辣味、爆辣味、魚辣味、家常辣味、乾辣味、麻辣味、醃辣味、鮮辣味、甜辣味、火鍋香

1 杜莉：《川菜文化概論》，四川大學出版社，2003年，第40-44頁。

辣味等。以涼拌菜餚為例，則有紅油、麻辣、椒麻、薑汁、蒜泥、白油、芥末、麻醬、糖醋、椒鹽、鹹酸、酸辣、鹹甜、鹹香等10多種復合味。[1]

川菜的百味得益於川菜調料。從古至今川菜調料的類別越來越細，除了常用的蔥、蒜、薑、椒（海椒、花椒、胡椒）及大茴、小茴、草果、丁香、陳皮等五香調料外，還有人工釀造的調料，一料數種，風格各異。如醬油有白醬油、紅醬油、甜醬油、口蘑醬油等；豆瓣有郫縣豆瓣、家常豆瓣、紅細豆瓣、臨江寺豆瓣、香油豆瓣、金鉤豆瓣、甜醬豆瓣等；豆豉有家常豆豉、豌豆豆豉、紅苕豆豉、水豆豉等；豆腐乳有紅豆腐乳、白豆腐乳、臭豆腐乳、白菜豆腐乳等；烹製菜餚的酒有料酒、白酒、黃酒、啤酒、醪糟汁、乳酒等；還有豆腐乳汁水、糟蛋汁水、泡菜汁水、酸菜汁水等也成為廚師們烹製某些風味菜餚時所用的獨特調料。這些同系不同味的調料各有其特點，經廚師們巧妙搭配，使菜味豐富多變。

二十世紀九〇年代以來，菜品的創新速度越來越快，具有多樣化、個性化、潮流化特點。菜點「多樣化」表現在菜點品種的繁多。據《川菜烹飪事典》一九九九年修訂本，時有四川名菜點共1046種，包括冷菜、海鮮、燕菜、禽、畜、獸、蛋、魚、蔬、果、豆製品、火鍋、點心、小吃等，估計當時的川菜品種在5000種以上。「個性化」主要表現在川菜的設計、製作上大多具有獨特之處，主要表現為文化性、新奇性、精細性、鄉土性和生態性諸方面。「潮流化」是指川菜的菜品翻新快，時效性強。二十世紀八〇年代以來，相繼出現火鍋熱、黃辣丁熱、酸菜魚熱、郵亭鯽魚熱、生摳鵝腸熱、江湖菜熱、香辣菜熱等，都是菜點潮流化的體現。[2]餐飲界還調整觀念，創製出許多新派川菜，其中較為突出的如京派川菜、海派川菜、南北川菜等，以適應大量來川流動人口的口味習慣。川菜創新方法很多，有學者歸納為挖掘法、借鑑法、採集法、仿製法、翻新法、立異法、移植法、變料法、變味法、摹狀法、寓意法、偶然法等十二種。[3]在菜餚的組合上爭取科學合理，建立起常吃常新的

1 成文：《讓世界認識川味——訪范敬一先生》，《中國烹飪》，2000年第11期。

2 杜莉：《川菜文化概論》，四川大學出版社，2003年，第40-44頁。

3 李新：《川菜烹飪事典》，重慶出版社，2000年。

保健意識，並進一步實現川菜餐飲業管理的科學化。

❸・傳統筵宴的創新與改革

筵宴也日新月異。從格局上看，除傳統菜餚筵席外，還出現了一些全新的筵席格局，如火鍋席、小吃席，它們分別以火鍋菜品、小吃品為主角，其他菜品與水果、飲料為配角，食客根據不同的需要進行選擇。在進餐形式上，既保留著中國的飲食傳統，合餐而食，其樂融融，也受西方飲食文化影響，出現分餐、自助的方式。二十世紀八〇年代後，與新的筵席格局和進餐方式一同出現的還有冷餐酒會、雞尾酒會、藥膳席等，各具特色。以「冷餐酒會」為例，它原本是歐美國家流行的一種西餐宴會形式，隨著西方飲食文化的進入，也被川菜吸收借鑑，創製出川菜筵席的新形式。它以冷菜為主，熱菜為輔，配以點心、小吃、酒水與瓜果，設公用的餐檯而無固定座位，客人隨意選用食品，具有自在隨意、不受拘束、適宜廣泛交際等特點，深受人們歡迎。[1]

從對傳統筵席的改革上看，現代筵席的改革已與「建設節約型社會」和「學習科學發展觀」息息相關。在傳統川筵中有不少合理的內容，暗合了現代營養觀點，為現代筵席提供了借鑑與幫助。如富含碳水化合物的水果、蜜餞、堅果等餐前的「碟子菜」最早上桌，可使人在飲酒前和飲酒過程中保護肝臟；在整個菜餚組合過程中少見辛辣味型菜餚，減少氯化鈉的使用等。[2]這些營養指導正在引起重視並逐漸實施，在現代筵席改革中開始發揮重要作用，使現代筵席朝著更加合理、營養、健康的方向發展。

❹・重慶火鍋的「雄起」

火鍋本是川菜的一個支系，久已流行省內各地，原是典型的下層民間食俗。據說其來源於重慶江邊縴夫的雜合菜。重慶兩江（長江、嘉陵江）江流之處的朝天

1　杜莉：《川菜文化概論》，四川大學出版社，2003年，第50頁。

2　沈濤、詹珂：《淺析傳統川菜筵席符合現代營養觀點的元素》，四川烹飪高等專科學校學報，2010年第1期。

門，原是回民屠宰牲口之地，回民只要牛的肉、骨、皮，而將內臟棄之。於是岸邊的水手、縴夫將其撿回，洗淨後加入辣椒、花椒、薑、蒜、鹽等辛辣之物煮而食之，一來飽腹，二來驅寒、祛濕，久而久之，就成了重慶最早的也是最有名氣的「麻辣毛肚火鍋」。後因水牛內臟價格便宜，當時重慶江北的一些小販便將它們洗淨後煮切成小塊，然後挑上一個擔子，一頭裝上這些煮熟的水牛內臟，另一頭放炭爐，爐上置一大鐵盆，煮著麻、辣、鹹的滷汁沿街叫賣。至二十世紀三〇年代，重慶商業場街的一家小飯店如法炮製，在桌面中部挖一圓形孔，下置爐灶，上安赤銅小鍋，用牛骨湯、固體牛油、豆瓣、辣椒粉、花椒粉等配製滷汁，煮開後先放蒜苗，再將半熟的牛肚等用筷子夾住放入鍋中燙食。蘸料由顧客自行配製，菜餚有葷有素，食者可豐可儉。於是，毛肚火鍋慢慢得到了中上層食客的青睞。火鍋的菜也越來越廣，後來，又增加了水牛的其他內臟，以及生魚片、鱔魚片、雞血、鴨血、豬肝、豬腰、豬肉等，還有白菜、豆芽、豌豆尖等素菜，逐漸形成麻辣味厚、鮮香脆嫩的特色。之後，重慶的街頭小巷遍布火鍋店，從早到晚熱氣騰騰。一些高級餐館也專設火鍋待客，一些火鍋店如「橋頭火鍋」「崇龍園」等盛名遠颺。重慶火鍋遂成為名小吃，外地人到重慶多以品嚐火鍋為快。

重慶火鍋之所以廣受歡迎，主要有以下幾個特點：

一是重慶火鍋雖然調味突出辣與麻，但它很注意「五味」的和諧，從而具有辣而不燥、麻而不烈、進口味濃、回味綿長的特點。

二是火鍋桌面大，可以使幾代同堂的大家庭同桌而食，長幼同鍋，大快朵頤，盡享天倫之樂。待客或者親朋好友聚會吃火鍋，眾人圍坐於熱氣騰騰的火鍋四周，談笑愉悅，融和歡快，從美食中享受友情。這種共而食之的典型形式，符合中國傳統文化中「尚和」的思想。

三是在食法上，所有食品都要自己動手燙，增加了食客的參與性樂趣。這些都給人耳目一新的感覺。

四是從吃火鍋過程中折射出重慶人的地域性格特徵，重慶人在炎炎夏日也吃火鍋，食客揮汗如雨，並產生了「三伏天吃酒燙火鍋——熱心熱腸」的歇後語，形象地表現出重慶人的生活特點和性格特點。

五是在吃火鍋過程中，將飲食與民俗聯繫起來，產生了一些意味深長頗具地方特色的俚俗語，如「雄起」是川渝有名的一句俚俗語。源自縴夫在沿岸拉船時喊的號子「嘿唑！嘿唑！雄起！雄起！」用於激勵互相加勁，後來被重慶人使用於吃火鍋中，意指邊吃火鍋邊喝酒時要扛得住，不能倒下或者拒喝，形象地表現出重慶人豪爽的性格。

二十世紀七〇年代末期，經過改良後的重慶火鍋向成都、樂山、宜賓、南充、瀘州等地發展，短短幾年，火鍋在四川普及，一些傳統川菜館也轉而經營火鍋。八〇年代後，重慶、四川大中城市市民最時髦的休閒便是跳舞和吃火鍋。九〇年代後火鍋向正規化、規模化和高檔化發展，成都的「獅子樓」「川王府」等火鍋酒樓崛起，重慶的「小天鵝」在成都經營中低價位的「自助餐火鍋」也頗受歡迎。於是，許多火鍋酒樓又轉向自助餐式。進入二十一世紀，新式火鍋湧現，羊肉火鍋、魚頭火鍋、鱔魚火鍋、山珍火鍋、藥膳火鍋等面世，火鍋進入無所不燙、包羅萬象的臻善境界，並逐步向全國各地進軍，北京、天津、上海、廣州等地皆有四川火鍋。

❺．小吃、糕點歷久長盛

改革開放後，成都小吃發展更加完備，大體可分為席點、傳統小吃、通俗小吃三類。常見的品種有500多個，小吃店鋪遍及大街小巷，有的街道鱗次櫛比，據不完全統計有5000多家。蜚聲中外的夫妻肺片、陳麻婆豆腐、治德號小籠蒸牛肉等，都是有代表性的小吃。

成都小吃發展至今，調味技藝爐火純青，色味獨到。在多種復合味中，以麻辣為特色，以麻辣中的「辣」味為例來說明味型的豐富：雖然都是辣味，但由於調製時要根據不同的要求取色、取香、取味，在調料的配製上，多以一味為主、他味為輔而各具特色。如鐘水餃、豆花麵、甜水麵、張老五涼粉，雖然同為辣味，但辣法不同，有香辣、鮮辣、甜辣、麻辣、酸辣等區別，口味上也絕不雷同，於色、香、味、形上各盡其妙。另一些小吃，在製作上烹飪技法多樣，分別採用煎、炸、烤、烙、燒、炒、燴、蒸、煮、烘、醃、漬等十多種方法，形成了酥脆、酥鬆、酥泡、鬆泡、細嫩、軟糯等多種口感。如牛肉焦餅、油炸饊子、方塊油糕等品種的「酥脆」，軍屯鍋魁、鮮花餅、韭菜盒子等品種的「酥鬆」，波絲油糕、鳳尾酥、油酥蛋捲等品種的「酥泡」，豬油發糕、白蜂糕、韓包子等品種的「鬆泡」，麻婆豆腐、酸辣豆花、冰汁杏淖等品種的細嫩，珍珠圓子、葉兒粑、郭湯圓等的軟糯，都能在視覺、嗅覺、味覺、觸覺上給人以美感和享受。

四川自古每年都有趕花會、燈會、廟會所習俗，每逢此節日期間，各類小吃分陳於肆，各顯絕技，並歷久不衰。改革開放以來，伴隨經濟的發展，四川的飲食文化空前繁榮，市場更加活躍，小吃展銷活動頻繁，尤其是「美食節」和國際性節日不斷舉辦，成為市民嚮往趨擁之處，也成為外國人瞭解成都，瞭解四川文化的一個方面。成都的小吃還進軍北京、廣州、昆明等地，甚至遠走異國他鄉，令外國人交口稱讚。

糕點的發展也頗為可觀。據統計，全川糕點花色品種常年保持在1000餘種，僅成渝兩地，經常上市的糕點分別在700種左右。四川糕點不僅川內人喜愛，省外及外國朋友也十分讚賞。一位杭州消費者曾寫詩讚美重慶糕點說：「天府名糕點，香飄西子湖，寄語重慶人，下江羡巴蜀。」一位泰國遊客品嚐了川式糕點後，給予「齒頰留香」的評價。

四川糕點之所以興盛，是因為它具有鮮明的品質特點：

第一， 四川糕點很多是傳統老字號製作，產品質量好，信譽高，歷久不衰。如成都「鳳尾酥」相傳始於明代，它造型奇特，外表呈淺金黃色，外酥內軟；「新都桂花糕」創製於明朝末期，產品內嫩外酥，滋潤化渣，香甜適口；成都「蛋烘糕」源自清道光年間，酥嫩爽口，老少皆宜。「內江蜜餞」創製於清咸豐年間，以其獨特的生產工藝久負盛名，經久不衰。

第二， 四川糕點在製作上講究選料精，工藝嚴，注重刀工、手鋒與火候，製作精良，質量上乘。如鳳尾酥工藝考究，造型奇麗，製作上採取燙麵軟炸，酥絲均勻，呈薄雲狀，上部的酥絲若雲、若霧、若輕紗、若鳥羽。新都桂花糕經過蒸、炒、磨、拌、擀、匣、刀切等工序精製而成，具有潔白如玉、清甜爽口、細膩化渣、桂香濃郁的特點。川式糕點製作不斷精進，總結出「捏、擀、切、搓、嵌、扭、卷、翻、湊、劃、拉、揉」成型工藝十二訣。四川糕點與川菜小吃類似，突出了「一點一味」而名揚四海。

第三，四川糕點形成了地域性風味特點，可概括為「甜肥軟糯，香酥鬆脆，餘味悠長」十二字。甜肥，即重糖重油，講究甜而適口，油而不膩；軟糯，即粑和滋潤，如葉兒粑、合川桃片、峨眉糕、桂花糕、白米糕等都有此特點；香酥鬆脆，既香且酥，鬆散易化，脆爽適口，如麻餅、鳳尾酥、成都香油餅、長壽薄脆、忠縣冰薄月餅等，既有好的口感，又不頂嘴粘牙；餘味悠長，是川式糕點食時給人的感覺和食後留下的印象，如米花糖類、鮮花點心、玫瑰點心、椒鹽桃片等，食後香味猶存，經久不去。

第四，四川糕點出售方式靈活。分為冷賣與熱賣兩種，冷賣有專業糕點鋪，熱賣又有名吃小店與走街串巷的小販。如蛋烘糕、蒸蒸糕等，許多名小吃店都有製作，但仍有許多小販挑擔銷售。蛋烘糕和蒸蒸糕的特色是香噴噴、金燦燦，綿軟滋潤，營養豐富，老少「打尖」最宜。一些餐廳還以套餐的形式銷售，筵席上也常作為中點改換的情趣。

第五，平民性與適眾性。糕點價格便宜，平民消費得起。不同糕點風味特色不同，而一種糕點具有多種口味。如鳳尾酥心料可隨季節變化而有鮮花、龍蝦、金鉤等幾種。蛋烘糕常見的餡心有芝麻、仁錦、八寶、水晶、蜜棗、鮮肉榨菜、金鉤、蟹黃、火腿等，喜愛不同口味的人都適合，更是嬰幼兒、孕婦、產婦、病人的理想食品。新都桂花糕，糕質細軟滋潤，色澤潔白，入口化渣，具有濃郁的桂花清香，適宜人群也十分廣泛。內江蜜餞有40餘個品種，60多個花色，成品形態多樣，味道各異，保糖保汁，滋潤化渣，香甜可口，入口生津。一直深受廣大群眾歡迎。

第六，糕點中富含各種人體需要的維生素與礦物質，具有養生保健作用。內江蜜餞具止咳化痰、療脾開胃的功效；櫻桃蜜餞具有調中益氣之功效；天冬蜜餞具有潤肺養胃、清熱生津的功效。蓬溪薑糕以糯米、蜜糖、麻油、薑汁為料精製而成，具有食療保健功能。因糯米養胃溫中，薑汁散寒袪痰，蜂蜜養陰益壽，麻油潤腸保肝。它既是素食之妙品，又是病家之佳食。

❻．茶館文化盈盈不衰

隨著改革開放的深入和人民生活水平的提高，人們越來越注重對品茶文化的深層次體驗，茶文化、茶休閒、茶健康的觀念日漸深入人心，茶館文化空前繁榮。二十世紀八〇年代後茶館再次興旺，成都茶館的數量仍為全川之最。大街小巷、公園、名勝等地，均有茶館或設有茶座、茶廳、茶吧。都市中的各類茶館有不同的情調，想懷舊可去會展中心的「順興老茶館」，古桌古椅，古樹古裝，晚間有川劇或其他曲藝演出及茶道表演；想領略浪漫風情可去「聖淘沙茶樓」，歐式的裝修格調，悠揚的外國名曲，品茶同時還可享受燭光西餐。不同檔次的茶館，足以滿足不同層次客人的需求：或想靜坐深思、或想讀書賞景、或想生意談判、或想娛樂放鬆、或想閒聊度時均可找到歸宿，這一時期還出現了「音樂茶館」「科技茶館」「人才交流茶館」等具有時代特色的茶館。有的茶館還可以上網，有的可以浴足，服務周到，一應俱全。綠樹點綴，格調高雅的茶樓，已成為茶客們的理想場所，它更強調飲茶藝術是一種高品位的享受，它的傳承與發展將推動生活方式向更先進、更科學的方向邁進。

據二十世紀末不完全統計，成都市僅市區高檔茶館就有近400家，加上星羅棋佈大街小巷的茶館，估計超過3000家。成都每天約有20萬人次泡茶館。[1]成都茶館的普及與特色，以及消費魅力使其具有了國際聲譽，以至有人把成都茶館與巴黎酒吧、維也納咖啡館並列為「世界之飲」。成都的茶館文化散發著巴蜀泥土的芬芳，已成為成都民俗文化旅遊的重要亮點。一九八〇年，著名漢學家、澳大利亞格利費茲大學校長考林・馬林克教授到成都，指名要到梓潼橋西街的「森園茶社」飲茶、聽揚琴演奏。四川新津畫家曹輝，在帆布上畫了18幅四川道地的《茶館》畫，生動展現

1　雷喻義：《巴蜀文化》，四川人民出版社，2000年，第1140頁。

四川茶館的情態風貌，享譽巴黎畫壇；一九八六年「成都茶館」出現在巴黎第十五屆秋季藝術節上並獻技表演，贏得熱烈掌聲。[1]

❼．飲食消費觀念與消費形式的更新

飲食消費觀念也在悄然改變。改革開放後，人們的家庭收入增多，年節之際，一些家庭一改過去自製自做菜餚以節約開支的傳統，而是以娛樂、休閒為要，在餐廳包席桌、茶屋團聚，吃喝玩樂，輕鬆度過假日。消費習慣也有所改變。二十世紀八〇年代前，餐館吃飯是先買票，再憑票排隊自己端飯取菜。八〇年代後私營館子興起，服務態度是競爭的重要內容之一，顧客入館後，總是先看菜譜點菜，由餐館服務人員一一端上桌，吃後由一人付錢。九〇年代後，受外來文化影響，部分年輕人乃有AA制之舉，現在眾人聚餐多採取這一付款方式。

改革開放後，隨著生活水平的提高，人們吃飯已從重質量向個性化發展。餐館飯店也越來越注重文化內涵的體現，不但在服務管理方面進行改進，還講究用餐的環境佈置，彰顯飲食文化意蘊，注重個性，提升品位。除一般餐館外，二十世紀九〇年代起，「私房菜館」悄然興起，菜館講求裝修豪華，宣揚餐飲情調，漸受人們歡迎。主要原因是這些食客追求的不只是味覺觀感，且追求菜品營養與就餐環境所帶來的心理愉悅，表現了崇尚品位與個性的時尚。所謂「私房」，一般是菜館老闆的私人之家，或獨家小院，或大廈裡的一屋一室。大多選取鬧市地段，卻獨顯別院小亭式的就餐環境。拉開了與大眾餐廳的檔次，滿足朋友宴請和家庭聚會時人們對家庭溫暖的需求。私房菜館的菜式獨特精緻，食具考究華麗，服務人性體貼，這一飲食文化特點，反映了飲食時尚消費的由俗而雅，雅俗並存的新趨勢，以及正在不斷提升的消費品位。

❽．追求健康的飲食新風

當今，人們對飲食的要求，越來越注重食療保健功能。由於生活水平普遍提

1　徐金華：《徐公品茶》，四川人民出版社，1999年，第32頁、45頁。

高，城市文明病凸顯，患高血脂、高血壓、高膽固醇的人數飆升，忌食大魚大肉大油膩的保健化飲食方式成為時尚。

素席。一些餐館創造了用豆製品製作的素席，如以豆腐、豆花、豆絲、豆皮、豆乾、豆粉、麵粉、麵筋、米粉、土豆、紅苕為主要原材料，配以蔬菜、菌類、筍類、瓜果等烹製成「全素席」，受到顧客的歡迎。其製作、入饌原料及成菜特點與齋席大體相同，全素席中有素雞、素火腿、素魚、素排骨、素肉絲、素肉片、素圓子等，其外形與內在口味質量幾乎達到「以假替真」「以素勝葷」的地步。這些豆製品和蔬菜、菌筍、芋薯、瓜果再相搭配，取代了油重肉多的厚膩口味，有益於人體健康。

藥膳。由藥物、食物和調料三部分組成。取藥物之性，借食物之味，食借藥力，藥助食功，相得益彰。藥膳的時興適應當代消費者對食物的要求：既具營養價值，更具防病治病、保健強身、延年益壽的功效。藥膳配料也成為一些商家的開發產品。各大中藥堂、賓館都紛紛建立了滋補藥膳食店或餐廳，其花色品種增多，而且配製成小袋專賣。二十一世紀初，成都時興吃「連鍋王」的滋補火鍋。火鍋的精湯中一般放入少量的川參、川芎、枸杞、貝母、紅棗、山楂、苡仁、砂仁等滋補藥料，而底湯有排骨湯、雞湯、魚湯等。再加上各種禽肉、水產、海產肉片，以及各種菌類、蔬菜、豆製品，取捨隨意，不僅可以食取各種營養豐富的菜品，還可以品飲藥膳精湯的美味。

食療菜品。它不同於藥膳，它不以藥物入肴為主，而是憑藉食物本身與生俱來的保健功能，使人們在享受美食中使身體得到滋補，使疾病得到治療。不少大餐廳、大賓館都專設食療菜譜如「雙鞭壯陽湯」「解暑益氣湯」「十全大補湯」等，顯示了四川人在日常生活中總結出的食療、食補的養生之道。

藥茶。是茶與中國傳統醫學密切結合的產物，對養生有著重要的價值。它常與滋補強壯的中藥配伍飲用，而達到補肝腎、益氣血、調陰陽、養神、益智等防病治病的作用。自古以來，養生健身、防病治病的藥茶方法很多，如涼山彝族的苦蕎茶是新一代的健康飲品，它以涼山海拔2200米以上高寒山區的苦蕎麥作原料，採用傳統方法與現代科技相結合的特殊工藝精工製作而成，富含生物類黃酮、蘆丁、葉綠素、粗蛋白以及各種微量元素，對人體有降低膽固醇、防止動脈硬化的作用。再如，與枸杞配伍的枸杞茶，久服可堅筋骨，輕身，耐老。現代研究也表明，許多藥茶長期飲用可以提高肌體的免疫能力，防止人體衰老。

野菜。二十世紀九〇年代以來，我國把綠色食品開發作為開創性的工作予以重視。人們青睞無污染、優質、安全、營養的綠色食品，遂使野生菜得到開發。一九八二年出版的《中國野菜圖譜》，選出100個優良品種和57個參考菜食品種，為野菜的開發提供了科學依據。據崇州市蔬菜公司的調查統計，四川有野菜115種，年蘊藏量達1000萬公斤以上，較普遍的有水芹菜、鵝腳板、蕨基台、山油菜、山椿芽、野韭菜、馬齒莧、野蘑芋、苡仁、山藥、山側爾根、地地菜、野槐花、斑竹筍等和可食野生菌30多種。有學者提出，四川野菜可開發出經典野菜名肴、時令野菜名肴，還可開發出《詩經》野菜系列、藥食野菜系列、佛道野菜系列、農家樂野菜系列、市民野菜系列等。[1]二十一世紀初，在成都的餐廳餐館，都已開始在宴席上搭配野菜，野菜重新回歸人們的餐桌，給人們帶來全身心享受健康食品的新感受。

鄉土風味菜。許多地方的野生河鮮出現在川菜館。成都不少餐館推出鄉土菜、野菜，菜餚的原料使用不餵人工飼料、而在天然環境裡生長的土雞、土鴨、生態豬，其中以劉少坤的雙流「少坤甲魚館」和成都的「少坤鄉村風味酒樓」最為典型，他推出的「土豆燒甲魚」，曾在一九九六年紅遍川西壩子，被譽為「鄉味一絕」，並被各家酒樓餐館效仿。劉氏創製的系列鄉村菜餚如「藿香泡菜鯽魚」「豆瓣拌鴨腸」「鹽菜回鍋肉」「青椒煸小雞」「泡菜蹄花」「沖菜拌白肉」「米湯煮苕菜」等上百個農家風味菜，吸引得四方食客蜂擁而至，成為人們感受鄉風的美食樂園。再如，「鄉老坎」的菜餚是以川西民間家常風味為特色，餐館門前的對聯「山珍海味固然好，民間鄉土味更真」，道出其中的真諦。曾經大量使用人工色素和味精製

1 黃小平、陳柏青：《回歸自然爽，川味野菜香——關於川菜發展的一點思考》，四川省民俗學會：《川菜文化研究》，四川大學出版社，**2001**年，第**90**頁。

作的菜點，如今在一些餐廳也已改用天然色素和高湯製作。

花卉飲食。二十一世紀以來，綠色食品及具有保健功能的食品進入大眾生活。人們將花卉入肴，成為一種時尚吃法，成都「藥膳滋補餐廳」推出的「蘭花雞絲」「菊花肉片」，是川菜中的新品，頗受食者青睞。研究表明，一些食用花卉的蛋白質含量遠勝於牛肉、雞蛋；一些食用花卉的維生素C含量高於水果，又如菊花、玫瑰、紫羅蘭和南瓜科植物的花朵，對大腦發育有幫助。二十一世紀初，幾乎所有大中餐廳裡都會有幾款當家的鮮花菜。應驗了「秀色可餐」這句話。食鮮花主要是吃花瓣，再搭配一些其他菜餚，如炒桂花干貝、桃花鳳尾蝦等；也可做成糕點，如桂花糕、蓮花糕等；也可做成粥，如百合粥、梅花粥等；也可製成茶，如玫瑰茶、茉莉花茶等；還可做成酒，如桂花酒、杏花酒等。現在時興的花肴新品有，百合花煎蛋、菊花魚丸、菊花瓣炒蛋或煮肉片湯或燒豆腐羹、玉蘭花炒肉片、玉蘭花炒蛋、牡丹花燒肉等。還有一些酒店將仙人球和仙人掌做成菜餚，如涼拌仙人掌絲、清炒仙人球片等，色澤碧綠，口感清鮮。[1]

❾．少數民族飲食文化的交流與開發

隨著改革開放的深入，各民族經濟發展中注入飲食發展的內容，多民族風格的餐飲文化薈萃於省內大小城市。各民族飲食文化的交流與融合，是新時期民族文化的新趨勢。這對於少數民族飲食文化的可持續發展，都市多民族、多元文化的形成，增進各民族之間的溝通與認同，均具有深遠的意義。一些具有民族風味的少數民族餐館在大都市獲得了普遍認可，其中以回族和藏族的餐館最受人歡迎。如四川皇城「伊斯蘭大餐廳」自一九九三年開業以來，一直是西南最大的具有民族特色的餐飲店。餐廳面積1400多平方米，分中餐廳、清真火鍋廳及各種豪華雅廳，以伊斯蘭傳統菜為主，輔以各種清真小吃，受到成都市人民的喜愛。成都市還擁有多家藏餐館，主營藏族特色食品：酸奶、糌粑、酸菜麵塊、牛肉麵

1　范英：《飲花食卉，活色添香》，《四川日報》，2002年7月16日。

塊、酥油茶、奶茶等風味小吃及牛羊肉菜餚。為適應都市不同身分、不同層次、不同口味顧客的需要，餐館經營內容多樣：有專供酥油茶的「喜馬拉雅藏茶館」「康巴酥油茶」「嘉絨店」等專飲店，也有供藏餐的「西藏風情屋」「香巴拉藏餐店」，還有同時經營中餐與藏餐的「巴適快餐」等餐館。這些餐館為適應都市文化，不僅在飲食內容上多樣化，而且內外部裝飾也較之民族地區高檔。

有些受眾較少的少數民族傳統飲食也在不斷精進，由農村進入城市，由家庭走向市場。涼山州府所在地西昌市，僅由彝族人開辦的彝族風味餐館就有數十家，並改變過去落後的烹飪器具，使用新的烹飪設備和方法創製出蕎烙餅、蕎蒸糕和蕎饅頭等新食品，獲得市場認可。再以木裡藏族自治縣為例。其縣城的藏餐已隨著人們生活水平的提高而在傳統烹飪的基礎上不斷改良，不僅添加烹飪原料，而且注重綠色、營養、現代、品位等多文化元素，更加符合大眾的口味。例如，僅糌粑而言，就有各種糧食作物磨粉炒熟磨成的：青稞糌粑（貢宗白）、大麥糌粑（夏白）、小麥糌粑（咪吉白）、玉米糌粑（卡西白）、燕麥糌粑（向陽白）幾種，以滿足不同人群的需要。酥油茶是藏民的日常飲料，現在煮茶方法較之過去有較大改變，一般都要添加炒熟的蘇麻、核桃、花生仁醬，以增加香味和口感。現在在木裡縣城，各個民族都嗜好酥油茶，來此打工和經商的漢族也迷上了酥油茶。而且，酥油茶泡大米飯也成為一道獨特的藏餐風味，滋味新鮮、香美可口，它既有藏族的傳統飲食習俗，也符合了川人「好吃不過茶泡飯」的習慣，兩者結合了漢藏飲食習俗，相融成趣。

還有一些民族特色飲食也通過交流逐漸被市場認可。如過去款待貴賓的生肉醬「夏打」，用無油犛牛肉剁碎或舂細，拌以木槿手、辣椒、大蒜、味精、鹽等作料，再用涼開水攪成肉醬，用羹匙舀食，香嫩爽滑，味道鮮美，毫無生肉腥臊味，受到大眾喜愛。

改革開放以來，少數民族地區重視優勢、特色食品的開發。例如，涼山彝族充分利用涼山豐富而優質的食品資源，發展具有民族特色與地方風味的傳統食品和新興食品，促進食品工業的發展。如在稻麥加工系列方面，利用涼山特產蕎麥、蕎麵、燕麥麵、芸豆、黑豆、玉米與蕨粉，經現代設備加工，製成各種高營養的袋裝或盒裝蕎麥粉、蕎麥羹、燕麥羹、燕麥片、洋芋脆片、蕎麥餅乾和各種蕎麥酒等，進入市場並遠銷州外省外。在畜產品加工系列方面，利用涼山原始的烏金豬加工成火腿、火腿腸、各種罐頭製品和烤乳豬；利用涼山具有肉質肥嫩、無羶味、鮮味濃等特點的涼山黃牛和黑山羊，加工成風味獨特的肉乾、肉鬆等畜肉食品。在野生植物開發方面也創建了新局面，如對食用菌價值較高的松茸、雞樅、薇菜、牛肝菌、香菇等進行人工培植，開發為優勢產業。

隨著民族地區旅遊業的發展，文化的含金量不斷加大，少數民族飲食文化也被擺上重要位置。建立民族地區的「農家樂」，引領遊客到少數民族家做客，瞭解少數民族生活習俗，品嚐異域飲食文化，成為旅遊中不可或缺的項目。如在彝區吃蕎米飯、炒麵涼羹、砣砣肉、連渣豆花，飲咂酒；在藏區吃糌粑、喝酥油茶、馬茶、酸奶，吃鮮美的手抓羊肉；在羌區，則食玉米饃饃、豬膘肉，喝「竿竿酒」，在餐飲過程中唱酒歌、祝福歌等飲食文娛活動，給遊客帶來特殊的生活感受。這種獨特的體驗，具有鮮明的民族特色與濃郁的生活氣息，是旅遊活動中的民族文化資源。同時，各民族在接待遊客的過程中，也會不斷挖掘本民族的特色食品，並精益求精，創新發展。這樣，不僅使本民族的飲食文化得到繼承與發揚光大，也促進民族飲食文化更上一個台階。

西南少數民族地區是綠色資源寶庫，綠色植被廣袤，野生果樹種類很多。四川地區現已對野生沙棘、獼猴桃、刺梨、橄欖果、山楂、酸棗、野李子等進行開發。通過科學分析，沙棘含蛋白質、多種糖、微量元素、果膠、氨基酸，且多種維生素含量高，具有抗輻射、抗衰老、抗疲勞的效果，是加工高級食品的理想原料。目前，涼山州木裡縣已開發生產沙棘酒。獼猴桃主要產於長江中、上游，所含維生素豐富，並對消化道疾病、心血管疾病、各種炎症和眼病有一定療效。刺梨主要分佈在雲貴高原和西南地區，其性能與獼猴桃大致相同，維生素C、維生素V含量則比獼猴桃高10倍，現已初步開發，製成多種飲料問世。橄欖（又名「餘甘子」）對肝膽、腸胃等具有較好的保健功能。近年涼山州開發「餘甘子」10萬餘株，年產果約1000噸。

第二節　雲貴桂地區的經濟振興與文化思考

改革開放以來，隨著各種生產責任制的落實和多種經營方式的實現，使雲貴桂地區的社會經濟發展水平大幅提高，飲食文化得到全面發展。

一、社會經濟的恢復與振興

一九七八年召開的中共十一屆三中全會，全面糾正「文化大革命」的錯誤，作出把工作重點轉移到經濟建設上來的重大決策，中國人民迎來了春天。使雲貴桂地區的糧食、烤煙、茶葉、酒、肉、菜蔬等飲食資源大幅增長。尤其是一九八二年以來，雲南等地農村全面推行家庭聯產承包責任制，極大地調動了農民發展生產的積極性。農業也從單一種植向多種經營、全面發展方向轉變。同時城鎮集體經濟和個體經濟也得到恢復和振興，商品經濟得到巨大的發展。

在雲南，製糖、茶葉加工業與牲畜飼養業都有很大的發展，產量逐步提高。一九九〇年，雲南省日搾甘蔗能力由一九八五年的3.8萬噸增至5.3萬噸；至一九九九年雲南產糖量首次超過廣東，躍居全國第二位。茶葉加工自實現機械化和半機械化的生產後，一九九一年全省精製茶產量達3.7萬噸，較一九八五年增長70％；二〇〇〇年全省茶園面積達251萬畝，產量7.9萬噸，分別居全國第二位與第三位。[1]到一九九八年，雲南省的牲畜存欄總數已達4261萬頭，肉類總產量達180萬餘噸，早已結束從省外調入凍肉的歷史。在貴州，牲畜飼養業、蔬菜種植與酒業發展迅速。在確立大牲畜飼養「戶養為主」的方針後，一九八二年，全省大牲畜存欄數以年均4.6%的速度遞增，居南方13個省區的第三位。貴州最具特色的蔬菜是辣椒，如遵義等地的朝天椒、大方的七寸椒、黔南的線椒聞名中外。貴州常年種植辣椒的土地面積約250萬畝，年產乾辣椒約40萬噸。

1　《當代雲南簡史》，當代中國出版社，2004年，第540頁。

▸圖12-1 被稱為「美酒河」的茅台酒水源赤水河

貴州酒聞名天下。一九九八年全省生產飲料酒48萬噸，已形成茅台、貴州醇、習酒、鴨溪窖酒、董酒等著名的品牌，成為中國的名酒之鄉。

廣西的社會經濟發展十分迅速，為社會消費奠定了堅實基礎，追求飲食的時尚與積極創新菜餚，成為廣西自治區飲食發展的重要趨勢。粵式菜品和食法在廣西大中城市廣受歡迎，廣西南寧本地特色菜亦受重視並予推廣，較知名的有吳圩的「王府牛雜」與「檸檬鴨」。此外，廣西還積極推廣邕州傳統菜。在文化上，人們講究日常飲食生活的放鬆與情趣。各地農村興起的「農家樂」，既有不同的特色，也使人們可以品嚐到新鮮的蔬菜瓜果，以及自然狀態下飼養的家禽或魚類，因此受到普遍歡迎。

改革開放以後，人民群眾的物質生活日漸豐富，僅滿足於溫飽已成為遠去的歷史。人們不僅要求吃得好，還講究吃得營養，吃得環保與衛生，講究飲食應有科學合理的結構。人們對飲食文化的內涵與演變的歷史也頗為關注並深感興趣。滇黔桂地區的飲食文化，成為西南各省區乃至全國熱衷的話題，西南邊疆諸省區的飲食文化，由此迎來了流光溢彩的繁榮時期。

▲圖12-2　雲南元陽的哈尼族梯田

二、飲食文化的繁榮與思考

❶・雲貴桂飲食文化的繁榮

實行改革開放後，飲食文化與經濟發展及社會前進同步，滇黔桂地區出現了繁榮的景象。

雲貴桂地區居民喜愛的主食，既有秈米、糯米、小麥等主糧，也有蕎麥、玉米、洋芋、紅薯等雜糧。當今的飲食風尚是強調營養全面，注重纖維素與維生素。因此，蕎麥、玉米、紅薯、高粱、小米等成為廣受歡迎的主食。雲南近年研究科學的加工烹飪方法，改善口味，推出南瓜餅、藕餅、鮮玉米餅等，頗受歡迎。山區的雜糧也得到開發。據報導，[1]十年前擺在西雙版納機場地攤上售賣的版納小包穀，因口味獨特、既香且糯而迅速走紅。

釀酒和製茶均有很大發展。傳統名酒在提高產品質量的同時，逐漸形成知名品

1　戴振華：《版納小包穀，闖出億元大市場》，《春城晚報》，2009年4月7日第二版。

牌。近年雲南省評選出雲南十大名酒，湧現出包括「醉明月」「地道雲南」「玉林泉」在內的一批名酒。飲用果酒也得到開發，如「雲南紅」「藏秘」等品牌的葡萄酒，在國內外均獲得成功。此外，還有啤酒類低度酒，如近年雲南擴大景頗族「司崗裡」木瓜酒的生產，得到市場的認可。茶葉方面，大葉種茶為雲南茶葉的主要品種，栽培面積達全國大葉種茶的50%以上。其中以普洱茶最為有名，近年其具有的保健功能與特色口味得到不斷開發，在國外的知名度也不斷提高。據說在韓國談起中國茶葉，100個人中有90個人會提到普洱茶，認為普洱茶在韓國是知名度最高的中國茶葉。[1]

此外，雲貴桂地區的植物資源十分豐富，近年已有一些新型飲料上市。以野生植物為原料製成的代茶飲料、以富含蛋白質及不飽和脂肪酸的果仁加工乳化製成的乳化飲料，以及各種果汁和果漿飲料，發展十分迅速。如三七花茶、山楂茶等代茶飲料，西番蓮、桑椬等製成的果汁與果漿飲料，以及核桃仁、松子仁製成的乳化飲料等。這些飲品不但有良好的口感，還有保健作用。如蘆筍汁中的蘆筍，即含有豐

◂圖12-3　雲南山區漢族的古裝戲

1　胡建芳：《韓國市場需要精品普洱茶》，《春城晚報》，2007年11月5日第15版。

富的營養與多種生物活性物質，有抑制癌細胞、升高血細胞含量等作用，服用蘆筍汁還可抗疲勞、耐缺氧、抗衰老和鎮痛。

地方特色的飲食產品得到發展，傳統飲食得以繼承和開發。如昆明三七汽鍋雞、蒙自過橋米線、宣威火腿、大理沙鍋魚、文山酸湯雞、版納傣族酸筍雞、玉溪剌桐關辣子雞、紅河小卷粉、宣威洋芋雞、大理三道茶、雲南普洱茶等地方性菜餚或飲料，在雲南省內重要城市隨處可見，並與流行全國的廣州海鮮、北京烤鴨、重慶火鍋、內蒙古小肥羊等知名飲食品牌並肩而立。在貴州和廣西兩省區，近年推出的地方性飲食產品，亦受到城鄉居民的廣泛喜愛。此外，其中，深受雲南人喜愛的雲南烤鴨，仍然繼承宜良烤鴨須砌土坯焖爐、以松毛暗燃烘烤的傳統工藝，進而發展為雲南傳統菜餚中的特色品牌。宜良烤鴨現已列入雲南省非物質文化遺產名錄，以加工宜良烤鴨見長的宜良學成飯店，也被評為雲南省餐飲名店。精緻小吃為雲貴桂地區飲食的一大特色，有悠久的傳統與廣泛的基礎。醬菜、藥膳等也頗受群眾歡迎，如雲南醬菜中的祿豐醋、昆明玫瑰大頭菜、太和豆豉、路南鹵腐、剝隘七醋等，均頗具地方特色。

酒樓餐飲方面也有所創新。雲貴桂地區的各民族歷來有重視飲食氛圍的傳統，在飲食活動中都伴有歌舞、說唱與表演。因此，近年雲貴桂地區的一些飯店與酒樓，弘揚了這一優良的傳統，將飲食消費與民族藝術表演結合起來。如昆明「吉鑫園」在席間表演民族歌舞，有賓客即席賦詩：「彝歌苗笛傣家情，昆明客宴多創新。一丟荷包歡聲動，酒不醉人情醉人。」

在研究和開發滇菜方面，雲南省有了長足的進步。二〇一〇年，在全省評選出滇菜烹飪大師與滇菜烹飪名師各30位，評出雲南名宴10席、雲南名菜100道，以及雲南名點30道和雲南名小吃24個。[1]還籌建了一些特色食品博物館、雲南省臨滄市已成立了「茶葉博物館」，茅台酒廠在貴州仁懷成立了「國酒博物館」，為推動飲食文

1 《關於公示2010年度雲南省餐飲業品牌表彰活動評定結果的公告》，《春城晚報》，2010年12月29日第三版。

化發展將起到重大作用。

目前，雲貴桂地區的飲食文化，其應用部分的開發，面臨十分難得的發展機遇。從總體上看，飲食文化已成為我國社會文明的重要組成部分，與人民的身體健康及生活質量的提高，與發展相關產業和進行環境保護，都有著十分密切的關係。飲食文化因此受到人們的普遍重視。人們有理由相信，植根於邊疆沃土上的雲貴桂飲食文化這枝奇葩，在社會各界的關心和扶持下，必將綻放出更加豔麗芬芳的花朵，為發展社會經濟，提高人們的生活水平，為建設更為幸福美滿的生活做出貢獻。

❷．對雲貴桂地區飲食文化發展現狀的思考

雲貴桂地區的飲食文化，雖以本色突出、複雜多元和豐富多彩引人注目，但發展程度畢竟有限，在原料加工、菜式設計、規範操作以及相關文化的發展等方面，較先進省份稍遜一籌，如雲貴桂三地的飲食文化中發展較好的雲南菜也並未形成被烹飪界認可的「滇式菜系」。

關於雲貴桂飲食文化發育程度較低的問題。大致有以下三個方面的原因：

首先，受到邊疆地區生產發展水平較低的限制。雲貴桂地區是屬於多民族融合聚居的邊疆地區。在相當長的時期，包含農業、畜牧業、養殖業、採集和狩獵成分的初級複合型經濟，是雲貴桂大部分地區主要的經濟形態。這種經濟形態以非集約型農業為基礎，同時畜牧、養殖、採集和狩獵也是獲取生活資料的重要手段。初級複合型經濟發展的水平不高，但具有頑強的生命力；在地形、氣候條件複雜的雲貴桂地區，初級複合型經濟有很強的對區域差異的適應性以及整體經濟成分上的互補性。古代雲貴桂地區較少出現嚴重饑荒，與這種初級複合型經濟類型的普遍存在有重要關聯。

初級複合型類型經濟的普遍存在，深刻地影響了雲貴桂地區的飲食文化。長期以來，雲貴桂地區的大部分居民稍有溫飽即告滿足，常見帶有原始共產主義遺跡的共享風氣，對食物的款式、加工要求不高，還滯留在注重本色及簡單操作的階

段，導致飲食方面只講究原汁原味而不注重烹飪技法。一些地方的少數民族，則有以野菜、昆蟲、花卉、苔蘚與各種野生動物入席，以及喜愛生食、半生食和冷食的習慣，形成與中原幾大菜系風格完全不同的飲食特點。在這種飲食原生態化的基礎上，還應該吸納進來更多的現代化元素及科技手段。

其次，雲貴桂地區飲食產品的設計與生產滯後，與長期以來該地區未形成占主導地位的區域性飲食文化核心，以及未形成內涵一致並有深刻導向性的區域性整體飲食文化有關。以雲南省為例。從戰國後期至元明的數千年間，雲南地區的行政、經濟與文化的中心，經歷了四次較大規模的轉移。戰國後期至東漢，雲南的中心位於滇國和西漢所置益州郡的核心區域即今滇池周圍地區。蜀漢至南北朝時期，雲南的中心轉移到蜀漢庲降都督治地及大姓勢力最集中的今曲靖一帶。自唐代前期南詔與唐朝失和，至宋朝後期蒙古軍攻滅大理國的500餘年間，雲南地方政權南詔、大理國均以今洱海流域為統治中心，以今昆明市的拓東城為陪都。一二七四年元朝在雲南建立行省，把省治設在今昆明。雲南的中心再次轉移，歷明、清、民國至今未變。由於歷史上行政、經濟與文化的中心多次轉移，對雲南形成占主導地位的飲食文化核心區域產生了

▲圖12-4　雲南佤族的鏢牛活動（《雲南民族・旅遊卷》，人民出版社）

▸圖12-5　雲南昆明金殿

不利的影響。貴州和廣西也有類似的情形。

在民族關係方面，數千年間，雲南經歷了本地民族與外來民族人口融合的複雜過程。直至明末清初，在雲南的傳統農業地區才形成人口占多數的本地漢族群體，在此之前在雲南影響最大的是白蠻，使諸少數民族得以長期共存，由此形成雲南漢族與諸少數民族共存及文化複雜多元的格局。雲南飲食文化複雜多元的情形，恰是雲南民族分佈格局及民族關係錯綜複雜的寫照。由於經歷了民族關係跌宕起伏的嬗變過程，雲南難以形成底蘊成熟、內涵一致的整體性飲食文化體系。

其三，有關部門和專家學者對雲貴桂飲食文化的整理、研究與宣傳不夠，也是造成這一地區飲食產品的設計與生產滯後，乃至飲食文化進步較慢的重要原因。按照文化學的觀點，文化包括傳統文化與現實文化兩個部分，傳統文化是整體文化存在與演進的基礎，現實文化則是對傳統文化的繼承與發展。傳統文化具有相對穩定性，同時對現實文化在深層產生影響。現實文化較易隨著時代的發展而改變，其嬗變反之又影響整體文化，飲食文化亦是如此。正是由於對雲貴桂地區的傳統飲食文化缺乏發掘、整理和研究，無法切實把握某精髓與深層內涵，更談不上在此基礎上對雲貴桂地區飲食文化進行新的詮釋，所以也無法對現實飲食文化在充分研究和準確把握的前提下，力求創新與發展。

同時，我們也應辯證地思考，雲貴桂地區飲食產品的設計與生產不夠成熟，亦說明雲貴桂地區的飲食文化還有很大發展餘地，在風格方面的可塑性較強，若加改進便可得到健康穩定的發展。與雲貴桂地區的服飾文化及舞台文化相似，由於注重體現本色和原汁原味，雲貴桂地區的飲食文化同樣具有鮮明的地方與民族特色，對國內外的消費者有很大的吸引力。同時，將它與雲貴桂地區的旅遊業、特色產業及綠色產業等結合起來，便更有利於其發展。

第三節　西藏地區飲食文化空前發展

隨著西藏改革開放的深入，人民生活水平的提高，飲食觀念的改變，無論城鎮還是鄉村，大多數地區的飲食都從單一性向多樣化發展。藏族不僅承襲前代的飲食文明與烹飪精華，保持了本民族的傳統飲食文化特色，而且在不斷吸收外來飲食文化的基礎上，形成更加科學、合理的飲食結構，具有鮮明的時代特點。

一、經濟迅速發展與民眾飲食消費

❶・農副業全面發展

改革開放後，西藏的經濟發展取得舉世矚目的成就。特別是一九八九年以來，全區農業連續10年獲得豐收，西藏地區經濟發展，社會穩定，人民安居樂業，物阜民豐。一九九八年，全區農牧業生產總值達43.8億元，較一九五九年增長30.4倍；糧食產量增長4.6倍，牲畜存欄數增長2.3倍。90%以上的農牧民解決了溫飽問題，50%以上的農牧民已進入小康社會，為西藏的飲食文化發展打下了堅實的經濟基礎。[1]

蔬菜水果生產有了長足發展。拉薩的蔬菜生產走在全藏之先。從二十世紀八〇年代起，拉薩市政府把解決市民菜籃子、酥油籃子、肉籃子的問題提到重要議事日程，認真抓了全市的蔬菜生產和酥油、肉類的營銷，緩解了居民吃菜難、吃肉難、吃酥油難的問題。一九八九年，拉薩市開闢蔬菜基地1300多公頃，年產蔬菜2250萬公斤，其中商品菜1700萬公斤。蔬菜品種增多，細菜比重增大，品種達46個之多，過去拉薩人很難吃到的萵筍、冬瓜、西紅柿、蒜苗、芹菜、青椒等蔬菜，現已成為餐桌上的常見菜。甲魚、鰻魚、海參、龍蝦等水產海鮮也都能買到，荔枝、蓮藕、枇杷、西瓜、香蕉、葡萄等水果在市場上屢見不鮮，很多品種是用飛機從四川、西安等到地運進的，價格也不算昂貴。

據統計，至二〇〇二年拉薩市蔬菜種植面積達4.35萬畝，年產蔬菜1.018億公斤。目前拉薩擁有規模較大的農貿零售市場15個，蔬菜品種達100餘個，當地生產的蔬菜占市場總量的45%。[2]其中最大的菜市場是宗角祿康農貿市場，即便寒冬臘月，這裡每天上市的蔬菜品種仍多達70餘種，人們可以買到各種時令蔬菜，其中八成以上為當地生產的菜種。

日喀則白朗縣還專門修建了聞名全藏的蔬菜大棚。從一九九八年試種成功至二〇〇五年西藏自治區成立40週年，白朗縣的蔬菜種植，經歷了從無到有、從少到多及從低水平到具備一定生產規模的發展過程，獲得顯著的經濟效益和社會效益，成為西藏地區農業產業結構調整的一面旗幟。二〇〇五年該縣已有3個生產基地，2043個溫室，占地面積1500餘畝。先後引進大棚蔬菜30多個品種，有黃瓜、西葫蘆、茄子、甜椒、西紅柿等，年產量達800萬斤。所種植的西瓜、香瓜、甜瓜、櫻桃等大棚水果，不僅在本縣銷售，還銷往日喀則、江孜、拉薩等地，為西藏人民的

1 汪德軍：《輝煌的四十年》，《西藏研究》，1999年第3期。

2 劉志揚：《飲食、文化傳承與流變——一個藏族農村社區的人類學田野調查》，《開放時代》，2004年第2期。

飲食提升提供了豐富的物質基礎。[1]

❷·食品消費結構的嬗變

改革開放後，隨著西藏地區人民收入水平的提高，人們的消費觀念逐漸發生變化，食品消費更加注重膳食結構，追求營養均衡。從食品消費的構成看，呈現消費結構優化、消費水平逐步提高的態勢。同時西藏內外民營企業、個體商販大批湧入拉薩，從事飲食、糧食、蔬菜、水果、肉類、酥油等方面的經營，使拉薩市場出現欣欣向榮、應有盡有的景象，給拉薩人的生活帶來了極大的方便。主要表現在：

西藏普通市民的飲食結構，改革開放後由主食糌粑、麵粉、酥油與肉食，向多層次、多種類、多營養型飲食變化，飲食消費也日益多樣化和科學化。從對拉薩市魯固居委會45戶居民的民族學調查得知，這些居民一九九四年的飲食結構類別與金額支出，按所占比重的大小排序分別為：牛肉、酥油、蔬菜和大米，香菸的支出比糌粑還多。此外，麵粉、豬、羊肉、酒類、菜油、乳製品、糖果和茶葉的消費均大幅度增加，水果、雞鴨肉、營養保健品、黃油、魚類等也開始進入普通居民的消費。

在蔬菜消費方面，藏族傳統上是一個不喜歡吃蔬菜的民族，現在，就連過去認為蔬菜是「草」的藏北牧民，也開始對蔬菜、水果產生興趣。而城裡人更是嘗到了吃蔬菜的甜頭，逐漸離不開菜蔬。除了傳統的土豆、蘿蔔、白菜以外，西紅柿、青辣椒、黃瓜、萵筍、茄子、豇豆、西葫蘆、苦瓜、南瓜、佛手瓜等都進入了拉薩市民的菜譜。吃法除傳統的燉和燴外，炒菜也很普遍。據統計，二十世紀末西藏城鎮職工居民人均日消費蔬菜0.6公斤，農牧民人均日消費蔬菜0.3公斤，達到或相當於內地城鎮居民的消費水平。

在肉食方面，過去只吃牛羊肉，對其他肉食禁忌頗多。魚等水生動物被認為是水中神靈，不能隨便侵犯，雞鴨肉也幾乎不吃，更不食驢肉等。現在，拉薩居民肉

1　楊亞明：《生命之緣——白朗縣的蔬菜大棚》，《中國西藏——慶祝西藏自治區成立40週年專刊》，2005年。

▸圖12-6 豐富多彩的現代藏北風味餐（《西藏民俗》，五洲傳播出版社）

類的消費數量不斷增多，品種日益多樣，從肉食中所攝取的蛋白質日益增多和豐富。變化最顯著的是海鮮已成為許多藏民的美味佳餚，特別是年青一代。每至下班時間，位於拉薩市北京中路的一家海鮮美食店總是人聲鼎沸、座無虛席，許多人還在飯店門口排隊等候，而服務員正忙著端出香辣蟹、美味海蝦等菜品。櫥櫃擺放的自助菜除新鮮的蔬菜外，還有鱈魚、龍蝦、鯉魚等水產。海鮮由成都空運，雖然運費成本稍高，但仍然供不應求。

在副食方面，過去水果和糖類不但吃得少，消費品種單調，且多是從新疆、印度運來的乾果和紅碗糖，新鮮的葡萄、蘋果、橘子、西瓜之類很少見到。而現在糖果、乾果、瓜子、點心與水果，都是普通百姓家的日常零食與節日的必備小吃。

在餐食搭配方面，改革開放後，除主、副食消費品種與比例變化明顯以外，藏民飲食結構與消費行為最突出的一個特點，就是藏漢混合餐日趨普遍。與過去相比，日常飲食藏餐越來越少，漢式中餐和外來麵食越來越多，藏漢食品並行而食。就早中晚餐而言，城鎮居民的早餐越來越趨向在外就餐，並以外來早點為主，中餐和晚餐是傳統藏餐和漢餐同食並用。農牧區居民早餐仍以藏式早餐為主，但有所減弱，中餐和晚餐以藏餐和藏漢混合餐為主，漢式中餐、外來麵食有所增加。這種狀況，在牧區居民、農區居民、城郊居民和城市居民中，其變化程度依次增強，即離城市越近的藏族居民飲食變化越大，離城市越遠的藏族居民飲食變化越小。

在就餐選擇方面，漢式中餐、外來麵食和火鍋餐飲等外來飲食增加比較快，涉及群體非常廣，西式餐飲有所增加，但涉及群體很小。從年齡層次來看，青少年比中老年人飲食變化更顯著，可能原因在於年齡小的人其飲食消費具有比較大的可塑性，特別是工業食品和西式餐飲對兒童吸引力比較強。在就餐形式上，城鎮居民、中青年的居民更容易選擇外出就餐，早餐比中餐和晚餐更容易外出就餐。

以上現象，導源於藏民飲食消費觀念的變化。年輕一輩的藏民逐漸吃大米、麵粉較多，而吃糌粑較少，而且衡量一戶人家富裕的標誌傾向已發生改變，是看其主餐有無大米飯、炒不炒菜，而是否吃糌粑並不重要。這是典型的飲食觀念轉變的表現之一。同時，隨著市場經濟的日益深化和經濟社會融合性的加強，藏民族對外來飲食文化表現出越來越大的興趣，越來越願意接受便利性食品和便利性就餐方式，因而越來越多的藏民也就加入到這種飲食消費結構改變的人群中來。[1]

由此可見，藏族傳統的飲食觀念和飲食結構，隨著西藏的經濟發展和社會的進步，正在由傳統型向現代型悄然轉變，過去那種單調的、簡單的飲食結構，正向豐富、多樣的方向發展。[2]它揭示出藏族人民生活質量的不斷提高和飲食文化的進步。

❸．飲食器具、燃料逐步現代化

藏族的餐具有木碗、木盤、木盒、酥油桶、陶缽、陶火爐等，進食工具有刀、筷、勺等，大都沿襲傳統使用至今。變化較大的是在材質上，改革開放後，鋁鐵銅質用具已較普遍，尤其是鋁鍋、鋁壺，因其傳熱快、輕便耐用、價格低廉，而受到藏民的普遍歡迎。在樣式上也更加豐富，如筷子就有現代的木筷、竹筷、塑料筷、鋁筷等。另外，在高寒牧區，由於高原的氣壓和沸點低，牧民們愛吃的米飯和麵條必須使用高壓鍋才能煮熟，所以牧區流行使用高壓鍋。

民主改革前，拉薩市的主要燃料是牛糞和草皮，另加少量木柴。一九八〇年建

1　劉天平、卓嘎、旦巴：《藏民族飲食消費成因與變化分析初探》，《消費經濟》，2011年第2期。
2　中國藏學研究中心社會經濟研究所編：《西藏家庭四十年變遷》，中國藏學出版社，1996年，第332頁。

成格爾木至拉薩的輸油管道，煉油、柴油成為家庭的主要燃料，拉薩市場上以牛糞、草皮為主的燃料市場逐漸萎縮並且趨於消失。自一九九二年石油化氣大量進入拉薩，一九九四年拉薩又建立液化氣儲運罐供應站，家庭使用石油液化氣已基本普及。煤氣灶具、家用燃料的新發展，體現著家庭生活方式的進步和現代化水平，為西藏人民飲食文化的發展打下了良好基礎。

❹．茶飲與酒宴

改革開放以後，西藏群眾喝茶的方法仍與內地「泡茶」不同，他們無論喝清茶、甜茶還是酥油茶，均依舊式將茶葉熬煮成濃汁，放糖或加鹽，攪打使之水乳交融，便成為不同的茶種。但現今茶飲品種更為多樣，有酥油茶、清茶、糌粑茶、菜油茶、奶茶、骨頭茶、甜茶、麵茶等多種。

酥油茶的製作大致沿襲傳統方法，但又有些微變化。製作普通的酥油茶時，將磚茶或沱茶用水久熬為濃汁，熬好後將茶渣濾出，再加入三四兩酥油及少許鹽巴，或加入一些糌粑或雞蛋，放入茶桶來回抽幾十下，待油茶交融即成。然後裝入陶製或銅質的茶壺，置於溫火上的火缽，便可隨時熱飲。酥油茶的優良與否，主要是看茶的濃淡和油的多寡。俗話說：「茶桶一響，酥油三兩。」製作上等的酥油茶，還要在上述作料中加入碾細的核桃仁、花生米，以及葡萄乾、雞蛋、牛奶和芝麻，使茶味更加甜潤可口，芬芳撲鼻。糌粑茶以糌粑為主要原料，藏語稱「卡豆」或「豆瑪」。飲用時先在碗底放一小勺糌粑，稍微壓一下，一倒茶水時，糌粑便從碗底全翻上來，然後放少許奶渣、酥油和白糖，再往碗裡倒些茶水。「骨頭茶」是用骨頭湯打製的茶，藏語稱「瑞恰」。此茶雖比酥油茶檔次低，但也別有風味。「麵茶」的製法，是將麵粉在鍋中炒熟，或用糌粑撒入熱水或開水鍋，邊沸邊攪，再投入搗細的茶葉粉和鹽而成。其中，「甜茶館」為改革開放後藏茶文化的一個突出特色。

至二十世紀二〇年代，拉薩街上出現了甜茶館。那時有資格進入甜茶館的僅有貴族及其公子以及部分商人，是談天說地、結識朋友、成交貿易的理想場所。從二十世紀九〇年代，甜茶館如雨後春筍般發展，甜茶成為大眾化的商業性飲品。飲

◀圖12-7 芒康縣農家的廚房（《西藏民俗》，五洲傳播出版社）

用甜茶成為人們日常生活中不可缺少的一件事。許多拉薩和日喀則人，視喝甜茶為生活的重要內容。街頭甜茶館比比皆是，逛甜茶館是藏民喜愛的消磨時光的方式。甜茶館大都沒有豪華的裝飾，有的茶館門口掛著藏飾門簾，大多數茶館擺放著簡便的木製桌子和板凳。每家茶館均用較好的音箱播放電影插曲和流行歌曲，「吉韌」（藏式克郎球）也普遍進入茶館。以後，茶館裡又出現象棋、撲克牌、電視、錄像機等娛樂設施，用於招徠茶客。

藏族有飲酒的飲食習俗。在改革開放後，人民生活水平提高，西藏盛行在節日或者喜慶時舉辦酒宴。酒宴的主要飲料是青稞酒。藏族尚勇，常以「烈酒般的勇氣」自豪，故酒宴十分熱鬧。酒宴形式是主客各自坐於厚墊，身前擺放餐桌分開進食。菜餚有風乾肉、奶渣糕、人參果糕、炸羊肉、辣牛肚、灌腸、灌肺、燉羊肉和燉羊頭等；主食有糌粑、奶渣包子、藏式包子、藏式餃子、麵條和油炸麵果等。隨著時代的發展，漢餐和西餐西點也擺上了藏家的酒宴。

❺．餐飲業的發展和地方風味的形成

餐飲業不斷發展壯大。二十世紀八〇年代初，西藏的本地餐廳很少，瞭解藏餐的人也不多。餐館大多經營川菜，口味稍有改良，一般人尚可接受。以後本地餐廳學習內地，供應一些漢族菜系的搭配、擺盤、雕花和炒菜。經營藏餐者先要學「墩

▸圖12-8 寺廟開辦的飯館（《西藏民俗》，五洲傳播出版社）

子」，即學習熱菜方面的切菜配菜，然後才能上灶台炒菜。涉外賓館還供應西餐，有的還伴有藏族歌舞表演。

二十世紀、二十一世紀之交，拉薩、日喀則、澤當等城鎮有了各種檔次的餐館，這些餐館的裝潢和佈置均體現出當地特色。如有繪著花紋的藏式「狗蹄」木桌，鐵皮火爐，「八瑞」瓷碗，藏式蒲團，極富藏族文化特色的各種吉祥圖以及壁畫等，令人領略到藏地的風情，品嚐到有特色的藏餐。近年越來越多的商家開起粵菜、川菜、湘菜館，北京涮羊肉、重慶火鍋、東北水餃、蘭州拉麵、新疆手抓飯、雲南米線等全國各地的風味美食，在拉薩街頭隨處可見。如今，藏餐的影響也越來越大，內地的一些地方也開設了藏餐廳，如北京的瑪吉阿米十分紅火，吸引了許多食客前來用餐。

隨著人民生活水平的不斷提高，藏餐在保持傳統製作方法的同時，也不斷改良，以適應不同人群的需求。如藏民飲酒的種類趨向多樣化。在城市中啤酒受到喜愛，這可能與啤酒的性、味均與青稞酒近似，卻比青稞酒易飲易購有關。面臨啤酒等工業化生產飲料的挑戰，青稞酒也將打破家庭釀造的傳統而轉為工業化生產。受到顧客歡迎的，還有那曲的蟲草、阿里的藏紅花、浪卡子縣雅卓嘎瑪的風乾羊肉、工布江達縣錯高鄉的香豬和亞東的魚等地方特色食品。

地方風味的飲食逐步形成。改革開放後，西藏逐漸形成地方特色的飲食風格，出現了諸如羌菜、衛藏菜、榮菜、宮廷菜等一系列藏地地方菜。「羌菜」即指高原牧區流行的飲食，其菜系的特色是注重原汁原味，取料相對單一，飲食以奶酪、牛蹄、酸奶、酥油等為主要原料，味道側重於鹹、鮮、酸、香。所謂「衛藏菜」，是指拉薩、山南、日喀則等地區流行的飲食，主要體現農區或半農半牧區的風味，其特色為取料廣泛，除了奶製品、牛羊肉外，還採用各種農作物，因此葷素配合得當，烹飪善於把握火候，調味以鮮鹹、淡爽為特色。製作手段也較豐富，擅長煮、炒、燒、焖和炸，食品有「蘿蔔燉牛肉」「手抓羊肉」等，以「曲瑞」（奶豆腐）、生牛肉醬知名。所謂「榮菜」，是指低海拔的藏東南地區的飲食，食物取材於高山森林，以菌類、野生藥材為主，製作方法古樸、食物風味清鮮、鹹中帶甜、濃而不膩，尤以烤製香豬見長。所謂「宮廷菜」，是指舊時王家貴族及官府中的菜。這種菜是在原有藏餐的基礎上，精工細做、博采各家之長而形成的綜合菜餚，材料均取自本土，選料嚴謹、製作精細，技法全面、色澤美觀，為藏餐中的精品，各地方的人都能接受。

二、藏式飲食文化的形成

❶・飲食習俗的承繼與變遷

改革開放後，藏民家庭的經濟收入和生活水平有所提升，促進了藏族飲食文化的整體提升，這與漢族飲食原料、現代食品、烹飪方式和廚用炊具等的引入是分不開的，折射出城鄉藏族人民在現代化發展的進程中，其飲食文化的吸入、適應、整合與變遷的過程。

主食。糌粑承襲傳統仍作為主食，但糌粑的製法較前增多，可分為青稞糌粑、豌豆糌粑以及青稞和豌豆混合、玉米和燕麥混合製成的糌粑。其中以青稞糌粑最為普遍，牧區還有用風乾牛肉製成的牛肉糌粑。吃法更為多樣：一種是搓成坨食，先在碗中放少許清茶或酥油茶、奶茶，然後放糌粑，用手在碗中捏成團即可食用，俗稱「捼糌粑」。另一種是調糌粑湯，即在碗中放多半碗清茶或酥油茶、奶茶，再放入少量糌粑，用手指或筷子等調和成糊狀食用，一般病人或小孩多食。還有一種是舔「卡提」，即在碗裡先放少半碗糌粑，用手指背將糌粑壓緊，然後盛清茶或酥油茶、奶茶，喝完茶後將茶浸濕的一層糌粑用舌頭舔掉，周而復始，直至將糌粑舔盡。也有放酥油，或放奶渣、奶餅摻和吃的。有時也用肉丁或蘿蔔、油菜葉加糌粑煮成粥，製成「圖巴」，供食後飲用。總之，糌粑的種類與食法，較過去都更豐富並注重營養。

肉食，主要為牛肉、羊肉、豬肉三種。在牧區牛肉、羊肉既是主食，也是副食，每人每月的食用量達60斤以上。藏族食用牛羊肉講究新鮮，民間吃肉時不用筷子，而是將大塊肉盛入盤中，用刀子割食。現在的吃法主要有三種：一種是做成肉糌粑；一種是切成塊，在鍋裡煮熟後用刀削著吃，稱「坨坨肉」；還有一種是利用藏區的寒冷氣候，讓其自然風乾，然後切成塊用刀削著吃。另外，農區的牛羊豬肉，有炒著吃的，也有煮「坨坨肉」食用的習慣。

酥油的用途得到拓展，大致有以下幾種：一是製作酥油茶。作為主要飲料，酥油茶是待客的佳品。二是因為酥油熱量很高，日食酥油用以禦寒。三是把酥油當成很多特色食品不可缺少的原料，如用酥油製成的各種點心，既好看又香脆。四是開發酥油的藥用價值。據說在1000多年前吐蕃便用熱酥油止血。藏醫學也認為酥油可使男性精液增多，能潤澤氣色，使人精力充沛，皮膚不至粗裂。五是作為燃料使用。西藏大小寺廟內長年不熄的燈，即是用酥油作為燃料。六是以酥油祝福。凡有人出門遠行，親友前來送別，總是獻上潔白的哈達，再敬上一碗又一碗的酥油茶，祝遠行者逢凶化吉，一路順風。七是把酥油當成藝術創作的原料。「酥油花」即是藏族特色藝術品的代表，別具一格。

蔬菜水果。改革開放後，藏區蔬菜品種增多，主要生產蘿蔔、洋芋、白菜、青筍、蓮花白和圓根，溫暖的河谷地區還出產辣椒、蔥、蒜、二季豆等。圓根，是藏族人喜愛的蔬菜，冬季多以圓根葉自製的酸菜做菜餚。乾酸菜能長期保存，不易變味，不生蟲，可炒吃或煮湯。藏區的食用菌類繁多，有松茸、一寓菌、膺水菌、掃把茵、猴頭菌等，松茸肉質細嫩，營養豐富，是藏家待客的佳餚。一些海拔低的農區還有蘋果、梨等水果。蔬菜的烹調與內地有些不同。如做土豆，除了傳統的炒製外，還可用做糌粑的做法烹製，即將土豆煮熟剝皮，再與酥油、奶渣和鹽相拌，做出來的土豆既有奶香，又有土豆的本味，十分可口。再如，「烤蘑菇」是將蘑菇拌以糌粑、鹽和酥油放在火上烘烤，亦別有風味。豐富的蔬菜品種改變了當地藏族農民傳統的飲食結構和生活方式，各種時令蔬菜成為他們日常飲食的一部分。即使是原來視蔬菜為「草」的牧民，現在也都接受，並認為在吃大米飯時一般要配炒菜。藏民在傳統飲食的紅食、白食之外，也吸收了綠食，形成更為合理的飲食結構。

在飲品上，既有青稞酒，也有啤酒和白酒，還有雪碧、可樂、杏仁露、椰子汁等飲料，它們分屬不同的人群：男人喝啤酒和白酒；婦女喝青稞酒；孩子喝雪碧、杏仁露等飲料，老人喝青稞酒。外來飲品的進入已整合為藏族飲食文化的一部分，但存在城鄉之間的身分之別，男女的社會角色之分，現代與傳統的時空距離和老與少的代際差異。

同時，漢式菜餚和漢式烹飪技術正被越來越多的藏民接受並喜愛，不僅城市的藏民時常進漢餐館用餐，農村的藏民也去漢餐館進餐，而且每次進餐時，都會刻意記住所喜歡菜式的配料，回家後再如法炮製。許多藏民通過各種途徑學習、掌握漢

◂圖12-9　藏餐——土豆（李玉琴攝影）

式烹飪技術。漢族常用炒、煎、燒等手法的烹調方式，對傳統藏式的以燉、煮為主的烹飪方式無疑是一種補充。[1]

雖然這一時期飲食品種增多、烹製方法多樣，滿足了藏族人民的生活所需，但作為傳統飲食，糌粑和酥油茶至今仍是藏族家庭每日不可或缺的，他們是食品傳承的主要載體，特別是老年人在飲食習慣上更多地保留了傳統的成分，每天都離不開糌粑和酥油茶。糌粑和酥油茶成了藏民族物質文化的特徵之一。儘管現在一部分孩子不喜吃糌粑而喜食白麵、大米，但是幾乎每個家庭的早餐，主食仍舊毫無例外的是糌粑。在家長們看來，不吃糌粑就不能算是真正的藏族。吃糌粑是強化年青一代的民族認同的一個必不可少的手段和方式，是進行傳統文化傳承的一種潛移默化的教育。這樣，糌粑作為藏族的主要傳統飲食，已經不再僅僅具有實用的飲食功能，被賦予了民族歸屬感和文化認同的意義，衍生為藏民族傳統文化的符號。同時，也延伸、擴展和滲透到藏族日常生活的各個方面，在一些特定的宗教、節慶、勞動等場合，糌粑更被人們賦予了特殊的文化象徵意蘊。因此，「吃糌粑」與「不吃糌粑」不僅是飲食習慣問題，也是區別於藏族與其他民族的民族身分並構成了「我群」與「他群」之間不同的族群性特徵。[2]

❷．飲食結構與養生功能

改革開放以後，隨著生活的日漸富足，藏族民眾開始注重講求飲食營養和養生，更加重視食品的食療功能。藏族人民通過歷史記載的方法，又經現代科學手段檢測，確認諸多藏餐食品具有藥用與養生的價值，它們滋養強壯了一個民族。

青稞。藏民把青稞稱為養育眾生之母，經加工後的糌粑被視為其「無價長子」，青稞酒則稱為滋補身心的「甘露妹子」。藏醫典籍《晶珠本草》將青稞作為

1 劉志揚：《飲食、文化傳承與流變——一個藏族農村社區的人類學田野調查》，《開放時代》2004年第2期。

2 劉志揚：《飲食、文化傳承與流變——一個藏族農村社區的人類學田野調查》，《開放時代》，2004年第2期。

重要的藥物，認為可治療多種疾病。經現代生物醫學研究，青稞富含比其他麥類更高的β-葡聚糖，能起到穩定血糖的作用，還有較多的膳食纖維、支鏈澱粉和多種維生素。據有關機構統計，西藏農牧區患痛風病、糖尿病的比例很低，發病率僅為0.01%，與長期食用糌粑有關。青稞可清熱化濕、祛風寒、寧肺定喘，治療陽虛腎虧，並有降血脂的功效。青稞的營養價值不低於其他穀類，隨著糌粑保健功效的深入挖掘，糌粑正走向全國和世界。用青稞釀的酒也有很好的保健作用，在溫熱的青稞酒中加入紅糖、酥油、奶渣及糌粑，可以補血、補氣，是產婦的特別飲食。

酥油。酥油是藏民生活中不可或缺的食品。有關研究證明，酥油能滋潤腸胃，有和脾溫中的作用，其脂肪含量高達80%-90%，藏民稱之為「生命油」「油脂精華」，有很高的營養價值。酥油還含有蛋白質、鈣、磷、鐵、維生素A、核黃素、尼克酸等多種維生素。每市斤（0.5千克）酥油在人體中產生熱量約4000卡，食用後能耐寒耐飢。藏區地處高原，氣候寒冷，高熱量的食物可增強食用者抵抗低溫的能力，並補充人體多方面的需要。不同的酥油還有諸多藥用功效，如犏牛酥油能調理身體，黃牛、山羊酥油能涼息風熱，犛牛、綿羊製成的酥油性熱，能祛風去寒。

酥油茶與甜茶。酥油茶與甜茶，是分別用酥油、牛奶或奶粉加茶葉、鹽、白糖製成的飲料。酥油茶與甜茶都是具有茶功能的營養品，酥油茶可補充食用者的熱能與維生素A，而甜茶則可補充蛋白質和其他一些營養素。尤其是酥油茶，有生津、禦寒、止渴的綜合功效，是十分適合高寒地區的飲料。

牛奶。藏醫學認為牛奶在消化過程中屬苦味，含油脂，使人活力增加，面色紅潤，皮膚有光澤，增加黏液，能治療膽汁及氣類的疾病。牛奶還可興奮人的腦力，能消除疲勞，可治療眩暈、中毒、咳嗽、過度口渴等。其中西藏犛牛奶的營養價值很高，含有18種氨基酸和豐富的維生素，以及鈣、鐵、鋅、硒等微量元素，乳鐵蛋白含量和免疫球蛋白含量超過牛初乳，長期飲用會有助於提高人體免疫力。

酸奶。酸奶味道酸甜，含有比牛奶更多的乳酸、脂肪酸、蛋白酶和糖分，有鎮靜、催眠、開胃、補氣等作用，並易於消化吸收，還有驅殺腸道中腐敗菌的作用。經常食用酸奶的人不易腹脹，也不會產生便秘。酸奶還有益壽作用，人衰老的一個主要原因，是由於人體腸道中由腐敗菌產生的毒素，如能驅殺這些毒素，人就可能長壽，而酸奶中的乳酸菌即可抑制腐敗菌的產生，且能驅殺分解毒素。西藏的酸奶以犛牛奶為原料，分為兩種，一種是奶酪，藏語叫「達雪」，是用提煉過酥油的奶製作的；另一種用未提煉過酥油的牛奶製作，叫「俄雪」。

犛牛。犛牛為典型的高寒地區動物，性極耐寒，被稱為雪域高原的「生命之舟」，身體強壯，以具備高免疫性、抗逆性、抗缺氧、抗紫外線而著稱。它全身是寶，從角、骨、骨髓、舌、喉頭、心、膽、汁，到血、睾丸、肉和皮毛，犛牛不同部位的肉或器官，可治療不同的疾病，被世人稱為高原之寶。

此外還有藏地茵香、野蒜、榆樹等，這些既是食品調料，也是常用的藏藥，由這些材料做成的藏餐食品，既美味可口，還有養生健身的作用。

❸．藏式烹調的特點

改革開放後，藏餐在原料與烹調上更加精進，花色品種豐富，講求天然、綠色和養生，體現了許多方面的藏地特色。

一是原料廣博，選料嚴格。主食原料選擇的往往是本土栽培的青稞。藏餐中的牛肉以高原犛牛肉為主，羊肉大多是綿羊肉。犛牛肉顏色鮮紅、肉質細嫩、味美可口，並講究用牛羊不同部位的肉做不同的菜餚。通常裡脊用來切絲炒菜，其他各部位如胸前的三角肌肉、前腿肉、貼骨肉等各有各的做法；後腿肉因脂肪最少，被用來製作生牛肉醬「夏卜欽」；骨頭熬製的高湯可隨時用於菜餚。

二是精於刀工。藏式烹調的刀工十分講究，刀法多樣，刀技精巧，有切、剁、斬、砍、排、削、拍、敲等，僅「切」就有直切、斜切、推切、鋸切、拉切、側切、滾切等方法。藏餐廚師雖沒有西餐、中餐廚師所用的名目繁多的刀具，但一把菜刀當十把使用，使用刀具的手法十分嫻熟。加工後的原料有塊、丁、片、條、段、球、絲、粒、末、茸等形狀，在實際生活以整塊和片、段、泥茸等為常見。

三是配料講究質、味、量的配合。通常主張軟配軟、脆配脆；味道方面除保持原有香味外，還輔以其他香料補充；量的配合要求主料突出，配料補充。

四是講究菜餚的原汁原味。藏餐做法相對簡單，但講究菜餚的原汁原味，使用的調味品都是天然的植物，極少使用經過人工調配的調味品，如經過人工調配的味精、醬油和醋等。

五是注重「綠色」和「保健」。藏餐原料大都來自無污染的高原地區，是天然的綠色食品。牛肉須用高原生長的犛牛肉，羊要吃野草長大的綿羊，雞肉要用吃草籽長大的柴雞。牛肉在製作前要經過醃製；燉菜一定要用牛骨髓熬製的高湯等等。西藏絕大多數地方都是四季分明，也形成烹飪原料季節性強的鮮明特色。如有「春有連魚，夏有奶酪，秋有肥牛、冬有羊」的俗語。從對人體的作用看，不同季節的原料性質也不一樣，如有「三月的曲瑞（奶酪豆腐）賽蟲草」的說法，許多原料過了季，食用價值就降低或失去了。西藏還有一些珍貴的原料，常用的有藏紅花、手掌參、人參果、蟲草、「廓矗」、「夏廓唐傑」等，對人體的滋補作用十分明顯，凸顯出藏餐的保健養生作用。藏紅花能夠活血化瘀，散鬱開結，是藏地的名藥之一。「廓矗」對眼睛有益，是一種天然草藥，也是做菜的較好香料。

用這些原料製成的菜餚，不僅是西藏傳統高檔筵席上的珍品佳餚，也是食物中的精品，達到了「風味純正、營養均衡、藥食合一」的餐飲至高境界。

六是烹飪技法多樣。藏餐的烹調技法也很多，據說有熱菜技法30種，冷菜常用技法5種。

七是注重火候。這體現在選用不同的燃料和工具、運用不同的火候和使用不同的傳熱介質上。

❹．特色食品及藏菜的地域特徵

改革開放前，藏餐就兼容了漢、回等民族的飲食風格，吸收了印度、尼泊爾、不丹等國餐飲之所長，豐富了藏族飲食文化。改革開放後，更是品種紛繁，形成質量上乘的藏族特色飲食。

「卓巴卡擦」，將牛肚煮熟後切成片，加咖喱、茴香、味精、鹽等調料拌勻即成。

「學果饃饃」，學果即土豆，把土豆煮熟去皮，與麵粉混合，備作饃外皮。將拌好的調料、炒熟的碎肉像包「元宵」一樣用饃外皮包起來，滾上麵包屑，再放進酥油裡炸，炸熟即成。

「折當果折」，將麵粉調拌擀好，切成條，放進菜油中炸。炸熟後再放入事先熬化的紅糖裡攪拌，撈出瀝乾，裝到食品盒中食用。

「哲色莫古」，將大米放在鍋裡煮熟後改用高壓鍋煮，然後倒入融化的酥油和紅糖、白糖、葡萄乾、鹽等，攪拌均勻即成。

「甲火」，即「漢式火鍋」。像內地火鍋一樣邊吃邊煮，主要原料有粉條、海帶、蘑菇、豬肉、牛羊肉丸子、竹筍等，還要加鹽、味精等調料。一般舉辦大型宗教活動時大喇嘛要吃此菜。

「夏巴吐」，將肉剁成餡，用麵粉擀成皮包上餡成丸子狀，加蘿蔔絲、奶渣，放進骨頭湯中一起煮熟即成。

「安多包子」，用燙麵做成麵皮，餡以牛羊肉為主，摻進少量嫩蔥，再調入清油、花椒、鹽巴、肉湯拌成餡。再把燙麵面皮捏成波紋皺褶，填入肉餡，轉動手捏而成蓮花盛開狀，其造型考究美觀，味道可口，不腥不膩。

此外，還有青稞薄餅、粑粑包肉、人參果飯、松茸炸牛排、藏紅花烤羊排、手撕犛牛肉等。

由於青藏高原獨特的生態環境與人文背景，衍生出來的藏菜與其他民族的菜式風格迥然不同，既吸收了外來飲食文化，又保持了本民族的傳統風格，凸顯出以下特徵：

第一，地域性食材突出，民族風味濃郁。如青稞、犛牛、藏紅花等都是當地產的，且在菜餚中使用概率較大，凸顯了藏族風情，這是由青藏高原的生態因素決定的。

第二，受外來飲食文化的影響較大。如內地的烹調技術和食品影響日益明顯。飲料則主要受印度、尼泊爾的影響大，帶有濃郁的印、尼式風格。

第三，傳統藏菜烹飪方法以煮、炸為主，輔以一定的拌、蒸食品和生吃食品，

◂圖12-10　藏餐——水晶包（李玉琴攝影）

較少有炒菜，這主要是由於西藏海拔高，菜不易炒熟。隨著蔬菜的種植和食用在高原的推廣，蔬菜頻頻出現在藏民的餐桌上，炒菜也越來越多。

第四，藏菜文化中最高水平的產品集中在拉薩和日喀則。受歷史影響，可以說拉薩、日喀則是藏菜的中心。西藏其他不少地方的藏菜儘管也極具特色，但就藏菜品種的齊全、製作工藝、烹飪技術的精湛而言，則無法與這兩地相比。尤其是拉薩的藏菜，已成為藏菜的代表。[1]

❺・藏族飲食文化的演進

從總體來看，藏族飲食文化的發展與形成大致可以分為五個階段：

第一個階段從西元六世紀開始。其時藏餐的烹調技術首次發生較大變化。當時吐蕃與中原內地、周邊國家和地區開展了廣泛的經濟文化交流，吐蕃因與中原內地和中亞各國通商，烹調原料和技法不斷傳入西藏，使西藏的烹調技術得到了發展，尤其是文成公主入藏和絲綢之路的開通，開闢了藏漢兩族飲食文化交融的先河。人們開始注重博食和養食。博食，即烹調用的原料品種繁多，包括糧食、畜乳、蔬菜、瓜果等門類；養食，即提倡「醫食同源」「藥膳同功」，說明西藏在醫藥的食補方面也有了長足發展。《四部醫典》全面揭示了人與自然之間和諧而有機的聯繫，

1　李濤：《藏菜種種及特色》，《民族》，2002年第6期。

向人們展示了西藏烹調原料的豐富資源，並從醫藥理論上闡述與飲食有關的上千種本土植物、動物、礦物的藥理功效，告訴人們什麼東西不可食，什麼東西可食以及怎樣食，會給身體帶來什麼好處。《四部醫典》的問世，標誌著藏民族飲食文化進入了較迅速的發展階段，也為西藏飲食烹飪理論奠定了堅實的基礎。其次是中西雅食文化的進入，使西藏藥膳製作逐漸興起，為西藏飲食文化理論奠定了基礎。

第二個階段可以追溯至十三世紀。此時西藏基本上結束了分裂割據的局面，除與元朝中央政府的關係更加密切外，還以藏傳佛教為紐帶，加強了與中原的聯繫。藏族與蒙古族的民間交往也日趨頻繁。蒙古族的飲食文化在元代已十分發達，蒙古族與藏族有著共同的游牧與畜牧生產方式，其飲食必然有共通的一面。重要的是，藏族薩迦法王八思巴是蒙藏政治宗教文化相互學習與傳播的重要橋樑。哈達就是在元朝時由八思巴傳入西藏的，他在會見元世祖忽必烈後回西藏時，帶來了第一條哈達。同理，在飲食文化上八思巴不可能不將蒙古族的飲食習俗帶到西藏，特別是八思巴家族與蒙古族聯姻，可以對飲食習俗產生直接影響。據前述，青稞蒸餾酒和酥油攪拌分離法以及酥油茶都可能是在元代受蒙古族飲食製作方法的影響，從而提高了飲食製作水平，豐富了藏餐的內涵。

第三個階段是十八世紀。這一時期是清代筵席發展的鼎盛時期，其種類多，規模大，菜餚豐盛，烹調精美，並出現了堪稱筵席之最的滿漢全席。以後隨著藏漢經濟文化的交流，內地的飲食文化逐漸傳入西藏。藏人稱滿漢全席為「嘉賽柳覺傑」，意為漢食十八道。這一時期在拉薩、江孜、日喀則等藏區重鎮的街面上，各種蔬菜、瓜果，廚具、器具也明顯增多，一些烹飪技術也在民間流傳，促進了西藏飲食文化的較快發展。

在這一時期，融食、娛、游、樂於一體的飲食文化開始進入上層貴族家庭，但由於西藏政治、經濟、宗教、文化、地理以及信息等方面的原因，無論是來自中原的美食佳餚還是來自南亞、北亞、西亞的西方飲食文化的影響，在西藏仍十分有限，這些只為少數西藏貴族及商人家庭所瞭解，而西藏廣大的農牧民仍靠傳統簡單的飲食方式度過漫長歲月，這種狀況一直延續到二十世紀五〇年代。

第四個階段是民主改革後至改革開放前。藏餐的形成主要在二十世紀五〇年代後期。在拉薩市區紅山布達拉宮前面的街上，出現了不同檔次的標準藏餐。主食以米、麵、青稞為主，肉食原料以牛、羊、豬、雞等畜禽肉為主，蔬菜以土豆、蘿蔔等為主。喜歡重油、厚味以及香酥甜脆的食品，調料多辣或酸，重用香料，常用烤炸煎煮等方法烹調。傳統的待客筵席由奶茶、蕨麻米飯、灌湯包子、手抓羊肉、大燴菜、酸奶六道食品組成，代表性菜品是牛肉、燒羊、糌粑、酥油茶和青稞酒。筵席上的菜品口味講究清淡與平和，少放辛辣調料。民間吃肉多不用筷子，而是將大塊肉盛入盤中用刀子割食，具有濃郁的民族風味。

第五個階段始於二十世紀八〇年代。在改革開放政策的推動下，西藏的旅遊熱使飲食文化得到空前發展。藏餐菜品不多，但不同地方的菜點風格各異。藏餐可分為四種類型：以阿里、那曲為代表的「羌菜」；以拉薩、日喀則、山南為代表的「衛藏菜」，也稱「拉薩菜」；以林芝、墨脫、梓木為代表的「榮菜」；以過去王家貴族及官府中的菜餚為代表的「宮廷菜」，共有200多種。在保持傳統特色的前提下，新的原料不斷增加。在飲食對象、飲食烹飪、飲食方式等方面，呈現出由簡至繁、由粗至精、由低級到高級的發展趨勢。廚師的地位不斷提高，烹調技術逐漸走向成熟，甚至還出現了烹調專著。西藏拉薩飯店廚師次仁群培所著《藏餐菜譜》《藏族常用飲食辭典》，系統而全面地講述了藏餐烹飪知識，有力地推進了西藏飲食烹飪的發展。世代以糌粑、牛羊肉、酥油為主食的藏民的飲食結構，正在發生變化，並逐漸形成自己的特色。藏餐、中餐、西餐等多種餐飲文化相互融合、優勢互補的新格局，揭開了西藏飲食文化的新篇章。

三、其他少數民族的飲食文化

西藏是個多民族的地區，除藏族為主體外，還有珞巴族、門巴族、蒙古族、回族、怒族、納西族、僜人、夏爾巴人等其他少數民族，他們居住在喜馬拉雅山脈以東或喜馬拉雅南側比較溫暖的地區，其飲食文化與藏族既有相類又有不同，同藏族飲食文化共同構成了西藏地區的地域飲食文化，形成了青藏高原各民族飲食習俗多元化的特點。其中，珞巴族和門巴族是居住在中國西藏的古老民族，具有較完備的飲食文化。

❶．珞巴族的飲食文化

（1）珞巴族的社會經濟概況　珞巴族大部分集居在珞瑜地區，一部分散居在察隅、米林、墨脫、隆子、朗縣等地。至西藏民主改革前，珞巴人還生活在原始社會末期，農業停留在刀耕火種的階段，一些部落以採集、狩獵和刀耕火種為生。珞巴族人從飲食中尋找到生活的智慧，形成自己獨特的飲食文化習俗。如在部族生活中，他們以一個火塘為伙食單位，用來代表一個小家庭。以採集來劃分季節和月份，如布瑞部落，以一二月為採集竹筍的季節，三至五月為採集鮮果的季節，六月採集「達諾」（棕櫚科植物），七月採集蕉類，八月採柑橘，九月採「希如」（油果子），十月或十一月採集核桃，十二月採集作為織布縫衣原料的樹皮纖維。

採集。珞瑜地區氣候溫和，森林茂密，物產豐富，給珞巴族人提供了豐富的飲食來源。單採集食物種類就很多，如野果類有桃、柑橘、芭蕉、青岡籽、豬油果等；寄生菌類有木耳和各類蘑菇；根莖葉類有竹筍、山芋、野山薯等10餘種；昆蟲及相關產品有蚱蜢、蝗蟲、蜂蜜和蜂蠟等。

漁獵。珞巴人生活的高山峽谷地區，森林茂密，野生動物資源豐富，為狩獵創造了優越的條件。珞瑜地區水網密佈，盛產魚類。珞巴人捕魚大多是集體活動。每年七八月份，全村的勞動力去採集一種有毒的草根，砸爛搗碎後投入流水緩慢的河灣。當魚被毒死或毒暈後，大家下水捕撈，誰撈到就歸誰所有。

飼養業。珞巴人飼養的家畜、家禽主要有雞、豬和牛。雞也是最早的飼養動物之一，在他們的原始宗教儀式中有重要的作用。養豬也很普遍。牛在各地都有飼養，品種主要是大額牛，這是珞巴人在長期實踐中，培養出的適合亞熱帶潮濕森林氣候的優良品種。這種牛既不同於康藏高原的犛牛和犏牛，也不同於印度平原的黃牛，是一種身軀高大、膘肥體壯、能抗拒各種蚊蟲叮咬、成熟期較快的優質肉用牛。另外還有黃牛、犏牛等。一些地區也飼養少量的山羊和綿羊。因氣候炎熱潮濕，不宜養馬。飼養業在珞巴社會經濟中的地位僅次於農業，是重要的家庭副業。

農業。珞巴人生活的地區屬熱帶、亞熱帶和濕溫帶氣候，享有「西藏江南」之譽，可種植水稻、旱稻、玉米、雞爪穀（黍類作物）、蕎麥、黃豆、綠豆、芝麻和土豆等作物。其中，「雞爪穀」是珞巴人最喜愛的糧食。

飲食器具。珞瑜地區的製陶歷史悠久，珞巴人稱陶器為「達崗木布京」，主要有陶鍋和陶罐兩類。每類又分大中小三種，大陶鍋高約一尺（0.33米），直徑一尺二寸（0.4米），多用來煮釀酒用的玉米或雞爪穀。小的高約五寸（0.16米），直徑六寸（0.2米），通常用來煮飯。其製作的陶器，具有堅硬、耐火和不漏水的特點，是竹、木飲食器具的進一步發展。

此外，還有石、銅、鋁製的飲食器具。當時石製的生活用具較普遍，如石板和石鍋。博嘎爾等部落就用質地柔軟又耐火燒的石料鑿成石鍋燉煮食物，成為珞巴族人較完備的炊具。從器具的發展歷程來說，石鍋是陶鍋的進一步發展，以石質代替了陶質，克服了陶鍋易裂易碎的缺點。一個石鍋如果不受到嚴重的撞擊，能使用數十年。但爐灶較簡單，一般用三塊石頭當鍋莊。銅鍋是後來從藏區輸入的炊具。一些富有人家使用直徑約一米的大銅鍋，上有圖案花紋，價格昂貴，多用於加工奶製品或貯存水，宴請賓客時又用來煮肉。碗是用嫩竹縫製的方盒或用藤竹製的紡織物，有的使用一節竹筒，或用芭蕉葉捲起盛飯菜。新中國成立後，鋁鍋大量輸入，成為主要炊具，逐步替代陶罐、竹筒和石鍋。

民主改革後，珞巴人的經濟水平有了長足進步，改變了過去刀耕火種的習俗，開荒造田，劈山引水，不斷擴大耕地面積，糧食產量逐年提高。至一九七九年，糧食產量較一九六九年提高1.5倍，畜牧業也有所發展，牲畜數量增加了3倍多。特別是進入二十世紀八〇年代後農業有較大發展，刀耕火種已為精耕細作所取代，種植的作物除玉米、青稞外，還有水稻、棉花等，用上了播種機、揚場機、脫粒機等生產工具。政府提倡科學種田，很多村子建立了試驗田和種子田，珞巴人正朝著現代化生產邁進。珞巴人開始富裕，家中有存款，穀倉有餘糧，家家戶戶養豬、牛、雞，呈現出六畜興旺、衣食豐裕的景象。

（2）珞巴的飲食文化　食品製作方式。珞巴的一些部落還保持著古老的飲食習俗，如生食、燒烤、石烹、竹煮等，它們是飲食發展的最初階段，有的習俗逐漸演變為珞巴族人的飲食特色。如生食，從珞巴人的一些飲食習俗中，仍可窺見珞巴先民的生食遺風。如一部分珞巴人常把獐子肉剁成肉醬，拌上辣椒和薑末作為其他食品的配料。燒烤，是珞巴人常見的加工食物的方式。其中以石片烙熟食品的方法頗具特色。如把蕎麥、玉米研磨後和「達諾」加工提取的澱粉用水調成稀麵糰，攤於燒紅的石片上，烙熟一面再翻烙另一面，如果餅太厚，烙過後再埋入火塘的灰燼中，待其熟透再食。石烹，也很獨特。崩如、蘇龍部落將「達諾」調成漿後，放入碩大的葫蘆中，然後投入燒紅的石頭，利用石頭的熱量烹熟。

飲食習俗。珞巴人通常一日三餐。傳統主食是玉米和雞爪穀，也食用大米，多有磨成粉再煮成稠糊或做成烙餅的習俗。在靠近藏族居住的地方也食青稞，食法與藏族同。肉食有牛、羊、豬、雞、魚及各種獸肉。鹽、薑、辣椒、花椒是主要調味品。珞瑜盛產辣椒，男女均喜歡吃辣椒。

珞巴人普遍不喜喝茶，少數遷到藏區的人喝酥油茶。但善釀酒，酒類較多，飲用量很大。除飲青稞酒外，有用稻米做的醪糟酒稱「米酒」，甘甜醇香；玉米或雞爪穀可釀水酒，清澈酸甜；用「達諾」「達薺」和「達白」等做的酒，清淡爽口，消渴解暑，是珞瑜地區南部一些部落的日常飲料；還有以竹花果、蜜蠟或其他水果

▸圖12-11　石鍋（《西藏民俗》，五洲傳播出版社）

釀製的各種黃酒。他們以酒的釀造性質把酒分為水酒和白酒兩種。他們夏天一般喝酸奶水，珞巴多數部落養牛，但不會擠奶和製作奶製品。唯博嘎爾和納部落從藏區引入了產奶較多的犏牛和黃牛，並學會擠奶、製取酥油、做酸奶和奶渣等工藝，之後，便有了豐富的奶製品。對珞巴人來說，這些都是稀有的高級食品，一般人家僅在祭神和宴請賓客時才食用。酥油除在宗教儀式上使用外，通常摻入白酒喝。[1]

此外，煙是珞巴男女的嗜好品。煙葉曬乾或烤乾後揉碎吸用，煙斗分別用竹、木和銅製成。一些部落的人還有口嚼煙葉的習慣。一些與藏族、門巴族雜居的人還學會了吸鼻煙。

進入二十世紀八〇年代後，珞巴人飲食習俗發生了較大變化。在與藏、門巴、漢等兄弟民族的交往中，珞巴人吸收了其他民族的一些飲食習俗，替代了本民族的一些飲食習俗。例如，有的村民已經以大米、麥子為主食，加工方式是蒸與燜，以乾食為主；麥子為主要麵食，多烙、烤。青稞則用於釀酒。又如，平時村民已大都飲茶而不喝酥油茶，但家中來客時仍以酥油茶敬客。部分人家待客的酥油茶已不再用茶桶打，而用攪拌機攪拌，這種方式既省時又省力。在整個西藏自治區有不少家庭都採用了這種頗具現代色彩的方式。

基於圖騰崇拜的飲食禁忌習俗。珞巴各部落都有崇拜的圖騰，他們對崇拜的動植物不採不獵不食，形成了極有特色的飲食習俗，體現了「天人合一」的飲食思想。各部落崇拜的圖騰有所不同，表現形式也不盡相同。如有些部落的珞巴人以豬、狗為崇拜的圖騰，在早稻開鐮前，需讓狗和豬嘗新後方能開鐮收割。一些部落崇拜蛇，若有人被蛇咬傷，則禁食類似藤科狀的菜果和辛辣食物，有的禁止一年內喝酒。

他們對土地和火灶也有崇拜和敬畏之心，認為土地是人類的衣食之源，凡選地、開墾、播種、除草、收割直至糧食歸倉，均有祭祀活動，以示對土地神的酬謝。他們認為火灶是珞巴族的飲食聖地，是灶神常年守護著火灶，給全家帶來富裕、

1 李堅尚、劉芳賢：《珞巴族的社會和文化》，四川民族出版社，1992年，第180頁。

幸福和吉祥。有許多家庭祭祀是在火灶旁進行的，如崩尼人認為火塘裡有三個女烏佑（可能與三塊支鍋石有關），每當新米煮成第一餐飯，主婦將其一部分連同酒肉一起投入火塘，向灶神供祭。對灶神的敬意，也發展為諸多禁忌。如嚴禁跨越火塘，不准向火灶吐痰、扔廢棄之物，也不得在灶旁大聲喧嘩、說髒話等。

❷．門巴族的飲食文化

門巴族聚居區位於喜馬拉雅山南麓以達旺為中心的門隅地區，其餘少數散居在墨脫、米林、林芝等縣。門隅地區北高南低，高處海拔可達3600米，低處只有100多米左右，雅魯藏布江在林芝、墨脫一帶急轉南下形成河谷地帶。這裡山巒綿亙，森林茂密，氣候溫暖，雨量充沛，土地肥沃，物產豐富，被譽為青藏高原上的江南。

（1）社會經濟概況　民主改革前，門巴族人主要從事農業，但停留在刀耕火種階段。人們總結為「點火一燒荒，木棍把地撬，撒下一把種，無人再照管；有收是天賜，無收命不好」。[1]落後的生產方式，使門巴人必須靠採集野生植物和打獵來補充食物來源。民主改革後改進了耕作技術，推廣了良種和新式農具，耕地面積較民主改革前擴大了1.5倍，單產提高了近3倍，糧食自給自足，人們生活水平有了較大提高。尤其是二十世紀八〇年代以來，門巴族的農業生產得到長足發展。農作物品種大增，有水稻、旱稻、玉米、蕎麥、青稞、雞爪穀、小麥、大豆、棉花、芝麻等，一年可收穫兩三次。此外，還有高粱、豌豆、油菜、茶樹、香蕉、甘蔗、橘、柚、桃、梨、蘋果和菸草等蔬果及經濟作物。門巴人還兼營牧業，在牧場中畜養了牛、羊、驢、騾等牲畜。

飲食器具。門隅地區有豐富的竹木資源。門巴族人十分擅長加工木碗和編織竹器的技藝，多用竹木製作食具，有木碗、竹碗、杓、木匙、竹鍋鏟、竹飯盒；炊具有石鍋、陶鍋、鐵鍋和鋁鍋。他們喜用石鍋，認為用其做出的飯菜更可口。他們製

1　赤烈曲扎：《西藏風土誌》，西藏人民出版社，1985年，第47頁。

作的傳統木碗別具一格，在西藏享有盛譽。

（2）日常飲食習俗與文化　門巴族的飲食有鮮明的民族特點，由於受地域的限制，其飲食結構因地而異。一般而言，食物以大米、玉米、蕎麥、雞爪穀為主。飲食習慣一日三餐，大米的吃法與漢族相同，玉米和雞爪穀則做成糊粥。他們喜食蕎麥餅或玉米麵餅，蘸辣椒水吃；也兼食糌粑、麵餅和奶渣；食牛羊肉，也吃豬肉和野味，尤嗜食燻製的肉，嗜吸鼻煙且愛飲酒。他們把用稻米釀的酒叫米酒，清亮醇香；用玉米釀的酒稱黃酒，色黃酒濃；用青稞釀的酒為青稞酒，甘甜醇香。他們喝的茶有清茶、酥油茶和清油茶。門巴族沿用藏歷，節日與藏族相同。節日期間要殺牛宰羊，置辦豐盛的酒菜，宴請賓客。

參考文獻※

一、古籍文獻

〔1〕司馬遷．史記．北京：中華書局，1959．
〔2〕班固．漢書．北京：中華書局，1962．
〔3〕范曄．後漢書．北京：中華書局，1965．
〔4〕袁宏．後漢紀．天津：天津古籍出版社，1987．
〔5〕張仲景．傷寒論．重慶：重慶市人民出版社，1955．
〔6〕陳壽．三國志．北京：中華書局，1959．
〔7〕魏收．魏書．北京：中華書局，1974．
〔8〕李延壽．北史．北京：中華書局，1974．
〔9〕賈思勰．齊民要術校釋．繆啟愉，校釋．北京：農業出版社，1982．
〔10〕倪輅．南詔野史．昆明：雲南人民出版社，1990．
〔11〕樊綽．蠻書．北京：中國社會科學出版社，1985．
〔12〕房玄齡，等．晉書．北京：中華書局，1974．
〔13〕薛居正，等．舊五代史．北京：中華書局，1976．
〔14〕魏徵，等．隋書．北京：中華書局，1973．
〔15〕劉煦，等．舊唐書．北京：中華書局，1975．
〔16〕杜佑．通典．北京：中華書局，1988．
〔17〕徐堅，等．初學記．北京：中華書局，1962．
〔18〕宋祁，歐陽修，等．新唐書．北京：中華書局，1975．
〔19〕李昉．太平廣記．北京：中華書局，1961．
〔20〕李昉，等．太平御覽．北京：中華書局，1963．
〔21〕吳自牧．夢粱錄．杭州：浙江人民出版社，1980．
〔22〕司馬光．資治通鑑．北京：中華書局，1956．
〔23〕孟元老．東京夢華錄．北京：商業出版社，1982．
〔24〕常璩．華陽國志．成都：巴蜀書社，1984．
〔25〕楊芳燦，常明，等．四川通志．成都：巴蜀書社，1984．

※　編者註：本書「參考文獻」，主要參照中華人民共和國國家標準GB/T 7714-2005《文後參考文獻著錄規則》著錄。

〔26〕周去非．嶺外代答．上海：上海遠東出版社，1996．
〔27〕范成大．桂海虞衡志．南寧：廣西民族出版社，1984．
〔28〕畢沅．續資治通鑑．長沙：岳麓書社，1992．
〔29〕王象之．輿地紀勝．成都：四川大學出版社，2005．
〔30〕脫脫，等．宋史．北京：中華書局，1977．
〔31〕忽思慧．飲膳正要．四部叢刊本．上海：上海書店，1985．
〔32〕段成式．酉陽雜俎．四部叢刊本．上海：上海書店，1985．
〔33〕樂史．太平寰宇記．北京：中華書局，1985．
〔34〕李京．雲南志略．昆明：雲南民族出版社，1986．
〔35〕熊夢祥．析津志．北京：北京古籍出版社，1983．
〔36〕陳文，等．景泰雲南圖經志書．昆明：雲南民族出版社，2002．
〔37〕蘇天爵．元朝名臣事略．北京：中華書局，1996．
〔38〕札馬剌丁，等．元一統志．北京：中華書局，1966．
〔39〕馬可·波羅．馬可·波羅遊記．石家莊：河北人民出版社，1999．
〔40〕高濂．遵生八箋．成都：巴蜀書社，1988．
〔41〕宋濂，等．元史．北京：中華書局，1976．
〔42〕嚴從簡．殊域周咨錄．北京：中華書局，1993．
〔43〕劉文征．滇志．昆明：雲南教育出版社，1991．
〔44〕徐霞客．徐霞客遊記．昆明：雲南人民出版社，1985．
〔45〕錢古訓，等．百夷傳．昆明：雲南人民出版社，1983
〔46〕沈德符．萬曆野獲編．北京：中華書局，1959．
〔47〕曹學佺．蜀中廣記．四庫全書本．北京：商務印書館，2005．
〔48〕譚希思．四川土夷考．影印本．山東：齊魯書社，1997．
〔49〕張廷玉，等．明史．北京：中華書局，1974．
〔50〕趙爾巽，等．清史稿．北京：中華書局，1977．
〔51〕羅養儒．雲南掌故．昆明：雲南民族出版社，1996．
〔52〕魏源．聖武記．北京：中華書局，1984．
〔53〕曹雪芹．紅樓夢． 海口：海南出版社，1995．
〔54〕徐珂．清稗類鈔．北京：中華書局，1984．
〔55〕徐家幹．苗疆聞見錄．貴陽：貴州人民出版社，1997．
〔56〕檀萃．滇海虞衡志．昆明：雲南人民出版社，1990．
〔57〕倪蛻．滇雲歷年傳．昆明：雲南大學出版社，1992．
〔58〕袁枚．隨園食單．揚州：廣陵書社，1998．

〔59〕龍雲，等．新纂雲南通志．昆明：雲南人民出版社，2007．

二、現當代著作

〔1〕黃奮生．西藏情況．北京：地圖出版社，1954．
〔2〕本書編寫組．中國少數民族．北京：人民出版社，1981．
〔3〕廣西民族研究所編．廣西少數民族地區石刻碑文集．南寧：廣西人民出版社，1982．
〔4〕西藏研究編輯部．西藏志 衛藏通志．拉薩：西藏人民出版社，1982．
〔5〕陳麗瓊．試談四川古代瓷器的發展及工藝//史學論文集．成都：四川人民出版社，1982．
〔6〕方國瑜．彝族史稿．成都：四川民族出版社，1984．
〔7〕陳椽．茶業通史．北京：農業出版社，1984．
〔8〕尤中．中國西南民族史．昆明：雲南人民出版社，1985．
〔9〕文聞子．四川風物志．成都：四川人民出版社，1985．
〔10〕中央民族學院藏族文學史編寫組．藏族文學史．成都：四川民族出版社，1985．
〔11〕石泰安．西藏的文明．耿升，譯．拉薩：西藏社科院漢文編輯室，1985．
〔12〕冉光榮，李紹明，周錫銀．羌族史．成都：四川民族出版社，1985．
〔13〕赤烈曲扎．西藏風土志．拉薩：西藏人民出版社，1985．
〔14〕吳玉書，等．卡若遺址的孢粉分析與栽培作物的研究．北京：文物出版社，1985．
〔15〕迦薩・索南堅贊．王統世系明鑒．陳慶英，仁慶扎西，譯註．瀋陽：遼寧人民出版社，1985．
〔16〕四川簡史編寫組．四川簡史．成都：四川省社會科學院出版社，1986．
〔17〕林孔翼．成都竹枝詞．增訂本．成都：四川人民出版社，1986．
〔18〕達倉宗巴・班覺桑布．漢藏史集．陳慶英，譯．拉薩：西藏人民出版社，1986．
〔19〕胡煥庸，等．中國人口地理．上海：華東師大出版社，1986．
〔20〕藏族簡史編寫組．藏族簡史．拉薩：西藏人民出版社，1986．
〔21〕四川省文物志編輯部．四川省文物志徵求意見稿：2．成都：四川省文物志編輯部，1987．
〔22〕湯開建．党項風俗述略//藏族史論文集．成都：四川民族出版社，1988．
〔23〕黃現璠，等．壯族通史．南寧：廣西民族出版社，1988．
〔24〕魯子健．清代四川財政史料：下冊．成都：四川省社會科學院出版社，1988．
〔25〕童恩正．西藏考古綜述//藏族史論文集．成都：四川人民出版社，1988．
〔26〕丁世良，趙放．中國地方志民俗資料彙編：西南卷．北京：書目文獻出版社，1989．

〔27〕孫旭軍，蔣松，陳衛東．四川民俗大觀．成都：四川人民出版社，1989．
〔28〕林孔冀，沙銘璞．四川竹枝詞．成都：四川人民出版社，1989．
〔29〕孔祥賢．陸游飲食詩選注．北京：中國商業出版社，1989．
〔30〕賈大泉，陳一石．四川茶業史．成都：巴蜀書社，1989．
〔31〕楊毓才．雲南各民族經濟發展史．昆明：雲南民族出版社，1989．
〔32〕四川省文物志編輯部．四川省志・文物志．成都：四川省文物志編輯部，1990．
〔33〕車輻．川菜雜談．重慶：重慶出版社，1990．
〔34〕趙榮光．中國飲食史論．哈爾濱：科學技術出版社，1990．
〔35〕熊四智．川菜大全叢書．重慶：重慶出版社，1990．
〔36〕馬汝珩，等．清代邊疆開發研究．北京：中國社會科學出版社，1990．
〔37〕王從仁．玉泉清茗．上海：上海古籍出版社，1991．
〔38〕熊四智．中國人的飲食奧秘．鄭州：河南人民出版社，1992．
〔39〕李堅尚，劉芳賢．珞巴族的社會和文化．成都：四川民族出版社，1992．
〔40〕吳天穎．井鹽史探微．成都：四川人民出版社，1992．
〔41〕魯克才．中華民族飲食風俗大觀．北京：世界知識出版社，1992．
〔42〕江應梁．中國民族史．北京：民族出版社，1993．
〔43〕段渝．四川通史：一．成都：四川大學出版社，1993．
〔44〕羅開玉．四川通史：二．成都：四川大學出版社，1993．
〔45〕李敬洵．四川通史：三．成都：四川大學出版社，1993．
〔46〕賈大泉，周原孫．四川通史：四．成都：四川大學出版社，1993．
〔47〕陳世松，柯建中，王剛．四川通史：五．成都：四川大學出版社，1993．
〔48〕吳康零，彭朝貴，曾紹敏，等．四川通史：六．成都：四川大學出版社，1993．
〔49〕溫賢美，馬宣偉，劉子建，等．四川通史：七．成都：四川大學出版社，1993．
〔50〕石碩．西藏文明東向發展史．成都：四川人民出版社，1994．
〔51〕馮漢鏞，屈小強．巴蜀科技史研究．成都：四川大學出版社，1995．
〔52〕馮漢鏞．四川科技史．成都：四川大學出版社，1995．
〔53〕林惠君．巴蜀旅遊文化．重慶：重慶出版社，1995．
〔54〕陳汎舟．略論元代藏漢民間互市//四川藏學研究：三．成都：四川民族出版社，1995．
〔55〕楊嶺多吉．四川藏學研究：三．成都：四川民族出版社，1995年．
〔56〕林向．巴蜀酒文化比較研究//巴蜀文化新論．成都：成都出版社，1995．
〔57〕李珪．雲南近代經濟史．昆明：雲南民族出版社，1995．
〔58〕中國藏學研究中心社會經濟研究所．西藏家庭四十年變遷．北京：中國藏學出版社，1996．

〔59〕張明，扎嘎．西藏的手工業和工藝品．北京：中國藏學出版社，1996．
〔60〕中國社會科學院世界宗教所道教研究室．道教文化面面觀．濟南：齊魯書社，1996．
〔61〕四川省政協文史資料委員會．四川文史資料集粹：第三卷．成都：四川人民出版社，1996．
〔62〕四川省政協文史資料委員會．四川文史資料集粹：第五卷．成都：四川人民出版社，1996．
〔63〕王學泰．華夏飲食文化．北京：中華書局，1997．
〔64〕郭正忠．中國鹽業史．北京：人民出版社，1997．
〔65〕中國第一歷史檔案館，等．清初五世達賴喇嘛檔案史料選編．北京：中國藏學出版社，1998．
〔66〕朱瑞熙，等．遼宋西夏金社會生活史．北京：中國社會科學出版社，1998．
〔67〕羅琨，張永山．原始社會．北京：中國青年出版社，1998．
〔68〕周宏偉．清代兩廣農業地理．長沙：湖南教育出版社，1998．
〔69〕四川省文聯．四川民俗大典．成都：四川人民出版社，1999．
〔70〕四川省地方志編纂委員會．四川省志•文物志．成都：四川人民出版社，1999．
〔71〕鍾文典．廣西通史．南寧：廣西人民出版社，1999．
〔72〕周德高．道教文化與生活．北京：宗教文化出版社，1999．
〔73〕妙卿．家常素食．上海：上海佛學書局，1999年．
〔74〕徐金華．徐公茶品．成都：四川人民出版社，1999．
〔75〕潘顯一，冉昌光．宗教與文明．成都：四川人民出版社，1999．
〔76〕廖東凡．西藏風情戀．呼和浩特：內蒙古人民出版社，1999．
〔77〕謝定源．新概念中華名菜譜•四川名菜．北京：中國輕工業出版社，1999．
〔78〕趙濟，等．中國地理．北京：高等教育出版社，1999．
〔79〕四川省地方志編纂委員會．四川省志•民俗志．成都：四川人民出版社，2000．
〔80〕李新．川菜烹飪事典．重慶：重慶出版社，2000．
〔81〕沈慶生．千年回首話四川．成都：巴蜀書社，2000．
〔82〕雷喻義，屈小強，李殿元．巴蜀文化與四川旅遊資源開發．成都：四川人民出版社，2000．
〔83〕路遇，等．中國人口通史．濟南：山東人民出版社，2000．
〔84〕江禮暘．食趣．上海：學林出版社，2001．
〔85〕四川省民俗學會，四川省名人協會．川菜文化研究．成都：四川大學出版社，2001．
〔86〕石碩．藏族族源與藏東古文明．成都：四川人民出版社，2001．
〔87〕宋兆麟．中國風俗通史．上海：上海文藝出版社，2001．

〔88〕馮敏·萬戶千門入畫圖——巴蜀少數民族文化·成都：四川人民出版社，2001·
〔89〕崔顯昌·舊蓉城的市聲//成都掌故：三·成都：四川大學出版社，2001·
〔90〕熊四智，杜莉·舉箸思吾蜀——巴蜀飲食文化縱橫·成都：四川人民出版社，2001·
〔91〕李樹人，楊代欣，麥建玲·川菜縱橫談·成都：成都時代出版社，2002·
〔92〕涼山彝族自治州民族食文化研究會·涼山彝族飲食文化概要·成都：四川民族出版社，2002·
〔93〕方鐵，等·亞洲民族論壇·昆明：雲南大學出版社，2003·
〔94〕方鐵·西南通史·鄭州：中州古籍出版社，2003·
〔95〕杜莉·川菜文化概論·成都：四川大學出版社，2003·
〔96〕羅桑丹增，周潤年·藏族民俗·成都：巴蜀書社，2003·
〔97〕童恩正·南方文明//西藏考古新發現·重慶：重慶出版社，2004·
〔98〕本書編寫組·當代雲南簡史·北京：當代中國出版社，2004·
〔99〕楊壽川，等·雲南特色文化·北京：社會科學文獻出版社，2006·
〔100〕才讓·吐蕃史稿·蘭州：甘肅人民出版社，2007·
〔101〕白九江·巴鹽與鹽巴·重慶：重慶出版社，2007·
〔102〕周靄聯·西藏紀游·北京：中國藏學出版社，2007·
〔103〕胡樸安·中華全國風俗志·北京：科學技術文獻出版社，2008·
〔104〕格勒·藏學人類學論文集：漢文卷下·北京：中國藏學出版社，2008·
〔105〕段渝·四川通史：卷一·成都：四川人民出版社，2010·
〔106〕羅開玉·四川通史：卷二·成都：四川人民出版社，2010·
〔107〕李敬洵·四川通史：卷三·成都：四川人民出版社，2010·
〔108〕賈大泉，周原孫·四川通史：卷四·成都：四川人民出版社，2010·
〔109〕陳世松，李映發·四川通史：卷五·成都：四川人民出版社，2010·
〔110〕吳康零，等·四川通史：卷六·成都：四川人民出版社，2010·

三、期刊、報紙

〔1〕四川省博物館·四川牧馬山灌溉渠古墓清理簡報·考古，1959（8）·
〔2〕呈文·東漢水田模型·雲南文物，1977（7）·
〔3〕賢者喜宴·黃顥，譯·西藏民族學院學報，1980（4）·
〔4〕張文·淺淡廣西倒水出土的耙田模型·農業考古，1982（2）·
〔5〕秦保生·漢代農田水利的布局及人工養魚業·農業考古，1984（1）·
〔6〕大理州文管所·雲南大理大展屯二號漢墓·考古，1988（5）·

〔7〕王有鵬．試論我國蒸餾酒之起源．四川文物，1989（4）．
〔8〕張世明．清代西藏社會經濟的產業結構．西藏研究，1991（1）．
〔9〕安新國．西藏的鹽糧交換．西藏研究，1992（3）．
〔10〕鄧顯皇．萬縣地區鹽文化芻論．鹽業史研究，1992（4）．
〔11〕李濤．說說拉薩舊日的菜園子．中國西藏，1993（秋季號）．
〔12〕陳世松．宋代成都遊樂之風的歷史考察．四川文物，1998（3）．
〔13〕丁玲輝．藏區養生民俗．西藏民俗，1998（2）．
〔14〕管維良．大巫山鹽泉與巴族興衰．重慶三峽學院學報，1999（3），1999（4）．
〔15〕蘇發祥．論民國時期西藏地方的社會與經濟．中央民族大學學報，1999（5）．
〔16〕汪德軍．輝煌的四十年．西藏研究，1999（3）．
〔17〕羅亨長．成都少城食風娓談：一、二． 四川烹飪，1999（12），2000（1）．
〔18〕成都市文物考古研究所．四川成都水井街酒坊遺址發掘簡報．文物，2000（3）．
〔19〕成文．讓世界認識川味——訪范敬一先生．中國烹飪，2000（11）．
〔20〕龍晦．蜀酒與燒酒．中華文化論壇，2001（2）．
〔21〕陳劍．四川酒文化考古新發現述折．中華文化論壇，2001（2）．
〔22〕傅大雄．西藏昌果溝遺址新石器時代農作物遺存的發現、鑑定與研究．考古，2001（3）．
〔23〕楊志琴，龔雄兵．創新觀念，直面競爭，做中國文化酒的引領者——「酒鬼」酒文化經營發展戰略再綻新姿．人民日報，2001-10-11．
〔24〕楊東晨，楊建國．三國至隋前西藏地區的民族與文化．西藏大學學報， 2002（2）．
〔25〕李濤．藏菜種種及特色．民族，2002（6）．
〔26〕次仁央宗．舊西藏拉薩貴族過年習俗．西藏民俗，2002（3、4）．
〔27〕范英．飲花食卉，活色添香．四川日報，2002-7-16．
〔28〕李英．舊成都的茶館．成都晚報，2002-04-7．
〔29〕孫華．四川盆地鹽業起源論綱——渝東鹽業考古的現狀、問題與展望．鹽業史研究，2003（1）．
〔30〕劉志揚．飲食、文化傳承與流變——一個藏族農村社區的人類學田野調查．開放時代，2004（2）．
〔31〕任新建．藏族飲茶歷史小考．中國西藏，2005（5）．
〔32〕楊亞明．生命之綠——白朗縣的蔬菜大棚．中國西藏，2005（慶祝西藏自治區成立40週年專刊）．
〔33〕劉志群．夏爾巴人生活習俗及其婚俗．中國西藏，2005（8）．
〔34〕於乃昌．珞巴族飲食文化．中國西藏，2006（6）．
〔35〕仇保燕．藏族牧人的吃肉習俗．中國西藏，2007（3）．

〔36〕成崇德·清代西藏開發·中華文史網，2007-8-3·

〔37〕張銀河·中國民族文學暨古代鹽文化的絕唱——《格薩爾王傳·姜嶺大戰》賞析·中國鹽業，2007（10）·

〔38〕胡建芳·韓國市場需要精品普洱茶· 春城晚報，2007-11-5（15）·

〔39〕戴振華·版納小包穀，闖出億元大市場·春城晚報，2009-4-7（2）·

〔40〕張菁·成都私房菜中的餐飲文化審美·四川烹飪高等專科學校學報，2009（5）·

〔41〕張奉森，李九如·舊成都餐飲業的縮影·檔案天地，2009（12）·

〔42〕盧一·論川菜的核心·四川烹飪高等專科學校學報，2010（1）·

〔43〕雲南省商業廳·關於公示2010年度雲南省餐飲業品牌表彰活動評定結果的公告· 春城晚報，2010-12-29（3）·

索引※

A

B

C

D

※ 編者註：本書「索引」，主要參照中華人民共和國國家標準GB/T 22466-2008《索引編制規則（總則）》編制。

E

F

G

H

J

K

L

M

N

P

Q

R

S

T

W

X

Y

Z

後記

本書包括川雲貴桂藏在內的西南地區，歷史悠久，民族眾多，傳統文化豐富多彩，是我國飲食文化十分發達且頗具特色的地區。由於《中國飲食文化史》（十卷本）係填補空白之作，可資借鑑的成果甚少，故本書僅對西南諸省區飲食文化的形成、發展和特色等做簡單的勾畫。若要對西南飲食文化做更深入、細緻的研究，尚有待時日，並需諸同好共同努力。

本書寫作的分工如下：

方鐵（雲南大學西南邊疆少數民族研究中心教授），撰寫第一章「概述」及雲貴桂地區部分，併負責全書的統稿。

馮敏（四川省民族研究所研究員），撰寫四川地區和西藏地區部分。

寫作中參考了前賢的一些研究成果，引用之處均註明出處，謹此向有關作者致謝！

需要特別說明的是：《中國飲食文化史》中的「西藏地區飲食文化史」原定為獨立分冊，為此主編趙榮光先生一直在各地尋覓理想的合作者，但未能如願。為了彌補地區缺位這一重要不足，後經出版社提議將西藏部分放入西南分冊。而此時，四川和雲貴桂部分早已完成。馮敏臨時受命，遂克服了多重困難，盡最大努力奮力勞作而不輟，終至完成了撰寫任務。在參考資料中，除了一些書籍以外，還有一部分資料為從網上查取，特此說明，並向有關的作者致以謝意！

本書寫作得到了趙榮光先生的悉心指導。廣西民族大學的潘岳、潘豔勤、滕蘭花諸老師提供了廣西地區的一些資料。中國輕工業出版社的馬靜副總編輯與方程編輯，認真審閱書稿，提出中肯的修改建議，統編時又付出大量辛勞。據悉，出版社對西藏部分的內容特請了國家宗教局、國家民委、中國藏學研究中心的專家們進行了專題把關審閱，於此一併致謝！

祈望讀者提出批評意見，以利改進，幸甚。

作　者

二〇一二年八月

為了心中的文化堅守
——記《中國飲食文化史》（十卷本）的出版

《中國飲食文化史》（十卷本）終於出版了。我們迎來了遲到的喜悅，為了這一天，我們整整守候了二十年！因此，這一份喜悅來得深沉，來得艱辛！

（一）

談到這套叢書的緣起，應該說是緣於一次重大的歷史機遇。

一九九一年，「首屆中國飲食文化國際學術研討會」在北京召開。掛帥的是北京市副市長張建民先生，大會的總組織者是北京市人民政府食品辦公室主任李士靖先生。來自世界各地及國內的學者濟濟一堂，共敘「食」事。中國輕工業出版社的編輯馬靜有幸被大會組委會聘請為論文組的成員，負責審讀、編輯來自世界各地的大會論文，也有機緣與來自國內外的專家學者見了面。

這是一次高規格、高水準的大型國際學術研討會，自此拉開了中國食文化研究的熱幕，成為一個具有里程碑意義的會議。這次盛大的學術會議激活了中國久已蘊藏的學術活力，點燃了中國飲食文化建立學科繼而成為顯學的希望。

在這次大會上，與會專家議論到了一個嚴肅的學術話題——泱泱中國，有著五千年燦爛的食文化，其豐厚與絢麗令世界矚目——早在170萬年前元謀（雲南）人即已發現並利用了火，自此開始了具有劃時代意義的熟食生活；古代先民早已普遍知曉三點決定一個平面的幾何原理，製造出了鼎、鬲等飲食容器；先民發明了二十四節氣的農曆，在夏代就已初具雛形，由此創造了中華民族最早的農耕文明；中國是世界上最早栽培水稻的國家，也是世界上最早使用蒸汽烹飪的國家；中國有著令世界傾倒的美食；有著製作精美的最早的青銅器酒具，有著世界最早的茶學著作《茶經》……為世界飲食文化建起了一座又一座的豐碑。然而，不容迴避的現實是，至今沒有人來系統地彰顯中華民族這些了不起的人類文明，因為我們至今都沒有一部自己的飲食文化史，飲食文化研究的學術制高點始終掌握在國外學者的手裡，這已成為中國學者心中的一個痛，一個鬱鬱待解的沉重心結。

這次盛大的學術集會激發了國內專家奮起直追的勇氣，大家發出了共同的心聲：全方位地占領該領域學術研究的制高點時不我待！作為共同參加這次大會的出版工作者，馬靜和與會專家有著共同的強烈心願，立志要出版一部由國內專家學者撰寫的中華民族飲食文化史。趙榮光先生是中國飲食文化研究領域建樹頗豐的學者，此後由他擔任主編，開始了作者隊伍的組建，東西南北中，八方求賢，最終形成了一支覆蓋全國各個地區的飲食文化專家隊伍，可謂學界最強陣容。並商定由中國輕工業出版社承接這套學術著作的出版，由馬靜擔任責任編輯。

此為這部書稿的發端，自此也踏上了二十年漫長的坎坷之路。

（二）

撰稿是極為艱辛的。這是一部填補學術空白與出版空白的大型學術著作，因此沒有太多的資料可資借鑑，多年來，專家們像在沙裡淘金，爬梳探微於浩瀚古籍間，又像春蠶吐絲，絲絲縷縷傾吐出歷史長河的乾坤經綸。冬來暑往，飽嘗運筆滯澀時之苦悶，也飽享柳暗花明時的愉悅。殺青之後，大家一心期待著本書的出版。

然而，現實是嚴酷的，這部嚴肅的學術著作面臨著商品市場大潮的衝擊，面臨著生與死的博弈，一個繞不開的話題就是經費問題，沒有經費將寸步難行！我們深感，在沒有經濟支撐的情況下，文化將沒有任何尊嚴可言！這是苦苦困擾了我們多年的一個苦澀的原因。

一部學術著作如果不能靠市場賺得效益，那麼，出還是不出？這是每個出版社都必須要權衡的問題，不是一個責任編輯想做就能做決定的事情。一九九九年本書責任編輯馬靜生病住院期間，有關領導出於多方面的考慮，探病期間明確表示，該工程必須下馬。作為編輯部的一件未盡事宜，我們一方面八方求助資金以期救活這套書，另一方面也在以萬分不捨的心情為其尋找一個「好人家」「過繼」出去。由於沒有出版補貼，遂被多家出版社婉拒。在走投無路之時，馬靜求助於出版同仁、老朋友——上海人民出版社的李偉國總編輯。李總編學歷史出身，深諳我們的窘境，慷慨出手相助，他希望能削減一些字數，並答應補貼10萬元出版這套書，令我們萬分感動！

但自「孩子過繼」之後，我們心中出現的竟然是在感動之後的難過，是「過繼」後的難以割捨，是「一步三回頭」的牽掛！「我的孩子安在？」時時襲上心頭，遂「長使英雄淚滿襟」——它畢竟是我們已經看護了十來年的孩子。此時心中湧起的是對自己無錢而又無能的自責，是時時想「贖回」的強烈願望！至今寫到這裡仍是眼睛濕潤唏噓不已……

經由責任編輯提議，由主編撰寫了一封情辭懇切的「請願信」，說明該套叢書出版的重大意義，以及出版經費無著的困窘，希冀得到飲食文化學界的一位重量級前輩——李士靖先生的幫助。這封信由馬靜自北京發出，一站一站地飛向了全國，意欲傳到十卷叢書的每一位專家作者手中簽名。於是這封信從東北飛至西北，從東南飛至西南，從黃河飛至長江……歷時一個月，這封滿載著全國專家學者殷切希望的滾燙的聯名信件，最終傳到了「北京中國飲食文化研究會」會長、北京市人民政府食品辦公室主任李士靖先生手中。李士靖先生接此信後，如雙肩荷石，沉吟許久，遂發出軍令一般的誓言：我一定想辦法幫助解決經費，否則，我就對不起全國的專家學者！在此之後，便有了知名企業家——北京稻香村食品有限責任公司董事長、總經理畢國才先生慷慨解囊、義舉資助本套叢書經費的感人故事。畢老總出身書香門第，大學讀的是醫學專業，對中國飲食文化有著天然的情愫，他深知這套學術著作出版的重大價值。這筆資助，使得這套叢書得以復甦——此時，我們的深切體會是，只有餓了許久的人，才知道糧食的可貴！……

在我們獲得了活命的口糧之後，就又從上海接回了自己的「孩子」。在這裡我們要由衷感謝李偉國總編輯的大度，他心無半點芥蒂，無條件奉還書稿，至今令我們心存歉意！

有如感動了上蒼，在我們一路跌跌撞撞泣血奔走之時，國賜良機從天而降——國家出版基金出台了！它旨在扶助具有重要出版價值的原創學術精品力作。經嚴格篩選審批，本書獲得了國家出版基金的資助。此時就像大旱中之雲霓，又像病困之人輸進了新鮮血液，由此全面盤活了這套叢書。這筆資金使我們得以全面鋪開精品圖書製作的質量保障系統工程。後續四十多道工序的工藝流程有了可靠的資金保證，從此結束了我們捉襟見肘、寅吃卯糧的日子，從而使我們恢復了文化的自信，感受到了文化的尊嚴！

（三）

我們之所以做苦行僧般的堅守，二十年來不離不棄，是因為這套叢書所具有的出版價值——中國飲食文化是中華文明的核心元素之一，是中國五千年燦爛的農耕文化和畜牧漁獵文化的思想結晶，是世界先進文化和人類文明的重要組成部分，它反映了中國傳統文化中的優秀思想精髓。作為出版人，弘揚民族優秀文化，使其走出國門走向世界，是我們義不容辭的責任，儘管文化堅守如此之艱難。

季羨林先生說，世界文化由四大文化體系組成，中國文化是其中的重要組成部分（其他三個文化體系是古印度文化、阿拉伯—波斯文化和歐洲古希臘—古羅馬文化）。中國是世界上唯一沒有中斷文明史的國家。中國自古是農業大國，有著古老而璀璨的農業文明，它是中國飲食文化的根基所在，就連代表國家名字的專用詞「社稷」，都是由「土神」和「穀神」組成。中國飲食文化反映了中華民族這不朽的農業文明。

中華民族自古以來就有著「五穀為養，五果為助，五畜為益，五菜為充」的優良飲食結構。這個觀點自兩千多年前的《黃帝內經》時就已提出，在兩千多年後的今天來看，這種飲食結構仍是全世界推崇的科學飲食結構，也是當代中國大力倡導的健康飲食結構。這是來自中華民族先民的智慧和驕傲。

中華民族信守「天人合一」的理念，在年復一年的勞作中，先民們敬畏自然，尊重生命，守天時，重時令，拜天祭地，守護山河大海，守護森林草原。先民發明的農曆二十四個節氣，開啟了四季的農時輪迴，他們既重「春日」的生發，又重「秋日」的收穫，他們頌春，愛春，喜秋，敬秋，創造出無數的民俗、農諺。「吃春餅」「打春牛」「慶豐登」……然而，他們節儉、自律，沒有掠奪式的索取，他們深深懂得人和自然是休戚與共的一體，愛護自然就是愛護自己的生命，從不竭澤而漁。早在周代，君王就已經認識到生態環境安全與否關乎社稷的安危。在生態環境嚴重惡化的今天，在掠奪式開採資源的當代，對照先民們信守千年的優秀品質，不值得當代人反思嗎？

中華民族篤信「醫食同源」的功用，在現代西方醫學傳入中國以前，幾千年來「醫食同源」的思想護佑著中華民族的繁衍生息。中國的歷史並非長久的風調雨順、豐衣足食，而是災荒不斷，迫使人們不斷尋找、擴大食物的來源。先民們既有「神農嚐百草，日遇七十二毒」的艱險，又有「得茶而解」的收穫，一代又一代先民，用生命的代價換來了既可果腹又可療疾的食物。所以，在中華大地上，可用來作食物的資源特別多，它是中華先民數千年戮力開拓的豐碩成果，是先民們留下的寶貴財富；「醫食同源」也是中國飲食文化最傑出的思想，至今食療食養長盛不衰。

中華民族有著「尊老」的優良傳統，在食俗中體現尤著。居家吃飯時第一碗飯要先奉給老人，最好吃的也要留給老人，這也是農耕文化使然。在古老的農耕時代，老人是農耕技術的傳承者，是新一代勞動力的培養者，因此使老者具有了權威的地位。尊老，是農耕生產發展的需要，祖祖輩輩代代相傳，形成了中華民族尊老的風習，至今視為美德。

中國飲食文化的一個核心思想是「尚和」，主張五味調和，而不是各味單一，強調「鼎中之變」而形成了各種復合口味，從而構成了中國烹飪豐富多彩的味型，構建了中國烹飪獨立的文化體系，久而昇華為一種哲學思想——尚和。《中庸》載「和也者，天下之達道」，這種「尚和」的思想體現到人文層面的各個角落。中華民族自古崇尚和諧、和睦、和平、和順，世界上沒有哪一個國家能把「飲食」的社會功能發揮到如此極致，人們以食求和體現在方方面面：以食尊師敬老，以食饗友待客，以宴賀婚、生子以及陞遷高就，以食致歉求和，以食表達謝意致敬……「尚和」是中華民族一以貫之的飲食文化思想。

「一方水土養一方人」。這十卷本以地域為序，記述了在中國這片廣袤的土地上有如萬花筒一般絢麗多彩的飲食文化大千世界，記錄著中華民族的偉大創造，也記述了各地專家學者的最新科研成果——舊石器時代的中晚期，長江下游地區的原始人類已經學會捕魚，使人類的食源出現了革命性的擴大，從而完成了從矇昧到文明的轉折；早在商周之際，長江下游地區就已出現了原始瓷；春秋時期筷子已經出現；長江中游是世界上最早栽培稻類作物的地區。《呂氏春秋・本味》述於2300年前，是中國歷史上最早的烹飪「理論」著作；中國最早的古代農業科技著作是北魏高陽（今山東壽光）太守賈思勰的《齊民要術》；明代科學家宋應星早在幾百年前，就已經精闢論述了鹽與人體生命的關係，可謂學界的最先聲；新疆人民開鑿修築了坎兒井用於農業灌溉，是農業文化的一大創舉；孔雀河出土的小麥標本，把小麥在新疆地區的栽培歷史提早到了近四千年前；青海喇家麵條的發現把我國食用麵條最早記錄的東漢時期前提了兩千多年；豆腐的發明是中國人民對世界的重大貢獻；有的卷本述及古代先民的「食育」理念；有的卷本還以大開大闔的筆力，勾勒了中國幾萬年不同時期的氣候與人類生活興衰的關係等等，真是處處珠璣，美不勝收！

這些寶貴的文化財富，有如一顆顆散落的珍珠，在沒有串成美麗的項鏈之前，便彰顯不出它的耀眼之處。如今我們完成了這一項工作，雕琢出了一串光彩奪目的珍珠，即將放射出耀眼的光芒！

（四）

編輯部全體工作人員視稿件質量為生命，不敢有些許懈怠，我們深知這是全國專家學者20年的心血，是一項極具開創性而又十分艱辛的工作。我們肩負著填補國家學術空白、出版空白的重託。這個大型文化工程，並非三朝兩夕即可一蹴而就，必須長年傾心投入。因此多年來我們一直保持著飽滿的工作激情與高度的工作張力。為了保證圖書的精品質量並儘早付梓，我們無年無節、終年加班而無怨無悔，個人得失早已置之度外。

全體編輯從大處著眼，力求全稿觀點精闢，原創鮮明。各位編輯極儘自身多年的專業積累，傾情奉獻：修正書稿的框架結構，爬梳提煉學術觀點，補充遺漏的一些重要史實，匡正學術觀點的一些訛誤之處，並誠懇與各卷專家作者切磋溝通，務求各卷寫出學術亮點，其拳拳之心殷殷之情青天可鑒。編稿之時，為求證一個字、一句話，廣查典籍，數度披閱增刪。青黃燈下，蹙眉凝思，不覺經年久月，眉間「川」字如刻。我們常為書稿中的精闢之處而喜不自勝，更為瑕疵之筆而扼腕嘆息！於是孜孜矻矻、秉筆躬耕，一句句、一字字吟安鋪穩，力求語言圓通，精煉可讀。尤其進入後期階段，每天下班時，長安街上已是燈火闌珊，我們卻剛剛送走一個緊張工作的夜晚，又在迎接著一個奮力拚搏的黎明。

為了不懈地追求精品書的品質，本套叢書每卷本要經過40多道工序。我們延請了國內頂級專家為本書的質量把脈，中華書局的古籍專家劉尚慈編審已是七旬高齡，她以古籍善本為據，為我們的每卷書稿逐字逐句地核對了古籍原文，幫我們糾正了數以千計的舛誤，從她那裡我們學到了非常多的古籍專業知識。有時已是晚九時，老人家還沒吃飯在為我們核查書稿。看到原稿不盡如人意時，老人家會動情地對我們喊起來，此時，我們感動！我們折服！這是一位學者一種全身心地忘我投入！為了這套書，她甚至放下了自己的個人著述及其他重要邀請。

中國社會科學院歷史研究所李世愉研究員，為我們審查了全部書稿的史學內容，匡正和完善了書稿中的許多漏誤之處，使我們受益匪淺。在我們圖片組稿遇到困難之時，李老師憑藉深廣的人脈，給了我們以莫大的幫助。他是我們的好師長。

本書中涉及各地區少數民族及宗教問題較多，是我們最擔心出錯的地方。為此我們把書稿報送了國家宗教局、國家民委、中國藏學研究中心等權威機構精心審查了書稿，並得到了他們的充分肯定，使我們大受鼓舞！

我們還要感謝北京觀復博物館、大連理工大學出版社幫我們提供了許多有價值的歷史圖片。

為了嚴把書稿質量，我們把做辭書時使用的有效方法用於這部學術精品專著，即對本書稿進行了二十項「專項檢查」以及後期的五十三項專項檢查，諸如，各卷中的人名、地名、國名、版圖、疆域、西元紀年、諡號、廟號、少數民族名稱、現當代港澳台地名的表述等，由專人做了逐項審核。為使高端學術著作科普化，我們對書稿中的生僻字加了注音或簡釋。

其間，國家新聞出版總署貫徹執行「學術著作規範化」，我們聞風而動，請各卷作者添加或補充了書後的參考文獻、索引，並逐一完善了書稿中的註釋，嚴格執行了總署的文件規定不走樣。

我們還要感謝各卷的專家作者對編輯部非常「給力」的支持與配合，為了提高書稿質量，我們請作者做了多次修改及圖片補充，不時地去「電話轟炸」各位專家，一頭卡定時間，一頭卡定質量，真是難為了他們！然而，無論是時處酷暑還是嚴冬，都基本得到了作者們的高度配合，特別是和我們一起「摽」了二十年的那些老作者，真是同呼吸共命運，他們對此書稿的感情溢於言表。這是一種無言的默契，是一種心靈的感應，這是一支二十年也打不散的隊伍！憑著中國學者對傳承優秀傳統文化的責任感，靠著一份不懈的信念和期待，苦苦支撐了二十年。在此，我們向此書的全體作者深深地鞠上一躬！致以二十年來的由衷謝意與敬意！

由於本書命運多蹇遷延多年，作者中不可避免地發生了一些變化，主要是由於身體原因不能再把書稿撰寫或修改工作堅持下去，由此形成了一些卷本的作者缺位。正是我們作者團隊中的集體意識及合作精神此時彰顯了威力——當一些卷本的作者缺位之時，便有其他卷本的專家伸出援助之手，像接力棒一樣傳下去，使全套叢書得以正常運行。華中師範大學的博士生導師姚偉鈞教授便是其中最出力的一位。今天全書得以付梓而沒有出現缺位現象，姚老師功不可沒！

「西藏」「新疆」原本是兩個獨立的部分，組稿之初，趙榮光先生殫精竭慮多方奔走物色作者，由於難度很大，終而未果，這已成為全書一個未了的心結。後期我們傾力進行了接續性的推動，在相關專家的不懈努力下，終至彌補了地區缺位的重大遺憾，並獲得了有關審稿權威機構的好評。

最令我們難過的是本書「東南卷」作者、暨南大學碩士生導師、冼劍民教授沒能見到本書的出版。當我們得知先生患重病時即趕赴探望，那時先生已骨瘦如柴，在酷熱的廣州夏季，卻還身著毛衣及馬甲，接受著第八次化療。此情此景令人動容！後得知冼先生化療期間還在堅持修改書稿，使我們感動不已。在得知冼先生病故時，我們數度哽咽！由此催發我們更加發憤加快工作的步伐。在本書出版之際，我們向冼劍民先生致以深深的哀悼！

在我們申報國家項目和有關基金之時，中國農大著名學者李里特教授為我們多次撰寫審讀推薦意見，如今他竟然英年早逝離我們而去，令我們萬分悲痛！

在此期間，李漢昌先生也不幸遭遇重大車禍，嚴重影響了身心健康，在此我們致以由衷的慰問！

（五）

中國飲食文化學是一門新興的綜合學科，涉及歷史學、民族學、民俗學、人類學、文化學、烹飪學、考古學、文獻學、地理經濟學、食品科技史、中國農業史、中國文化交流史、邊疆史地、經濟與商業史等諸多學科，現正處在學科建設的爬升期，目前已得到越來越多領域的關注，也有越來越多的有志學者投身到這個領域裡來，應該說，現在已經進入了最好的時期，從發展趨勢看，最終會成為顯學。

早在一九九八年於大連召開的「世界華人飲食科技與文化國際學術研討會」，即是以「建立中國飲食文化學」為中心議題的。這是繼一九九一年之後又一次重大的國際學術會議，是一九九一年國際學術會議成果的繼承與接續。建立「中國飲食文化學」這個新的學科，已是國內諸多專家學者的共識。在本叢書中，就有專家明確提出，中國飲食文化應該納入「文化人類學」的學科，在其之下建立「飲食人類學」的分支學科。為學科理論建設搭建了開創性的構架。

這套叢書的出版，是學科建設的重要組成部分，它完成了一個帶有統領性的課題，它將成為中國飲食文化理論研究的扛鼎之作。本書的內容覆蓋了全國的廣大地區及廣闊的歷史空間，本書從史前開始，一直敘述到當代的二十一世紀，貫通時間百萬年，從此結束了中國飲食文化無史和由外國人寫中國飲食文化史的局面。這是一項具有里程碑意義的歷史文化工程，是中國對世界文明的一種國際擔當。

二十年的風風雨雨、坎坎坷坷我們終於走過來了。在拜金至上的浮躁喧囂中，我們為心中的那份文化堅守經過了煉獄般的洗禮，我們坐了二十年的冷板凳但無怨無悔！因為由此換來的是一項重大學術空白、出版空白的填補，是中國五千年厚重文化積澱的梳理與總結，是中國優秀傳統文化的彰顯。我們完成了一項重大的歷史使命，我們完成了老一輩學人對我們的重託和當代學人的夙願。這二十年的泣血之作，字裡行間流淌著中華文明的血脈，呈獻給世人的是祖先留給我們的那份精神財富。

我們篤信，中國飲食文化學的崛起是歷史的必然，它就像那冉冉升起的朝陽，將無比燦爛輝煌！

《中國飲食文化史》編輯部

二〇一三年九月

亮點書系・中國文化通史 A1002003

中國飲食文化史・西南地區卷　下冊

主　　編　趙榮光
版權策畫　李　鋒
責任編輯　楊婉慈

發 行 人　林慶彰
總 經 理　梁錦興
總 編 輯　張晏瑞
編 輯 所　萬卷樓圖書股份有限公司
排　　版　菩薩蠻數位文化有限公司
印　　刷　百通科技股份有限公司
封面設計　菩薩蠻數位文化有限公司

出　　版　昌明文化有限公司
桃園市龜山區中原街 32 號
電話　(02)23216565
發　　行　萬卷樓圖書股份有限公司
臺北市羅斯福路二段 41 號 6 樓之 3
電話　(02)23216565
傳真　(02)23218698
電郵　SERVICE@WANJUAN.COM.TW
大陸經銷
廈門外圖臺灣書店有限公司
電郵　JKB188@188.COM

ISBN 978-986-496-137-5
2020 年 4 月初版二刷
2018 年 1 月初版一刷
定價：新臺幣 380 元

如何購買本書：
1. 劃撥購書，請透過以下郵政劃撥帳號：
帳號：15624015
戶名：萬卷樓圖書股份有限公司
2. 轉帳購書，請透過以下帳戶
合作金庫銀行　古亭分行
戶名：萬卷樓圖書股份有限公司
帳號：0877717092596
3. 網路購書，請透過萬卷樓網站
網址　WWW.WANJUAN.COM.TW
大量購書，請直接聯繫我們，將有專人為您服務。客服：(02)23216565　分機 610

國家圖書館出版品預行編目資料

中國飲食文化史. 西南地區卷 / 趙榮光著. -- 初版. -- 桃園市 : 昌明文化出版 ; 臺北市 : 萬卷樓發行, 2018.01
冊 ;　公分
ISBN 978-986-496-137-5(下冊 : 平裝)
1.飲食風俗 2.中國
538.782　107001745